Deutschbuch

Orientierungswissen

Neue Ausgabe

Arbeitstechniken und Methoden
Sprechen und Schreiben
Rechtschreibung
Zeichensetzung
Grammatik – Nachdenken über Sprache
Umgang mit Texten und Medien

Herausgegeben von
Bernd Schurf und
Andrea Wagener

Erarbeitet von
Ulrich Campe,
Günther Einecke,
Markus Langner,
Angela Mielke und
Norbert Pabelick

Cornelsen

Inhaltsverzeichnis

1 Arbeitstechniken und Methoden

2 Sprechen und Schreiben

3 Rechtschreibung und Zeichensetzung

4 Grammatik – Nachdenken über Sprache

5 Umgang mit Texten und Medien

1 Arbeitstechniken und Methoden

1.1 Hausaufgaben richtig machen

Arbeitsplatz

Im richtigen Umfeld lernen

- Du solltest einen festen Arbeitsplatz haben, an dem du ungestört und konzentriert für die Schule arbeiten kannst.
- Dein Schreibtisch sollte an einem hellen, gut beleuchteten Platz stehen.
- Er ist groß genug für die von dir benötigten Arbeitsmittel (Lehrbücher, Lexika, Hefte ...).
- Dinge, die vom Lernen ablenken, sind weggeräumt.

TIPP

Vergiss nicht, deinen Arbeitsraum hin und wieder zu lüften: Beim Nachdenken verbrauchst du Sauerstoff.

Hausaufgabenheft

Nichts vergessen

- Führe konsequent ein Hausaufgabenheft. Das ist ein bewährtes Mittel gegen Vergesslichkeit.
- Du kannst die Aufgaben bei dem Tag eintragen, an dem du sie aufbekommst, oder bei dem Tag, für den du sie aufbekommst.

Zeiteinteilung

Gewusst, wann!

- Lege nach dem Mittagessen eine Erholungspause ein (frische Luft, Musik hören ...).
- Mache deine Hausaufgaben zu möglichst festen Zeiten.
- Lerne nicht in den Abendstunden, denn dein Körper stellt sich dann schon auf das Schlafen ein.

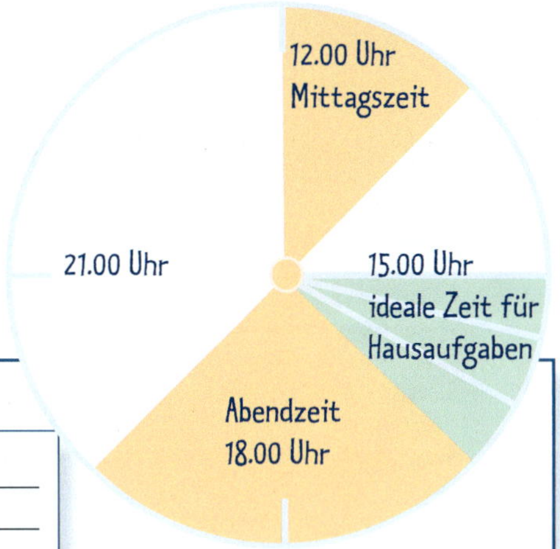

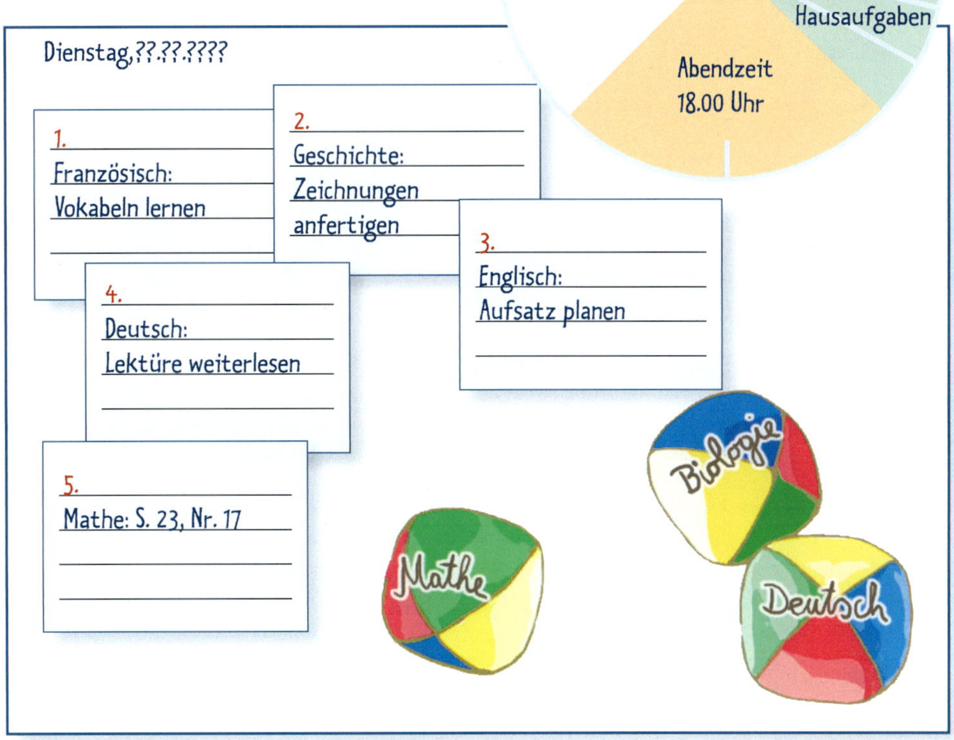

Arbeitsplanung

Die Abwechslung macht's

Reihenfolge

- Plane die Reihenfolge, in der du deine Hausaufgaben erledigst. Beginnst du lieber mit einer leichten Aufgabe zum „Warmwerden“ oder erledigst du zuerst die schweren Aufgaben?
- Bearbeite abwechselnd schwierige und leichte Aufgaben, damit deine Hochleistung erhalten bleibt.
- Wechsle zwischen verschiedenen Arten von Aufgaben ab, damit das Lernen nicht eintönig wird.
- Unterbrich längere Hausaufgaben durch kurze Pausen (alle halbe Stunde 5 Minuten).
- Lerne nicht verschiedene Sprachen hintereinander, sondern schiebe andere Fächer dazwischen.

Hausaufgaben-feinde

- Lass dich nicht ablenken. Gefährliche Hausaufgabenfeinde sind z. B. der Fernseher oder der Computer.

1.2 Heftführung

Du kannst dir das, was du im Unterricht lernst, besser einprägen, wenn dein Hefteintrag übersichtlich und schön gestaltet ist. Wichtiges sollte sofort ins Auge springen und man sollte schnell erkennen, was inhaltlich zusammengehört.

- Notiere zu jedem Hefteintrag das Datum.
- Lass einen Rand frei.
- Gliedere deine Einträge mit Überschriften und Absätzen.
- Unterstreiche wichtige Wörter, Sätze oder Regeln mit farbigen Stiften. Du kannst auch Zeichen (z. B. Pfeile oder Markierungspunkte) verwenden oder Rahmen anfertigen.
- Kleine Bilder zum Thema (Zeichnungen, Fotos, Schaubilder, Zeitungsausschnitte) lockern die Heftseite auf und helfen dir, das Gelernte besser zu merken.

1.3 Klassenarbeiten vorbereiten und schreiben – Gut geplant ist halb gelernt

Klassenarbeiten vorbereiten

Lernzeit einteilen

Dir ist vielleicht auch schon einmal bei einer Klassenarbeit nichts mehr eingefallen, obwohl du dir am Vortag alles eingepaukt hast. Ein solches „Blackout" bekommt man, wenn man zu sehr in Stress gerät, Angst hat oder sich unsicher fühlt.

Zeitmanagement

Mit einer durchdachten Planung und sinnvollem Zeitmanagement kannst du das vermeiden.

Terminkalender

- Lege dir einen Terminkalender zu, in den du alle Klassenarbeitstermine, die Vorbereitungsphasen und auch deine Freizeitaktivitäten einträgst.
- Beginne frühzeitig mit der Vorbereitung, nicht erst am Tag vor der Klassenarbeit.
- Lerne am Tag vor der Klassenarbeit keinen neuen Stoff mehr, sondern nutze diese Zeit zur Wiederholung für bereits Gelerntes.
- Teile dir deine Arbeit in kleinere Portionen ein. Wenn du zu lange am Schreibtisch sitzt, ist dein Gehirn nicht mehr aufnahmefähig.
- Plane einen Zeitpuffer für Unvorhergesehenes ein.

1. Tag: Vorbereitung Mi	Überblick über den Lernstoff verschaffen. Was ist besonders wichtig? Wo bin ich unsicher?
2. Tag: Vorbereitung Do	Konzentriertes Lernen – vor allem die „harten Nüsse" knacken!
3. Tag: Vorbereitung Fr	Lerngruppe mit Mitschülern: Fragen stellen!

4. Tag: Vorbereitung Sa	Übungsarbeit mit gestelltem Wecker
5. Tag: Vorbereitung So	Pause
6. Tag: Vorbereitung Mo	Wiederholung des Lernstoffs!
7. Tag: Deutscharbeit Di	Deutscharbeit in der 3. Stunde

Lerntypen

Viele Wege führen nach Rom. Dieses Sprichwort gilt auch beim Lernen. Auch hier können unterschiedliche Wege zum gleichen Ziel führen. Wenn ihr eine Geschichte vorgelesen bekommt, nutzt ihr den Weg über das Hören, wenn ihr die Geschichte lest, den Weg über das Sehen, wenn ihr sie selbst schreibt, den Weg über das Handeln. Für jeden und jede von euch kann der eine Weg leichter als ein anderer sein, weil wir verschiedenen Lerntypen angehören.

drei Schritte beim Lernen

Lernen heißt, die neuen wichtigen Informationen möglichst tief im Gehirn zu verankern.

Die drei Schritte beim Lernen	
Lernstoff ordnen: Neuer Lernstoff muss geordnet werden. 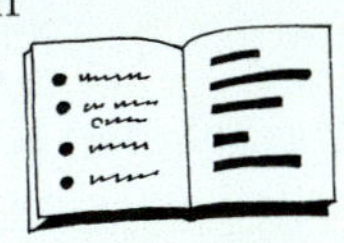	■ Gliedere den Lernstoff in kleinere Sinneinheiten. ■ Finde eigene Überschriften. ■ Gestalte deine Heftseite neu.
verarbeiten: Neuer Lernstoff muss verarbeitet werden. Dabei sollten möglichst viele Sinne angesprochen werden. 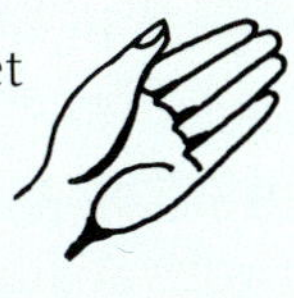	■ Löse Übungsaufgaben zum Lernstoff. ■ Denke dir Eselsbrücken oder Merkverse aus und sprich sie dir laut vor. ■ Fertige Schaubilder an. ■ Erfinde einen Abfragetest zum Lernstoff.
wiederholen: Neuer Lernstoff muss oft wiederholt werden. 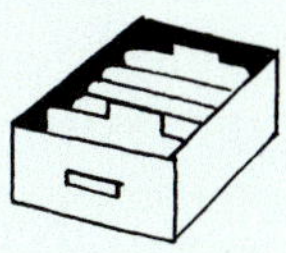	■ Gründet Lerngruppen und fragt euch gegenseitig ab. ■ Lege Lernkarteien oder Stichwortzettel an (siehe unten). ■ Halte vor einem Familienmitglied einen Kurzvortrag über das Thema, mit dem du dich beschäftigt hast.

Stichwortzettel

Vielleicht hast du auch schon bemerkt: Was man einmal aufgeschrieben hat, hat man schon so gut wie im Kopf. Deshalb ist es sinnvoll, auf einem Stichwortzettel die wichtigsten Begriffe, Daten und Regeln zusammenzufassen.
Dabei ist besonders eine übersichtliche Gliederung wichtig. Für die abschließende Wiederholung des Lernstoffs hast du dann gleich noch einmal alles auf einen Blick parat.

Gehe dabei so vor:
- Schreibe alle wichtigen Informationen auf ein großes DIN-A4-Blatt, möglichst schon gut gegliedert.
- Nimm nun ein DIN-A5-Blatt und schreibe nur das Wichtigste von deinem ersten Zettel heraus.
- Versuche schließlich, die Informationen noch einmal zu halbieren und auf einem DIN-A6-Blatt zusammenzufassen.

TIPP

Je mehr du den Lernstoff komprimierst, desto sinnvoller ist es, geeignete Symbole und Strukturierungshilfen zu verwenden (Unterstreichen, verschiedene Farben, Symbole, z. B.: Pfeile → ...).
Prüfe bei jeder Zusammenfassung, ob die Reihenfolge deines Merkwissens auch sinnvoll ist.

Eine besondere Form der Klassenarbeit: die zentrale Leistungsüberprüfung

In zentralen Leistungsüberprüfungen sollst du unter Beweis stellen, was du in den vergangenen zwei Jahren in allen Bereichen eines Fachs, zum Beispiel in Deutsch, gelernt hast.

Aufgabenformate

Neben offenen Aufgaben, die umfangreichere, selbst formulierte Antworten erfordern, gibt es auch halboffene und geschlossene Formen.

Lückentexte

- Zu den halboffenen Aufgaben gehören Lückentexte. Das sind Aufgaben, in denen in einem Text Leerstellen gelassen sind, die du sinnvoll ausfüllen musst. Die Größe der Lücken gibt dir manchmal einen Hinweis auf die Lösung. Die Aufgabenstellung verrät dir, ob die Lücken durch freie Einträge oder durch Auswahl aus einem vorgegebenen Material zu füllen sind.

Multiple-Choice-Aufgaben

- Zu den geschlossenen Aufgaben gehören Multiple-Choice-Aufgaben. Das sind Aufgaben mit mehreren Antwortvarianten. Dabei musst du in der Regel zutreffende Antworten ankreuzen. Achte auf die Formulierung der Aufgabe, sie sagt dir, ob nur eine oder auch mehrere Antworten richtig sind.
  Wenn du dir unsicher bist, solltest du dir folgende Fragen stellen:
  - ☐ Welche Antwort kann ich sicher ausschließen?
  - ☐ Welche Antworten passen nicht genau? Warum? (Sind sie zu allgemein? Treffen sie nur teilweise zu? Passen sie nicht zur Fragestellung?)

Zuordnungs-Aufgaben

- Auch so genannte Zuordnungsaufgaben sind geschlossene Aufgaben. Hier musst du Begriffe oder Aussagen einander zuordnen. Meist sind die Begriffe oder Aussagen in zwei Spalten angeordnet.
  Bei der Bearbeitung kannst du so vorgehen:
  - ☐ Sieh dir zunächst alle Begriffe oder Aussagen in den Spalten an und überlege, welche zusammenpassen.
  - ☐ Verbinde diejenigen, bei denen du ganz sicher bist, dass sie zusammengehören, mit einer Linie. Dadurch siehst du deutlich, welche Lösungen du schon gefunden hast und welche Möglichkeiten noch übrig bleiben.

Das Geschriebene überarbeiten – Checkliste zur Überarbeitung von Klassenarbeiten

Vollständigkeit

Überprüfen auf Vollständigkeit

- Habe ich alle Blätter mit Namen versehen und die Seiten durchnummeriert?
- Habe ich alle Aufgabenteile bearbeitet (Abhaken auf dem Aufgabenblatt)?
- Habe ich alle Ideen aus meinem Konzept umgesetzt?

Inhalt

Durchgehen des eigenen Textes nach inhaltlichen Gesichtspunkten

- Strukturierung
  - ☐ Habe ich Sinnabschnitte durch Absätze kenntlich gemacht? (Falls nötig, nachträglich mit diesem Zeichen _┌ Absätze markieren.)
- Schlüssigkeit
  - ☐ Habe ich meine Gedankengänge nachvollziehbar und verständlich dargestellt?
  - ☐ Gibt es Lücken, Sprünge, Unlogisches?
  - ☐ Habe ich meine Aussagen mit Textstellen belegt?

Zeichensetzung
Rechtschreibung
Stil

▶ Checkliste zur Rechtschreibung S. 91

Durchlesen der eigenen Lösungen mit besonderer Aufmerksamkeit auf ...

- Zeichensetzung
  - ☐ Kommas (vor allem bei Nebensätzen; insbesondere auf „dass"-Sätze achten),
  - ☐ Satzschlusszeichen (häufig Flüchtigkeitsfehler).
- Rechtschreibung (ggf. Wörterbuch benutzen!)
  - ☐ „dass"/„das",
  - ☐ Groß- und Kleinschreibung (Nominalisierungen u. a.),
  - ☐ Getrennt- und Zusammenschreibung.
- Satzbau
  - ☐ vollständige, korrekt konstruierte Sätze,
  - ☐ angemessene Satzlänge (keine „Bandwurmsätze", kein „Telegrammstil").
- Ausdruck
  - ☐ keine Umgangssprache,
  - ☐ richtig verwendete Fachbegriffe,
  - ☐ möglichst keine Wiederholungen.
- Zitate
  - ☐ Kennzeichnung durch Anführungszeichen, Seiten- und Zeilenangabe,
  - ☐ bei indirekter Rede Konjunktiv.

TIPP

Es ist hilfreich, den Text bei der Überprüfung Wort für Wort von hinten zu lesen.

1.4 Im Team arbeiten

In einer großen Restaurantküche muss die Arbeit genau geplant sein und Hand in Hand gehen: Verschiedene Köche sind auf bestimmten Posten für spezielle Aufgaben bei Gemüse, Fleisch, Fisch oder Saucen eingeteilt. Ihre Arbeit muss gut aufeinander abgestimmt sein, sonst gilt das Sprichwort „Viele Köche verderben den Brei".

Projektarbeit

Ähnlich verhält es sich bei der Gruppenarbeit im Unterricht, z. B. im Rahmen von Projektarbeit. Nur wenn die Rollen klar verteilt sind, jedes Gruppenmitglied weiß, was es zu tun hat, sich jeder engagiert und an die Regeln hält, profitieren alle in der Gruppe. Bevor man sich an die Arbeit macht, sollte man sich daher Ablauf, Rollenverteilung und Regeln der Gruppenarbeit noch einmal vor Augen führen.

Ablauf

Vier Schritte der Gruppenarbeit

1. Zielvereinbarung	Mit der ganzen Klasse/der Großgruppe wird das Thema geklärt und werden die Ziele festgelegt.
2. Gruppenbildung	Es werden Einzelteams gebildet, die sich die Arbeit teilen. Diese werden entweder nach Interessenschwerpunkten oder nach dem Zufallsprinzip (mit Losen, Spielkarten, Bonbons ...) eingeteilt.
3. Durchführung	Die Aufgabenverteilung innerhalb eines Teams muss allen klar sein. Hierfür kann man eine Checkliste anfertigen, auf der die Rollen zugeordnet sind.
4. Präsentation und Auswertung	Jedes Team bemüht sich um eine anschauliche Präsentation, damit für alle in der Klasse/Großgruppe das Gesamtbild des Themas deutlich wird.

▶ Tipps für die Präsentation S. 23

Rollenverteilung

Eine feste Rollenverteilung in der Gruppe hilft, Konflikte zu vermeiden und zielgerichtet zu arbeiten.

Rolle	
Der/Die Gesprächsleiter/in	ist zuständig für die Einhaltung des Arbeitsplans und für die Ausrichtung auf das Ziel. Er/Sie moderiert die Gespräche und koordiniert die Arbeit der Gruppenmitglieder.
Der/Die Protokollant/in	hält während der Teamsitzungen die Ergebnisse fest und erinnert gegebenenfalls an die festgelegten Arbeitsschritte.
Der/Die Regelspezialist/in	überwacht die Einhaltung der Zeitvorgaben, sowohl in der Gruppenphase als auch bei Arbeiten einzelner Gruppenmitglieder.
Der/Die Vortragende	stellt/stellen der Großgruppe die Arbeitsergebnisse des Teams vor (kann auch erst nach Abschluss der Teamarbeit festgelegt oder ausgelost werden).
Alle Gruppenmitglieder	liefern sachliche Beiträge und befolgen die Regeln.

Regeln für die Gruppenarbeit

Regeln

- sich gegenseitig helfen
- die Arbeiten gemeinsam verteilen und durchführen
- zielstrebig arbeiten und nicht trödeln
- Teilergebnisse vergleichen und unterschiedliche Lösungen diskutieren
- sich gegenseitig zuhören und aufeinander eingehen
- andere Meinungen akzeptieren bzw. tolerieren
- beim Thema bleiben
- niemanden ausgrenzen oder beleidigen

Projektarbeit

An einem Projekt können die ganze Klasse oder verschieden große Teilgruppen arbeiten. Typisch für diese Arbeitsform ist, dass

- die Projektteilnehmer selbstverantwortlich planen und ihre Arbeit aufteilen,
- ein Endprodukt angestrebt wird (z. B.: eine Klassenzeitung, ein Gedichteabend, die Präsentation eines Themas, die Einrichtung eines Schulgartens usw.).

Projektverlauf

Projektverlauf

Festlegung des Themas und seiner Schwerpunkte
↓
Planung der Arbeitsschritte und der Arbeitsteilung
↓
Bildung der Arbeitsgruppen und Durchführung der Gruppenarbeit
↓
Gruppe 1 | Gruppe 2 | Gruppe 3 | Gruppe 4
↓
Präsentation der Zwischenergebnisse – Überprüfung
↓
Präsentation (Öffentlichkeit)
↓
Auswertung des Projektes

Hilfreiche Methoden

Brainstorming

Ideen sammeln

Beim Brainstorming, dem „Ideenwirbel“, kommt es darauf an, alle Ideen zu einem Thema laut auszusprechen.

- Ohne sich zu melden, werden erste Gedanken und Assoziationen in die Klasse gerufen und nach Möglichkeit an der Tafel notiert.
- Wichtig ist, dass die geäußerten Gedanken weder kommentiert noch gewertet werden.
- Die Zielsetzung besteht neben einer umfassenden Sammlung von Ideen auch darin, sich gegenseitig anzuregen.

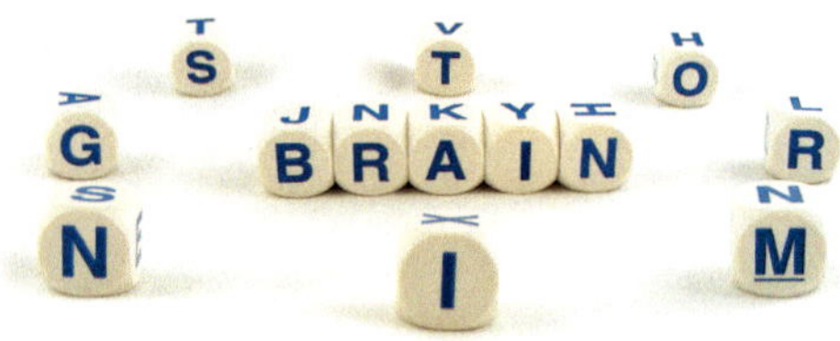

Was wissen wir über Bertolt Brecht und die Zeit, in der er gelebt hat?

Biografie	Weltanschauung	Bevorzugte Gattungen	Politischer Hintergrund
Orte, an denen Brecht gelebt hat (Deutschland, Dänemark, USA ...)	Marxismus/Sozialismus (DDR)	Lyrik	Zweiter Weltkrieg
Wegbegleiter: Helene Weigel ...	Gleichheitsgedanke	...	...

Kartenabfrage

Ideen in eine Ordnung bringen

Auch bei der Kartenabfrage werden zunächst Ideen gesammelt. Durch die anschließende Kategorisierung der Ideen ist die Vorgehensweise aber sehr viel planmäßiger.

- Auf DIN-A6-Zetteln oder Karteikarten werden Ideen zu einem Thema notiert.
- Schreibt aber auf jeden Zettel oder jede Karte immer nur eine Idee.
- Die Zettel oder Karten werden an eine Pinnwand oder an die Tafel geheftet, ähnliche Ideen dann nach Oberbegriffen zusammengefasst.
- Notiert die Oberbegriffe auf andersfarbigen Zetteln und heftet sie geordnet an die Wand.
- Nun werden die Ideenzettel den Oberbegriffen zugeordnet.
- Ihr dürft weitere Ideen ergänzen.

Placemat

Ideen in Kleingruppen entwickeln und diskutieren

Beim Placemat-Verfahren sammelt ihr zu einer konkreten Fragestellung Ideen, um euch anschließend in der Diskussion auf ein Gruppenergebnis zu einigen. Geht dabei so vor:

▶ Schreibkonferenz S. 73

- Setzt euch zu viert um ein rechteckiges Blatt, das wie abgebildet gestaltet ist.
- Notiert dann schweigend etwa drei bis fünf Minuten Ideen, Fragen, Anregungen zum Thema in das vor euch liegende Feld.
- Danach wird das Blatt im Uhrzeigersinn um 90 Grad gedreht. Lest nun die Notizen des Tischnachbarn und nehmt gegebenenfalls Ergänzungen vor.
- Wiederholt diesen Vorgang, bis jeder alles gelesen hat.
- Diskutiert abschließend das Gelesene und haltet euer Gruppenergebnis in einigen Stichworten als Fazit in der Mitte des Blattes fest.
- Die Blätter werden in der Klasse aufgehängt und dienen als Grundlage einer Gesamtdiskussion zum Thema.

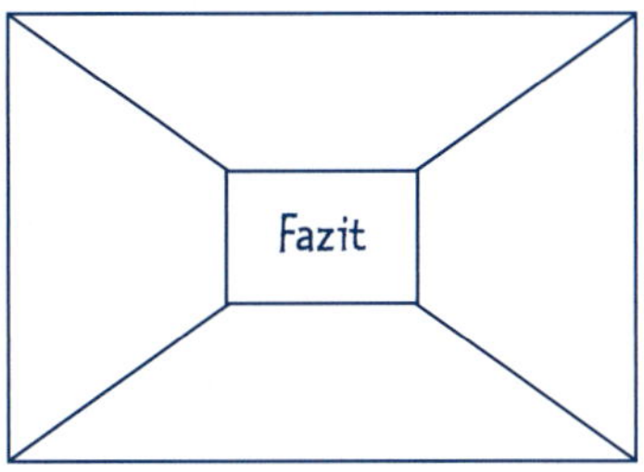

1.5 Texte erschließen und auswerten

Texte erschließen und Informationen entnehmen

Wenn du Inhalte eine Textes (v. a. eines Sachtextes) erschließen und behalten willst, solltest du den Text in mehreren Schritten durchgehen und bearbeiten. Dabei markierst du die wichtigen Aussagen des Textes auf eine einprägsame Art und Weise und fasst die Kernaussagen mit eigenen Worten zusammen.

Fünf-Schritt-Methode

kursorisches Lesen

1. Schritt: überfliegendes (kursorisches) Lesen
Um dich zu vergewissern, dass der Text zum Thema und zur Fragestellung passt, überfliegst du ihn, wobei dich die nachstehenden Gedanken leiten:
- Ist der Text verständlich?
- Auf welche Inhalte lässt die Überschrift schließen?
- Gibt es Zwischenüberschriften oder Abbildungen, die Aufschluss über den Inhalt geben?
- Deckt der Inhalt wichtige Aspekte des Themas ganz oder teilweise ab?
- Hat der Text eine geeignete Länge?

Fragen stellen

2. Schritt: Fragen zur Lesehaltung
Es ist hilfreich, wenn du dir vor der gründlichen Lektüre im Klaren darüber bist, welche Antworten du vom Text erwartest. Folgende Fragen sind sinnvoll:
- Was weiß ich schon über das Thema?
- Was möchte ich gern erfahren?
- Wozu benötige ich die Informationen?

gezielt lesen

3. Schritt: gründlich und gezielt lesen
- Nach den Vorüberlegungen solltest du den Text gründlich lesen. Dazu klärst du zunächst die unbekannten Wörter.

unbekannte Wörter

  - Unterstreiche mit einer Farbe, z. B. Blau, alle Begriffe, die du nicht erklären kannst. Manchmal erschließt sich ihre Bedeutung schon aus dem Textzusammenhang.
  - Im Zweifel fragst du eine Expertin bzw. einen Experten oder schlägst in einem Wörterbuch bzw. Lexikon nach.

TIPP

Komplizierte Wörter kann man oft in ihre Bestandteile zerlegen:
Beispiel: Kommunikationsstruktur = Kommunikation + Struktur (Aufbau) = Aufbau einer Kommunikation, eines Gesprächs

Schlüsselwörter, Sinnabschnitte

- Dann solltest du versuchen, einen genaueren Überblick über den Inhalt und Aufbau des Textes zu gewinnen.
  - Markiere in jedem Abschnitt **Schlüsselwörter** (z. B. mit einem Textmarker), also das Wort oder die Wörter, die für die Aussage dieses Abschnittes besonders wichtig sind. Vorsicht: Nicht zu viel unterstreichen!
  - Gliedere den Text in **Sinnabschnitte.** Ein Sinnabschnitt kann einem Druck-

abschnitt eines Textes entsprechen, er kann aber auch mehrere Druckabschnitte umfassen. Beim Gliedern in Sinnabschnitte solltest du nicht zu kleinschrittig vorgehen, sondern nach größeren Sinneinheiten suchen.

TIPP

Das Markieren der **Schlüsselwörter** und das Gliedern des Textes in **Sinnabschnitte** gehen Hand in Hand, und zwar deshalb, weil die Schlüsselwörter meist auch deutlich machen, wo etwas Neues beginnt.

Überschriften suchen

- Jedem Sinnabschnitt gibst du dann eine möglichst treffende Überschrift. Manchmal lassen sich dazu Begriffe und Wendungen aus dem Text verwenden.

Abschnitte zusammenfassen

4. Schritt: Zusammenfassen der Abschnitte

Fasse nun Abschnitt für Abschnitt zusammen. Dafür gibt es zwei Möglichkeiten:
a) Schreibe zu jedem Abschnitt einen Satz.
b) Fasse die Abschnitte nur in knappen Stichworten zusammen und schreibe sie als Marginalien (Randnotizen) an den Rand des Textes. Dazu kannst du unter anderem die unterstrichenen Schlüsselwörter verwenden, meist wird das aber nicht ausreichen.

exzerpieren

5. Schritt: Den Inhalt wiedergeben

- Jetzt kannst du den ganzen Text zusammenfassen und die Informationen ordnen. Dazu verfasst du einen eigenen knappen Text, in den du auch wichtige Zitate aufnehmen kannst. Dieses Herausschreiben von Gedankengängen, Wendungen und Ideen nennt man Exzerpieren.

Tabelle

- Informationstexte, die ein Sachgebiet darstellen, lassen sich zumeist gut in eine Tabelle umwandeln. Die Aufgabe besteht darin, die Aussagen des Textes sinnvoll in Spalten und Zeilen anzuordnen.

Die ältesten Bäume der Welt

Alter in Jahren	**Baumart**	Kontinent	**Ort** Land	Gebiet	**Anmerkung**
7 240	Japanische Sicheltanne	Asien	Japan	Insel Yakushima	*wissenschaftlich nicht nachgewiesen*
4 000 bis 5 000	Tamrit-Zypressen	Afrika	Algerien	Tassiligebirge	*wissenschaftlich nicht nachgewiesen*
über 4 000	Grannen- und Borstenkiefern	Amerika	USA	White Mountains, Kalifornien	*ältester Baum: 4 680 Jahre*
4 000	Platycladus orientalis	Asien	China	Huong-ling	
	Ginkgo			Shandong	
3 600	Redwood- und Mammutbäume	Amerika	USA	Sequoia-Nationalpark, Kalifornien	
1 640	Stieleiche	Europa	Bulgarien	Granit, Bezirk Stara Zagora	*gilt nachgewiesenermaßen als der älteste Baum Europas*
1 000	verschiedene	Europa	Deutschland		*insgesamt über 30 Bäume; ältester nicht exakt nachweisbar*

Grafische Darstellungen entschlüsseln und Material auswerten

Typen von Diagrammen

Es gibt verschiedene grafische Darstellungstypen.

Tabelle

Säulendiagramm

Balkendiagramm

Erklärgrafik

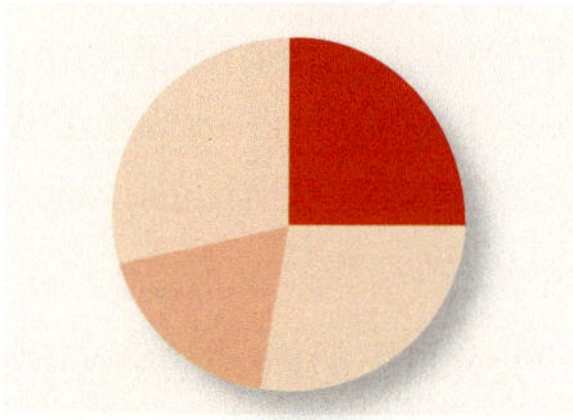

Tortendiagramm

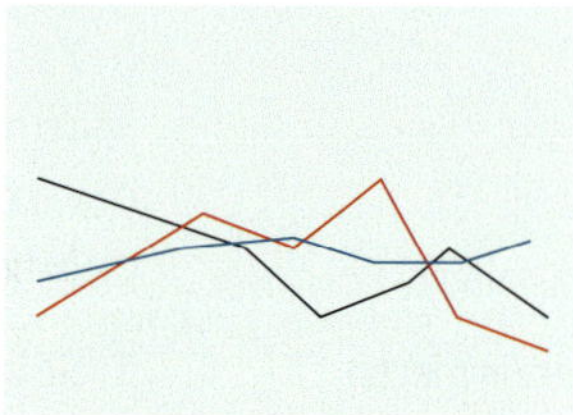

Kurvendiagramm

Grafiken und Diagramme richtig lesen

So kannst du Diagramme und Grafiken auswerten:

Gesamtbild

- Betrachte zunächst die ganze Grafik und lass sie in ihrer **Gesamtheit** auf dich wirken.
  - ☐ Was sticht dir ins Auge?

Thema

- Mache dir in einem zweiten Schritt das **Thema** der Grafik klar. Du findest es meist als Überschrift oberhalb oder auch unterhalb der Grafik.
  - ☐ Wozu macht die Grafik eine Aussage?
  - ☐ Für welche Personen(gruppen) gilt sie?
  - ☐ Sagt sie etwas über den Zustand zu einem bestimmten Zeitpunkt aus oder zeigt sie eine Entwicklung in einem Zeitraum auf?

einzelne Bestandteile

- Sieh dir dann die **einzelnen Bestandteile** der Grafik genau an (z. B. bestimmte Zeilen oder Balken) und überlege dir, welche Bedeutung sie haben.
  - ☐ Wo werden Angaben zu bestimmten Sachverhalten gemacht (z. B. x-Achse/y-Achse)?
  - ☐ Wenn Zahlen angegeben werden: Handelt es sich um absolute Zahlen oder Prozentangaben?
  - ☐ Werden in einer Legende Farben oder Symbole erklärt?
  - ☐ Gibt es einen Begleittext, in dem z. B. die Erhebungsmethode erläutert wird?
  - ☐ Finden sich Fußnoten zu den einzelnen Werten?
  - ☐ Welche Quellen werden angegeben?
  - ☐ Wie groß war die Anzahl der Stichproben?

Hauptaussage

- Fasse die **Hauptaussage** der Grafik in eigenen Worten zusammen.

1.6 Selbstständiges Arbeiten

Mit Hilfe eines Lerntagebuchs oder Portfolios dokumentierst du deinen Lernprozess und schaffst dir einen Überblick darüber, was du schon gelernt hast. Mit diesen Mappen kann eine Vorbereitung auf eine Klassenarbeit gut gelingen, v. a. aber unterstützen sie dich darin, festzuhalten, was du gelernt hast.

Zu beiden Formen gehören Notizen und Bewertungen des eigenen Lernprozesses. Das Sammeln und Auswählen von Materialien und das Anfertigen eigener Dokumentationsseiten stehen unter deiner eigenen kritischen Beobachtung. Dies kannst du auch mit einem Diagnosebogen unterstützen.

Portfolio

Funktion

Unter einem Portfolio (ursprünglich frz. *portefeuille* = Brieftasche) versteht man in der Schule eine sorgfältig angelegte Mappe zu einem Thema oder zu einer Unterrichtseinheit. In dieser Mappe sammelst du systematisch geordnet wichtige Materialien (Texte, Bilder, ausgedruckte Internetseiten ...) und eigene Texte (bzw. Bilder) und beurteilst diese.

Beispiele

Themenstellungen können sein:
- die Vorstellung eines Autors oder einer Autorin,
- eine Recherche zu einem Berufsbild,
- eine Bewerbungsmappe.

Auswahl

Alle Materialien beziehen sich auf das Thema und dienen dazu, eine Fragestellung zu klären. Es geht also nicht um wahlloses Sammeln, sondern um eine bewusste Auswahl und Kommentierung. Von einer bloßen Sammelmappe unterscheidet sich das Portfolio auch durch seine reflexiven Bestandteile: Dies sind Überlegungen und Gedanken zum Arbeitsprozess, zur Auswahl und zur Qualität der Materialien.

Bestandteile

Ein Portfolio zu einer Unterrichtseinheit könnte enthalten:
- ein grafisch gestaltetes Deckblatt, das zum Thema passt,
- ein Vorwort, in dem Fragestellung, Ziel sowie die Vorgehensweise beschrieben werden,
- ein Inhaltsverzeichnis bzw. eine Gliederung,
- eine Übersicht über den Verlauf der Unterrichtseinheit,
- selbst verfasste Texte, z. B. die Inhaltsangabe oder Rezension eines Buches,
- eigene Bilder oder Grafiken zum Thema,
- ergänzende Texte und Bilder aus Zeitschriften, Büchern, dem Internet – eingescannt oder als Kopie, stets mit Quellenangaben, Interviews,
- eine persönliche Einschätzung zur Umsetzung der jeweiligen Arbeitsschritte,
- zum Thema passende Lektüreempfehlungen, z. B. zu Jugendromanen und Sachbüchern etc.

Inhaltsverzeichnis
Gliederung

Der Beruf Ergotherapeut

1	Ergotherapeut/in – ein neuer Beruf?
1.1	Entwicklungen des Berufsbilds seit 1950 – zwei historische Quellen
1.2	Die neue Berufsbezeichnung und die Gründe ihrer Einführung
2	Tätigkeiten in der Ergotherapie
2.1	Nach Altersstufe geordnet – Kinder, Berufstätige, Senioren
2.2	Nach Einsatzort geordnet – Praxis, Klinik
2.3	...
3	Reflexion über die Recherchelage
4	Fotos und Interviews (Waldkrankenhaus, Besuch am 21. Mai 2008)
4.1	Räume der Ergotherapie
4.2	...

Reflexionsseite

Informationsstand (3. Mai 2009)
Die bisherigen Informationen habe ich verschiedenen Seiten des Internets (v. a. http://www.ergotherapie-dve.de) und einer Broschüre des Ergotherapeuten-Verbandes entnommen.
Dazu kommen Informationen allgemeiner Art der Bundesagentur für Arbeit, in erster Linie über die Ausbildungswege.
Es fehlen noch unmittelbare Eindrücke über den Arbeitsalltag und den Umgang mit den Patienten, besonders interessierten mich dabei die Schwierigkeiten. Ständig mit kranken Menschen zu arbeiten, kann doch sicher sehr belastend sein. Wie fängt man das auf?
Ich habe im Waldkrankenhaus angerufen und angefragt, ob ich eine Ergotherapeutin interviewen dürfte. Die Personalleitung bemüht sich darum. Zur eventuellen Festlegung des Termins soll ich in einer Woche noch einmal anrufen.
Diese Zeit will ich nutzen, um mich über die richtige Interviewtechnik zu informieren.

Das Lerntagebuch

Funktion

In einem Lerntagebuch dokumentierst du in schriftlicher Form deine Gedanken, Ideen, Erfahrungen und Pläne, aber auch Stärken und Schwächen, die dir auf deinem Lernweg begegnen. In der Regel handelt es sich dabei um ein Heft oder einen Ordner, worin du regelmäßig, wie bei einem persönlichen Tagebuch, Eintragungen vornimmst.
Das Lerntagebuch dient dir zur Selbstbeobachtung, du setzt dich rückwirkend intensiv mit einem Thema oder einem Stoff auseinander, indem du deine Erfahrungen in Worte fasst.

Beispielseite

Lerntagebuch — Datum: 22.03.2009
Thema: Kinderarbeit weltweit

Verwendete Materialien:	Deutschbuch, S. 53 – Kinderarbeit hat viele Gesichter
Das habe ich gelernt:	die Situation von Kindern, die arbeiten müssen Produkte, die in Kinderarbeit hergestellt werden

Das ist mir noch unklar:	Ist es besser, diese Sachen nicht zu kaufen?
Diese Methode(n) habe ich angewandt:	Mind-Map erstellen Informationen aus einem Text entnehmen Diskutieren
Geholfen hat mir:	dass ein Bild neben dem Text steht. Man kann sich dadurch besser vorstellen, wie klein die Kindern noch sind. Ein Blick in den Weltatlas (Wo liegt Lusaka?)
Gestört hat mich:	heute nichts
Ich bin mit meiner Arbeit zufrieden, weil	ich meine Mind-Map sehr übersichtlich gestaltet habe. ich mich an der Diskussion beteiligt habe.
Ich nehme mir vor, a) mehr über Kinderarbeit zu erfahren. b) unterstreichen zu üben.	Ich muss dazu, – im Internet nach Informationen suchen. – in der Schulbibliothek nachfragen. Schlüsselwörter finden

Der Diagnosebogen

Funktion

Ein Diagnosebogen (*Diagnose* = Bestimmung, Beurteilung eines Zustands) dient dazu, festzustellen, wo die eigenen Stärken und Schwächen liegen bzw. woran man noch arbeiten muss. Er kann auf eine Unterrichtsreihe beschränkt oder auch sehr allgemein formuliert sein. Ein Diagnosebogen bietet eine gute Grundlage für ein Gespräch mit dem Lehrer/der Lehrerin.

Beispielseite

Name: Annalena Schnabel — Klasse 10 b

Selbsteinschätzung

Thema: Analyse politischer Reden

Kompetenzen	ich bin sicher	ich bin unsicher	kann ich gar nicht
1. Ich kann die Redesituation erfassen und beschreiben.	X		
2. Ich kann die Intention einer Rede analysieren.	X		
3. Ich bin in der Lage, die Argumentation einer Rede zu klären und als Verlauf darzustellen.	X		
4. Ich kann kämpferische und offene Redestrategien unterscheiden und belegen.			X
5. Ich kenne wesentliche rhetorische Mittel und kann ihre Wirkung analysieren.		X	

1.7 Visualisierungstechniken

Informationen und Zusammenhänge lassen sich nicht nur mit Texten darlegen, sondern gewinnen oft durch eine gute Veranschaulichung (Visualisierung) an Klarheit. Schaubilder kann man sich sowohl bei der Ideenfindung und Gliederung als auch bei der Präsentation zunutze machen.

Cluster und Mind-Map

Funktion

Cluster und Mind-Map sind zwei Methoden, mit denen man größere Stoffbereiche in ihrem Zusammenhang gut veranschaulichen kann. Der Cluster dient als Methode der Stoffsammlung (z. B. für eine Problemerörterung) und der Ideenfindung, die Mind-Map ist zur Aufbereitung und Strukturierung des Stoffs (z. B. zur Gliederung einer schriftlichen Arbeit oder eines Referats) geeignet.

Cluster

Der **Cluster** („Traube") ist eine assoziative Aneinanderreihung von Begriffen, die zusammenhängen, ohne dass bereits eine exakte logische Struktur sichtbar gemacht wird.

- Schreibe das Thema mit einem prägnanten Begriff in die Mitte eines leeren Blattes und zeichne einen Kreis darum.
- Ordne dann weitere Begriffe und Ideen, die dir dazu einfallen, diesem Thema zu. Schreibe diese ebenfalls jeweils in einen Kreis, den du durch einen kurzen Strich mit dem Ausgangskreis verbindest.
- Zu jedem weiteren Begriff können wiederum Einfälle auf dieselbe Art und Weise notiert werden.
- Um die Gedanken frei fließen zu lassen, sollte man sich nicht auf die innere Logik konzentrieren und zunächst auch abwegig erscheinende Ideen notieren. Sie können das „Tor" für weitere wichtige Assoziationen sein.
  Am Ende sind viele Stichwortkreise miteinander verbunden und alle Einfälle, Ideen und Assoziationen stehen in Verbindung zum Ausgangsbegriff.

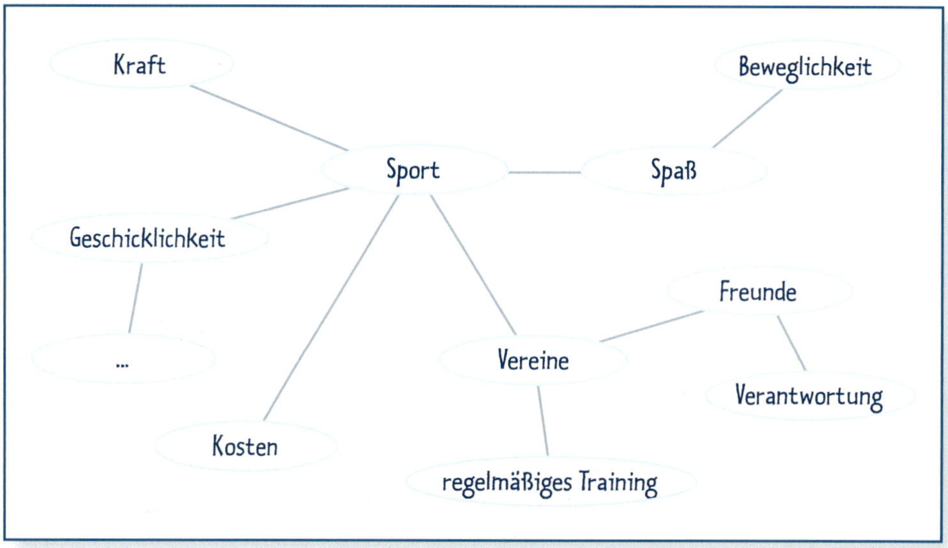

Mind-Map

Die **Mind-Map** („Gedanken-Landkarte") ist im Gegensatz zum Cluster stärker logisch und begrifflich geordnet. Ihr Ziel ist es, ein Sachgebiet oder ein Problem in seiner logischen Struktur überblicksartig zu präsentieren. Damit steht sie der Gliederung sehr nahe, allerdings hat sie eine einprägsamere Form.

- Nimm ein Blatt Papier und notiere in der Mitte dein Thema in einen Kasten oder Kreis.
- Zeichne dann Äste/Pfade in unterschiedlicher Stärke für die Oberbegriffe.
- Von den Ästen gehen Zweige ab, die Unterbegriffe oder zusätzliche Informationen anschaulich machen.
- Du kannst die Begriffe auch mit Symbolen oder kleinen Zeichnungen veranschaulichen.

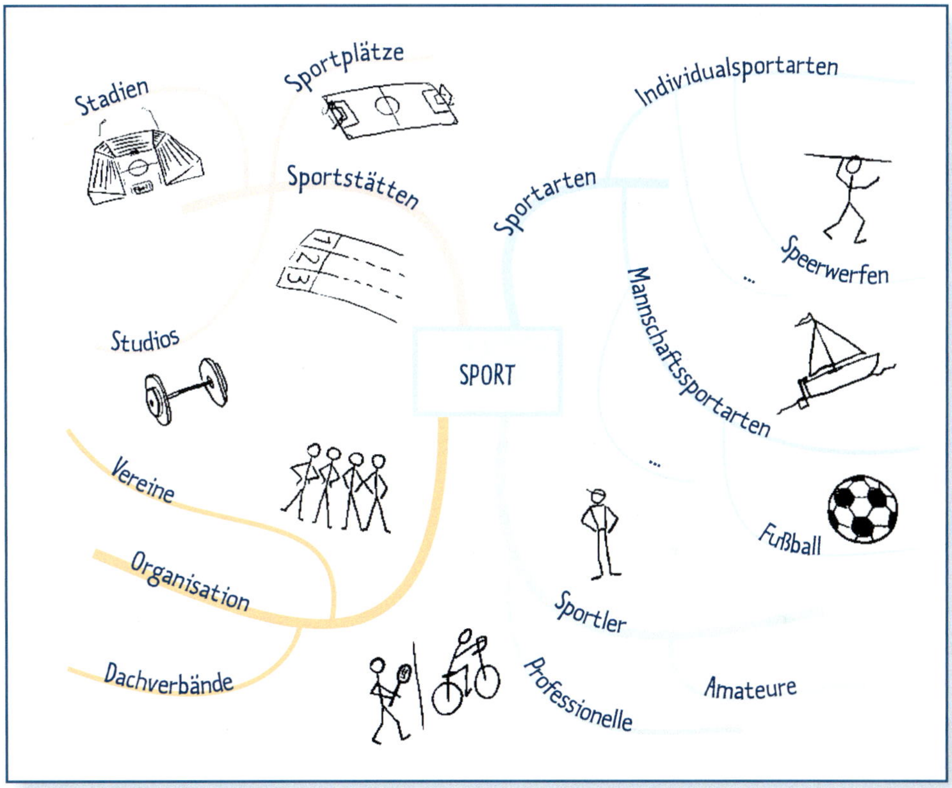

Tabellen, Flussdiagramm, Strukturdiagramm

Diagramme sind Grafiken, die Aussagen zu einem Sachgebiet oder zu einem Text auf unterschiedliche Art und Weise veranschaulichen.

▶ Tabelle S. 15
Flussdiagramm

Während Tabellen Informationen sinnvoll nach Oberbegriffen ordnen, die in Zeilen und Spalten angegeben sind, eignen sich **Flussdiagramme** besonders gut zur Darstellung von zeitlichen oder inhaltlich-logischen Abläufen. Dazu gliedert man den Text in Handlungs- oder Sinnabschnitte und fasst diese dann jeweils in kurze, stichpunktartige Sätze zusammen. Diese Zusammenfassungen werden im Flussdiagramm mit Pfeilen, die den Ablauf zeigen, verbunden. Das Flussdiagramm kann auch Verzweigungen enthalten.

Handlungsverlauf in Wolfgang Borcherts Kurzgeschichte: „Das Brot“:

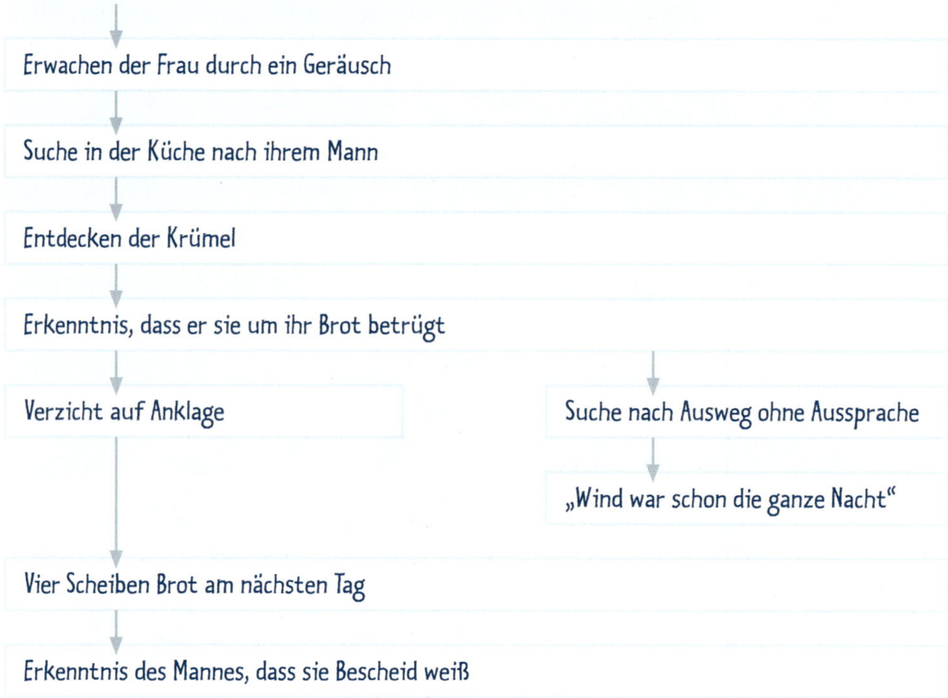

Struktur-diagramm

Strukturdiagramme zeigen dagegen die innere, logische Struktur einer Handlung, eines Sachverhalts oder einer Argumentation. Durch Kästchen und Pfeile, die beschriftet werden können, werden Zusammenhänge zwischen den Einzelelementen deutlich.

Debatte um Herabsetzung der Strafmündigkeit:

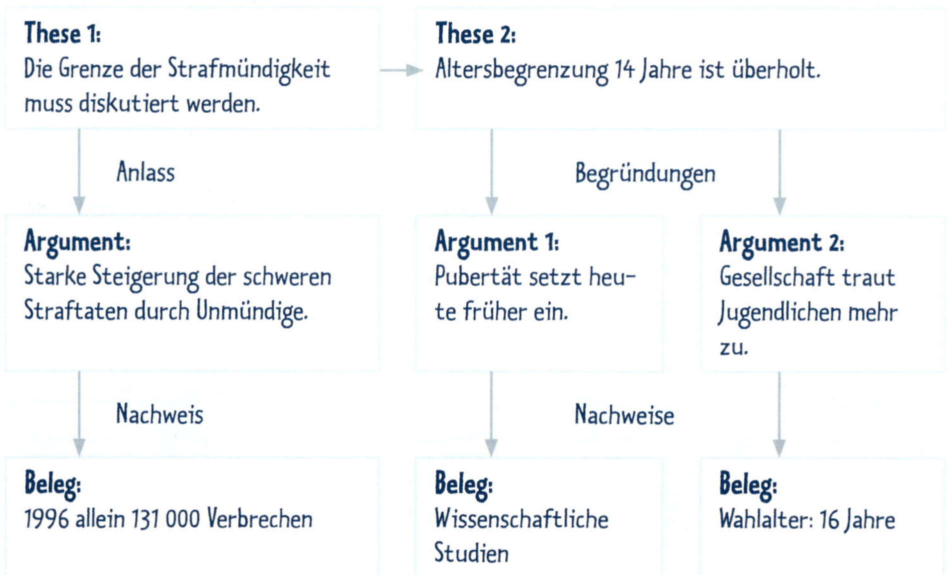

Das Lernplakat

Lernplakate – eine gute Methode der Veranschaulichung

Das benötigst du:

Achte auf folgende Punkte:

Inhalt
- So **wenig** wie möglich, so **viel** wie nötig
- Sachverhalte auf den **Punkt** bringen
- Unwesentliches **weg**lassen

Darstellung
- Knapper und klarer Ausdruck
- Übersichtlicher Aufbau
- Illustrationen und grafische Symbole
- Druckschrift (min. 2,5 cm)

Funktion: strukturieren und visualisieren

Eine verbreitete Methode der Aufbereitung von Informationen stellt das **Lernplakat** dar. Es dient der Strukturierung und Visualisierung komplexerer Lernstoffe. Nicht nur das Plakat selbst ist eine Gedächtnisstütze, auch der Prozess des Erstellens an sich ist mit Lerneffekten verbunden.

1.8 Referate verfassen und präsentieren

Informationen einholen

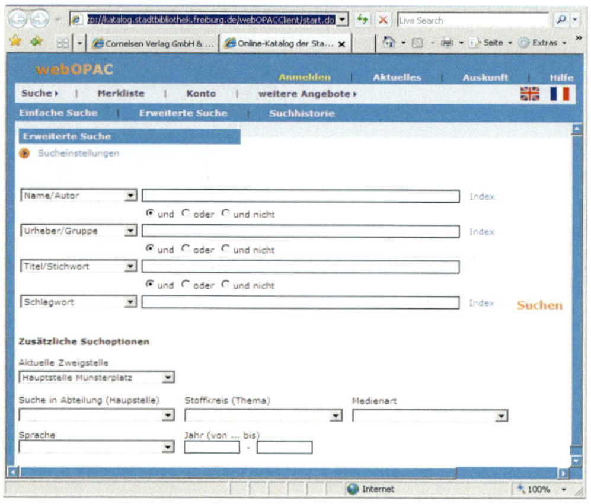

Bibliotheken

Informationen über unterschiedlichste Sachbereiche erhältst du durch Bücher, Zeitschriften, CD-ROMs, Filme, Interneteinträge. **Bibliotheken** verfügen über so genannte Kataloge, die Auskunft über den gesamten Medienbestand geben, z. B. den OPAC (**O**nline **P**ublic **A**ccess **C**atalogue). Neben dem alphabetischen Katalog, der die Autoren oder Herausgeber aller vorhandenen Werke alphabetisch auflistet, ist vor allem der Schlagwortkatalog für die thematische Suche wichtig. In **Buchhandlungen** kann man nach Büchern zu einem bestimmten Thema fragen und sich beraten lassen. Im **Internet** helfen Suchmaschinen weiter. Je nach Einstellungen kannst du so weltweit oder in bestimmten Ländern nach Einträgen zu einem Stichwort oder einer Stichwort-Kombination suchen.

Buchhandlung

Internet

▶ Das Internet: Kommunikation und Recherche S. 194

Internetrecherche

Bei einer Internetrecherche gehst du so vor:

- Entscheide dich zunächst für klare Suchbegriffe.
- Nutze eine Suchmaschine z. B. google.de, msn.com, yahoo.com und/oder ein Online-Lexikon, wie z. B. wikipedia.de oder wissen.spiegel.de.
- Lege ein Rechercheprotokoll an. Protokolliere darin den Rechercheweg.
- Wähle aus den Suchergebnissen Internetseiten aus.
- Bewerte die aufgerufenen Internetseiten.

Recherche-protokoll

Protokoll einer Internetrecherche			
Name:			
Arbeitsauftrag:			
Thema:			
Suchbegriff	**Suchwerkzeug**	**aufgerufene Internetseite**	**Bewertung**
Plagiat	Google	http://de.wikipedia.org/wiki	übersichtlicher Artikel Online-Lexikon, sollte aber geprüft werden
Plagiat	Google	http://Plagiat.fhtw-berlin.de	Seite der Berliner Fachhochschule, viele Links, Informationen und sogar eine Lerneinheit

Sicherung der Information

- Fasse wichtige Informationen zusammen.
- Wähle geeignetes Material aus und lade es herunter.

Prüfung auf Zuverlässigkeit

Das Internet als Informationsquelle ist weniger zuverlässig als gedruckte Medien, weil dort alles ungeprüft veröffentlicht werden kann. Prüfe daher die Quellen auf Zuverlässigkeit und auf ein mögliches kommerzielles Interesse des Anbieters. Hilfreich ist allerdings die hohe Aktualität. Genutzte Seiten speichert man in einer Kopie ab und versieht sie mit einer Datumsangabe, da sich Internetseiten schnell ändern können.

Kriterien zur Prüfung

Ob Internetseiten seriös und zuverlässig sind, entnimmst du meist schon dem Impressum, aus dem hervorgeht, wer für die Seiten verantwortlich ist. Generell gilt:

- Öffentliche Einrichtungen wie Universitäten oder Ministerien bieten meistens vertrauenswürdige Informationen.
- Online-Angebote von Nachrichtensendern oder Zeitungen liefern zuverlässige Angaben.
- Firmen haben häufig kommerzielle Interessen und wollen werben.
- Private Seiten können zuverlässig sein, enthalten aber oft nur subjektive Ansichten.

TIPP

Schreibe auf den ausgedruckten Text immer die genaue Quellenangabe (mit Datum). Texte einfach aus dem Internet zu kopieren und in ein eigenes Dokument einzufügen, ist keine eigene Leistung und gilt als Täuschungsversuch.

Interview

Eine wichtige Quelle für Informationen können auch Interviews sein.

Verarbeitung der Informationen

Leitfragen erstellen

- Wonach willst du suchen? Was ist am Thema besonders interessant? Worüber müssen die Zuhörer informiert werden?

auswerten

▶ Texte auswerten S. 14

▶ Mind-Map S. 21

Beim Auswerten wendest du die üblichen Textbearbeitungsmethoden an:

- Kerninformationen markieren, am Rand zusammenfassen, Zitate exzerpieren, Informationen mit eigenen Worten zusammenfassend wiedergeben.
- Eine Mind-Map eignet sich gut, um eine erste Strukturierung der erwünschten Informationen vorzunehmen. Du kannst sie später auch als Grundlage für die Inhaltsübersicht und beim Vortragen als „Spickzettel" nutzen.

Aufbau und Gliederung

Die Informationen, die zum Vortrag kommen sollen, ordnest du nach sachlichen Gesichtspunkten an; unter Umständen musst du Vorwissen oder Interesse der Zuhörer/innen mitbedenken.

Gliederung Hauptteil

- Den **Hauptteil** solltest du besonders sorgfältig planen:
  - ☐ Sortiere den Inhalt des Vortrags nach Ober- und Unterpunkten.
  - ☐ Gib jedem Punkt des Vortrags eine Überschrift.
  - ☐ Nummeriere die Überschriften fortlaufend.

- Ordne die Unterpunkte den Überschriften zu, z. B.:

2	Überschrift		4	Überschrift
2 a)	Unterüberschrift	**oder**	4.1	Unterüberschrift
2 b)	Unterüberschrift		4.1.1	weiterer Unterpunkt

Überlege dir auch, wie du Einleitung und Schluss deines Referates gestalten möchtest.

Einleitung

- In der **Einleitung** solltest du das Interesse wecken und zum Thema hinführen, z. B. mit einer Abbildung, einem Zitat oder einer persönlichen Bemerkung.

Schluss

- Der **Schluss** kann die wichtigsten Ergebnisse zusammenfassen, einen Ausblick in die Zukunft oder auf verwandte Themen geben oder deine eigene Meinung enthalten.

Das Thesenpapier

Handout

„Was man schwarz auf weiß besitzt, kann man getrost nach Hause tragen." Deshalb gilt: Für den gelungenen Vortrag eines Kurzreferates ist ein inhaltlich und formal gut gestaltetes **Thesenpapier** (auch „Handout" genannt) unverzichtbar. Es dokumentiert die wichtigsten Informationen und dient dem Publikum zur Orientierung während des Vortrags.
Auf Folgendes solltest du unbedingt achten:

- Das Thesenpapier nennt Thema und Verfasser des Referats.
- Es sollte sich auf die Kernaussagen beschränken.
- Es sollte eine klare Gliederung haben.
- Die Gestaltung sollte übersichtlich sein.
- Das Thesenpapier kann Tabellen, Grafiken und Bildmaterial etc. zur Veranschaulichung enthalten.

Quellen- und Literaturangaben

- Es werden genaue **Quellen- und Literaturangaben** zum Referat aufgeführt.

	Zitat …	
Buchtitel	eines **Buchtitels:** Name, Vorname: Titel. Verlag, Erscheinungsort(e) und -jahr, Seite	*Pressler, Mirjam: Malka Mai. Verlag Beltz & Gelberg, Weinheim 2001, S. 202*
Zeitschrift	aus einer **Zeitschrift:** Name, Vorname: Titel. In: Name der Zeitschrift, Jahrgang. Jahr, Nr. der Ausgabe, Seite	*Bichsel, Peter: Eigenartige Leute – Leser zum Beispiel. In: Der Deutschunterricht, 40. Jg. 1988, H. 4, S. 5–8*
Internet	aus dem **Internet:** Name, Vorname: Titel. In: URL (Internetadresse) Auf die vollständige Adresse folgt das Datum des Tages, an dem die Seite besucht wurde.	*Dautel, Klaus: Unterrichtsmaterialien und Anregungen zu Christa Wolf: Der geteilte Himmel. Eine Erzählung. In: http://www.zum.de/Faecher/D/BW/gym/cwolf (28. 5. 2007)*

Anschauungsmaterialien auswählen

Medieneinsatz

Der Einsatz von Anschauungsmaterial verschafft dem Redner/der Rednerin Verschnaufpausen.

Tafel/Whiteboard
Thema
Namen
Daten
Fachbegriffe

Präsentationsprogramm

Folie/Tageslichtprojektor
Diagramme
Tabellen
Grafiken
Zitate

Informationen über das Auge

Wandzeitung
Fotos
Karikaturen
Kurztexte

Anschauungsobjekte
Modelle
Versuchsaufbau
Gegenstände

Plakat
Gliederung des Referats
Thesen

Außerdem kann das Publikum Informationen, die es nur hört, wesentlich schlechter behalten als solche, die es hört und sieht.
Daher solltest du genau überlegen, an welchen Stellen du Bilder, Schaubilder an der Tafel oder auf dem Tageslichtprojektor, Hör- oder Filmbeispiele einfügen willst.
Achte aber darauf, dass diese Medien unterstützenden Charakter behalten: Ein Präsentationsprogramm ist kein Referat.

Präsentations-Programme

Ob du dich für **PowerPoint** oder **Folie** entscheidest, die Qualität der Informationen ist entscheidend.

- Fasse dich kurz – nur die wesentlichsten Informationen gehören auf Folien.
- Wenige Folien sind besser als eine Informationsüberflutung.
- Wähle ein einheitliches Erscheinungsbild für die Folien.
- Setze Farben sinnvoll ein.
- Verwende Animationen sparsam und einheitlich, lieber einfach als verspielt.
- Setze Diagramme, Grafiken und Bilder gezielt ein.
- Kontrolliere den Ablauf vor dem Vortrag und halte eine Ersatzlösung bereit.

Vortragskarten

Vortragskarten erstellen

Referate sollen frei vorgetragen werden. Eine ausformulierte Fassung kann dabei eher hinderlich sein.
Besser ist eine Zusammenstellung der wichtigsten Stichworte auf Karteikarten. Sie helfen dir, während des Vortrags keinen wichtigen Gedanken zu vergessen.
Bei der Vorbereitung der Karten sollte man folgende Schritte beachten:

Format
Beschriftung
Gestaltung

- Karteikarten im Postkarten-Format DIN A6 besorgen.
- Die Karteikarten einseitig beschriften und durchnummerieren.
- Die Redeteile farbig voneinander trennen: Die Einleitung steht z. B. auf rosafarbenen, der Hauptteil auf gelben und der Schlussteil auf weißen Karten.
- Auf den Stichwortkarten mit Farben Schwerpunkte markieren, z. B.:
  blau: Gedanken, die unbedingt gesagt werden müssen,
  grün: Zitate, die wörtlich vorgelesen werden müssen, *schwarz:* Fachbegriffe.
- Deutlich und gut lesbar schreiben (am besten in Druckbuchstaben).
- Symbole als Gedankenstützen zeichnen: → * ? !

Tipps für einen gelungenen Vortrag

Grundsätzlich gilt:
- Eine gründliche Vorbereitung und Beschäftigung mit dem Thema mindert das Lampenfieber.
- Um weitere Sicherheit zu gewinnen, kann man schon vor dem Vortrag im Publikum einen „Anker" bestimmen – d. h., einen Freund oder eine Freundin –, der einen während des Vortrags nonverbal, z. B. durch Lächeln oder Nicken unterstützt. Geübten Rednern gelingt es, Blickkontakt zu vielen Zuhörern zu halten. So fühlen sich alle angesprochen.
- Der Redner/Die Rednerin sollte während des Vortrags:
  - laut und deutlich sprechen,
  - frei sprechen, dabei Mind-Map, Gliederung oder Vortragskarten zu Hilfe nehmen,
  - Schachtelsätze vermeiden,
  - Pausen einlegen, Wichtiges ggf. wiederholen,
  - Redetempo und Lautstärke wechseln,
  - Blickkontakt mit den Zuhörern halten,
  - durch Körpersprache (Haltung, Gestik, Mimik) das Gesagte unterstreichen.
- Für das Ende des Vortrags sollte der Redner/die Rednerin eine Fragerunde oder Diskussion einplanen. Es ist sinnvoll, diese Fragerunde oder Diskussion anzukündigen. So vermeidet man, dass die Zuhörer den Vortrag durch voreilige Fragen unterbrechen.

1.9 Protokollieren

äußere Form

Protokollieren ist eine spezielle Art des Berichtens. Hierfür gibt es eine festgelegte äußere Form.
- Der so genannte **Protokollkopf** nennt:
  - den Titel der Veranstaltung,
  - das Datum,
  - den Zeitraum,
  - den Ort,
  - die Anwesenden,
  - den Protokollanten/die Protokollantin,
  - das Thema.
- Der **Hauptteil** des Protokolls ist deutlich gegliedert, z. B. nach Tagesordnungspunkten (TOPs).
- Das Datum des Tages, an dem das Protokoll geschrieben wurde, und die Unterschrift des Protokollanten oder der Protokollantin stehen am **Schluss.**

Neben dem wörtlichen Protokoll sind folgende Formen besonders häufig:

Ergebnisprotokoll

Das **Ergebnisprotokoll** gibt die wesentlichen Ergebnisse (z.B. zentrale Problempunkte, Anträge, Abstimmungsergebnisse, Beschlüsse etc.) in möglichst knapper Form wieder. Dabei können ggf. verschiedene Aussagen zu einem Themenaspekt zusammengefasst werden, auch wenn sie in der Diskussion zeitlich getrennt waren. Tempus des Ergebnisprotokolls ist das **Präsens.**

Verlaufsprotokoll

Das **Verlaufsprotokoll** berichtet in der genauen Reihenfolge über den gesamten Verlauf etwa von Sitzungen, Besprechungen, Diskussionen etc. Redebeiträge und Meinungsäußerungen müssen dem zeitlichen Ablauf nach festgehalten werden. Wortbeiträge werden dabei in indirekter Rede wiedergegeben. Als Tempus eignen sich **Präteritum** oder **Präsens.**

Anlass oder Zweck legen oft auch eine Mischform aus beiden Protokollarten nahe:

Unterrichtsprotokoll

Bei einem **Unterrichtsprotokoll** ist es z.B. sinnvoll, sowohl den Verlauf als auch wesentliche Teilergebnisse festzuhalten.

Vorgehen

Beachte beim Mitschreiben:
- Schreibe nur Stichworte auf, nicht ganze Sätze.
- Hebe Wichtiges durch Unterstreichungen hervor.
- Mache logische Zusammenhänge durch Pfeile deutlich: →
- Verwende Abkürzungen.

Auszug aus einem Ergebnisprotokoll:

Protokollkopf

Oskar-Schlemmer-Gymnasium

Protokoll der SMV-Projektgruppe vom 26. Oktober ...

Titel der Veranstaltung und Datum

Ort: *SMV-Zimmer*
Zeit: *12.30–14.00 Uhr*
Anwesend: *Katja Bauer, Dennis Schuster, Anna-Maria Zaum, Emine Gücün, Axel Hermann, André Horak, Johannes Fröschle, Amelie Schremser, Herr Kneser (Verbindungslehrer)*
Entschuldigt: *Janina Fischer (krank); Marlene Hildenbrandt (Jugend trainiert für Olympia)*
Leitung: *Katja Bauer*
Protokoll: *Amelie Schremser*

Tagesordnung:

Thema

1. *Bericht von der Lehrerkonferenz (Herr Kneser)*
2. *Vorstellung der Projektvorschläge*
3. *Diskussion und Auswahl der Vorschläge*
4. *Aufgabenverteilung*
5. *Terminplanung*
6. *Verschiedenes*

Hauptteil

Ergebnisse:

zu TOP 1:
Herr Kneser berichtet, dass der Projektvorschlag der SMV „Aktiv gegen Rassismus“ von der Lehrerkonferenz sehr begrüßt wurde. Eine Lehrergruppe (5 Personen) erklärt sich zur Mitarbeit bereit. Dennis und Axel sprechen sie an.

Hauptteil nach TOPs geordnet

Ergebnisse festgehalten

zu TOP 2:
Insgesamt werden 45 Projektvorschläge (siehe Pinnwand im SMV-Zimmer) vorgestellt.

zu TOP 3:
Nach eingehender Diskussion entscheidet sich die Projektgruppe für 21 Aktivitäten (siehe Liste am Schwarzen Brett). Einzelne Projektvorschläge werden dabei leicht abgeändert bzw. zusammengefasst.

Auszug aus einem Verlaufsprotokoll:

Hauptteil

Verlauf:

1. Bericht von der Lehrerkonferenz
Herr Kneser berichtete zu Beginn der Sitzung, dass das Lehrerkollegium von wenigen Ausnahmen abgesehen die Idee der SMV unterstützt, ein Projekt „Aktiv gegen Rassismus“ an unserer Schule durchzuführen. Das Meinungsbild im Kollegium habe 49 Stimmen (pro) zu 7 Stimmen (kontra) bei zwei Enthaltungen ergeben. Im Anschluss nannte Herr Kneser auch fünf Lehrer, die spontan ihre Unterstützung zugesagt hatten. Die Mitglieder der Projektgruppe begrüßten die Bereitschaft. Dennis und Axel wollen auf die entsprechenden Lehrkräfte zugehen.

Verlauf festgehalten

2. Vorstellung der Projektvorschläge
Die Teilnehmer/innen der Projektgruppe stellten die von der Schülerschaft während der letzten Woche eingereichten Projektvorschläge vor. Um einen Überblick zu erhalten, wurden die Vorschläge sortiert und an die Wand des SMV-Zimmers gepinnt. Zunächst wurden alle Vorschläge der Unterstufe präsentiert, und zwar erst die der 5., dann die der 6. Klassen. Daran schlossen sich die Vorschläge der Mittelstufe an. Katja Bauer moderierte die Präsentation.

1.10 Sich bewerben und vorstellen

Bewerbungsmappe

Die Bewerbungsmappe ist so etwas wie deine Visitenkarte. Sie enthält alle Unterlagen, die dem Arbeitgeber helfen, sich ein Bild von deinen Qualitäten und Fähigkeiten zu machen. Außerdem soll dein Gegenüber auch ein bisschen neugierig auf dich werden. Zu einer kompletten Bewerbungsmappe zählen:

- Deckblatt mit ansprechendem Foto,
- das Anschreiben,
- der Lebenslauf,
- wichtige Schulzeugnisse (vor allem Abschlusszeugnisse),
- Nachweise und Zeugnisse über Praktika, Nebenjobs, ehrenamtliches Engagement,
- Bescheinigungen über schulisches Engagement (z. B. SV),
- Nachweise über zusätzliche Qualifikationen (z. B. Schreibmaschinenkurs),
- eventuell passende Arbeitsproben (z. B. Schülerzeitungsartikel etc.).

Das Bewerbungsschreiben

Das Bewerbungsschreiben bestimmt den ersten Eindruck, den man von dir gewinnt. Daher muss es wie der Lebenslauf mit großer Sorgfalt erstellt werden und darf keine Fehler enthalten. Es wird aufgebaut wie ein Geschäftsbrief.

Aufbau

Nadine Berner 12. 2. 2009

Weingartner Str. 36
40210 Düsseldorf
Tel. 0721 12345

Firma
Sulzbacher GmbH
Personalabteilung
z. Hd. Frau Müller
Kreuzelbergstr. 17–23
40210 Düsseldorf

Vollständige Anschrift des Betriebs, möglichst Ansprechpartner und Abteilung angeben.

Bewerbung um einen Ausbildungsplatz als Bürokauffrau

Warum schreibst du diesen Brief?

Sehr geehrte Frau Müller,

bei der Agentur für Arbeit in Düsseldorf habe ich erfahren, dass Ihre Firma auch in diesem Jahr Auszubildende einstellt. Gerne bewerbe ich mich deshalb bei Ihnen um einen Ausbildungsplatz als Bürokauffrau.

Um welchen Ausbildungsplatz (korrekte Bezeichnung!) bewirbst du dich?

Zurzeit besuche ich das Helmholtz-Gymnasium in Düsseldorf, das ich voraussichtlich im Juli 2009 mit der mittleren Reife verlassen werde.

Was machst du zurzeit? Wann verlässt du die Schule? Welchen Abschluss strebst du an?

Ich interessiere mich für einen kaufmännischen Beruf und arbeite deshalb auch ab und zu im Büro des Schlossereibetriebs meiner Eltern mit. Im Informationszentrum der Agentur für Arbeit und bei einer Betriebserkundung mit den 10. Klassen unserer Schule konnte ich weitere Einblicke in die Aufgaben des von mir angestrebten Berufes erhalten.

Hier müssen einige stichhaltige Gründe für deinen Ausbildungswunsch angegeben werden.

Ich freue mich, wenn ich mich Ihnen persönlich vorstellen darf.

Meinen Lebenslauf, eine Fotokopie des letzten Zeugnisses und ein Passfoto lege ich diesem Schreiben bei.

Mit freundlichen Grüßen

Nadine Berner

3 Anlagen

Was fügst du diesem Brief bei?

Der Lebenslauf

Auch der Lebenslauf ist Bestandteil jeder Bewerbungsmappe. Er muss fehlerfrei und sorgfältig erstellt sein. In der Regel wird er am PC geschrieben, nur in ganz wenigen Fällen wird die handschriftliche Form ausdrücklich verlangt.

Aufbau

Lebenslauf

Lichtbild vom Fotografen

Zur Person

Name	Annamaja Koch
Anschrift	Roncallistraße 55 53842 Rungsheim
Geburtsdatum	12.5.1993
Geburtsort	Düsseldorf
Eltern	Wilhelm Koch, Schlossermeister Ingeborg Koch, kaufmännische Angestellte

Wie sind deine persönlichen Verhältnisse beschaffen?

Schulausbildung

1999 bis 2003	Grundschule Wolperather Straße, Wahldorf
2003 bis heute	Heinrich-Böll-Schule, Rungsheim angestrebter Abschluss Juni 2009 Fachhochschulreife

Welche Schule hast du besucht oder besuchst du? Welche Abschlüsse hast du erreicht, welche strebst du an?

Praktikantentätigkeiten

2008	dreiwöchiges Schulbetriebspraktikum bei der Werbeagentur Majewski in Hürth
seit 2007	Mitarbeit im Büro des elterlichen Betriebes

Besitzt du Erfahrungen in dem angestrebten Berufsfeld?

Sprachkenntnisse

Englisch (gute Kenntnisse in Wort und Schrift, Sommersprachkurs 2006 in London)
Französisch (Grundkenntnisse)

Über welche besonderen Kenntnisse verfügst du? Soziales Engagement?

Weitere Qualifikationen

Schreibmaschine (Grundkurs der Industrie- und Handelskammer)
Jugendarbeit im Sportverein

Welche persönlichen Interessen und Hobbys hast du?

Persönliche Interessen

Volleyball, Lesen, Computerarbeit, Reiten

Rungsheim, den
4. März 2009 Annamaja Koch

Wichtig! Ort, Datum, Unterschrift

Das Vorstellungsgespräch

Ein Vorstellungsgespräch sollte der Bewerber oder die Bewerberin selbstsicher und überzeugend mitgestalten. Gib daher im Gespräch keine einsilbigen Antworten, sondern in größeren Zusammenhängen Auskunft, sodass der Gesprächspartner einhaken kann. Informiere dich deshalb vorher gut und bereite dich gezielt auf Fragen vor. Manchmal wird man auch aufgefordert, frei von sich zu berichten. Es ist sinnvoll, sich für einen solchen Fall einen kurzen Text zurechtzulegen, in dem man vermittelt, dass man eine realistische Einschätzung der eigenen Fähigkeiten und klare Ziele vor Augen hat. Man sollte auf jeden Fall

- Kopien der Bewerbungsunterlagen mitnehmen,
- Kleidung tragen, die ansprechend aussieht, in der man sich aber trotzdem wohlfühlt,
- freundlich sein und einen ruhigen und entspannten Eindruck machen,
- nachfragen, wenn man etwas nicht verstanden hat, und auch eigene, vorbereitete Fragen stellen und somit Initiative zeigen.

2 Sprechen und Schreiben

2.1 Mündlicher und schriftlicher Sprachgebrauch

Mündlicher und schriftlicher Sprachgebrauch unterscheiden sich vor allem im Hinblick auf Satzbau, Tempus und Ausdrucksmöglichkeiten.

Mündlicher Sprachgebrauch
Gespräch, Diskussion, Vortrag, Referat (in mündlicher Form) ...

- Der Satzbau ist meist einfacher gestaltet.
  ... Wir sind in den Herbstferien in Freiburg gewesen. Wir haben so viele Wanderungen gemacht, dass ich im Moment keine Wanderstiefel mehr sehen kann. Am besten hat mir die Fahrt mit der Seilbahn auf den Schauinsland gefallen ...

- Die Sätze bleiben häufiger unvollendet, insbesondere wenn man merkt, dass das Gegenüber bereits verstanden hat, was man sagen will.
- Wer zuhört, kann unmittelbar auf das Gehörte reagieren und gegebenenfalls nachfragen.
- Beim Sprechen kann man durch Gestik, Mimik und Betonung seinen Aussagen Nachdruck verleihen.
- Die Vergangenheit wird in der Regel durch das **Perfekt** ausgedrückt.

Schriftlicher Sprachgebrauch
Brief, Aufsatz, Referat (in schriftlicher Form), Bewerbungsschreiben, Zeitungsbericht ...

- Es kommt auf exakten und eindeutigen Ausdruck an, da die Leserinnen und Leser nicht unmittelbar nachfragen können, wenn etwas unklar bleibt.
- Die Sätze sind meist umfangreicher, grammatisch korrekter und müssen logisch widerspruchsfrei aufgebaut sein.

  Liebe Inge,
  in den Herbstferien waren wir diesmal in Freiburg im Schwarzwald. Wir hatten eine schöne Ferienwohnung. Das Wetter war so gut, dass wir täglich wandern konnten. Am Dienstag fuhren wir mit der Seilbahn auf den Schauinsland ...

- Die Vergangenheit wird in der Regel durch das **Präteritum** ausgedrückt.

2.2 Erzählen – Nacherzählen – Schildern

Erzählaufbau und Schreibplan

Aufbau

Eine Erzählung, z. B. eine **Erlebniserzählung,** gliedert sich meist in drei Teile: die Einleitung, den Hauptteil mit dem Höhepunkt und den Schluss. Man kann den Aufbau einer Erzählung als Erzähltreppe darstellen:

Einleitung
Ort, Zeit
Hauptfiguren

Die **Einleitung** soll die Leser/innen oder Hörer/innen in die Geschichte einführen. Sie nennt **Ort und Zeit** des Geschehens und/oder stellt die **Hauptfigur(en)** der Geschichte vor.
Die Geschichte kann aber auch unvermittelt beginnen. Dann werden die Leser/innen oder Hörer/innen in eine Szene versetzt, in der sie sich erst allmählich zurechtfinden.

Hauptteil

Der **Hauptteil** enthält die eigentliche Geschichte, das Geschehen, um das es in der Erzählung geht.

Handlungsschritte
Höhepunkt

Der Hauptteil besteht meist aus mehreren **Handlungsschritten.**
Hier wird die Spannung bis zum **Höhepunkt** der Geschichte gesteigert.

Schluss

Am **Schluss** kannst du die Geschichte ausklingen lassen (abgerundeter Schluss). Die Erzählung kann aber auch unvermittelt abbrechen.

Erzählrahmen

Du kannst der Geschichte auch eine Art **Rahmen** geben, indem du am Ende noch einmal auf die Einleitung zurückkommst.
Oder du fügst noch einen Anstoß zum weiteren Nachdenken (z. B. eine „Lehre“) an.

Schreibplan

Wenn man einen längeren Text plant, also z. B. schriftlich oder mündlich erzählen will, ist es sinnvoll, einen **Schreibplan** zu erstellen:

- Schreibe deine Ideen zunächst auf einzelne Zettel.
- Dann ordnest du die Zettel: Welche Ideen gehören in die Einleitung, welche in den Hauptteil, welche in den Schluss? Wo liegt der Höhepunkt deiner Erzählung?

Merle

Monty, Merles kleine Katze

offenes Fenster

Monty klettert auf die Fensterbank

Türklingel – Merle geht

Fensterbank leer

Schreck

Suche nach Monty auf der Straße

leises Kratzen im Schrank

Anschaulich erzählen

Aufmerksamkeit wecken

Achte bei der Ausgestaltung einer Erzählung darauf, die Aufmerksamkeit des Lesers/Hörers zu wecken und zu erhalten. Dazu solltest du anschaulich erzählen.

alle Sinne einbeziehen

Das gelingt, wenn du dir Ereignisse und Figuren genau vorstellst. Male dir aus,

- wie etwas aussieht und wie es sich bewegt,
- welche Laute und Geräusche zu hören sind,
- wie etwas riecht oder schmeckt,
- wie es sich anfühlt oder was auf der Haut zu spüren ist (z. B. ein Luftzug).

abwechslungsreich formulieren

Überlege dir genau, wie du etwas formulierst. Verwende

- **aussagekräftige Verben** (statt *gehen* z. B.: *bummeln, eilen, hasten, schlendern …*),
- **veranschaulichende Adjektive und Adverbien** (statt *klein* z. B.: *daumengroß, hühnereigroß …*) und
- **Vergleiche** (statt *er schrie* z. B.: *er brüllte wie ein gereizter Stier …*).

wörtliche Rede

▶ Zeichensetzung S. 97

Außerdem kannst du durch den Gebrauch der **wörtlichen Rede** (Figurenrede) eine Geschichte lebendiger und dramatischer gestalten.

innere Handlung

Neben der äußeren Handlung kann man auch das innere Geschehen wiedergeben. Dabei schildert man, welche **Gefühle und Gedanken** das Geschehen bei jemandem auslöst. So nimmt der Leser/Hörer stärker Anteil an den Figuren und kann sich besser in sie hineinversetzen.

Erzähltempus

Wichtig ist es auch, auf das **Erzähltempus** zu achten; du kannst zum Beispiel durch den Wechsel vom Präteritum (dem Haupttempus des schriftlichen Erzählens) ins Präsens Spannung erzeugen. Für die Wiedergabe vorzeitiger Handlungen verwendest du das Plusquamperfekt.

Einbrecher!

Ein nasskalter Tag im November ging zu Ende. Freitagabend – und ich war zum ersten Mal allein zu Hause. Meine Mutter hatte zwar noch mit zweifelnder Stimme gefragt, ob sie nicht doch Tina, die früher auf mich aufgepasst hatte, anrufen sollte. Aber das hatte ich voller Entrüstung abgelehnt. „Meinst du, ich brauche noch einen Babysitter?“ „Wie du meinst“, erwiderte Mama, obwohl sie noch nicht ganz überzeugt schien, „mach dir einen schönen Abend, aber um zehn geht's ins Bett, klar?“ „Sicher, Mama, du kannst dich auf mich verlassen“, antwortete ich lächelnd, kreuzte aber die Finger hinter dem Rücken. Ich wusste ja genau, was im Fernsehen lief – und den Film würde ich mir nicht entgehen lassen. „Fluch der Karibik“ – ins Kino hatten sie mich damals nicht gelassen. Zu klein! Immer war ich für etwas zu klein, zu jung.

Als der Wagen meiner Eltern die Einfahrt verlassen hatte, machte ich es mir gemütlich. Die Zeit bis zum Beginn des Films zog sich jedoch wie Kaugummi. Doch dann tauchte ich in die Filmhandlung ab

veranschaulichende Adjektive

innere Handlung
Gefühle
wörtliche Rede

Gedanken

Vergleiche
aussagekräftige Verben

und erlebte mit Captain Jack Sparrow Abenteuer um Abenteuer, kämpfte gegen grausame Geister und heftige Stürme, sodass ich das leise Geräusch kaum bemerkte. War das Klirren aus dem Lautsprecher gekommen? Oder aus dem Keller? Ich stellte den Ton erst leiser, dann ganz aus. Da – schon wieder! Ein Geräusch, als ob Glas zerbricht. Und jetzt das Knarren einer Tür, ganz langsam. Ich sitze wie festgenagelt, atme kaum ...

Tempuswechsel ins Präsens

Einen Erzählkern ausgestalten

Geht es darum, einen Erzählkern (eine kurze Darstellung des Handlungsgerüsts in der Art einer Inhaltsangabe oder Zeitungsmeldung) auszugestalten, sind folgende Punkte wichtig:

- Beziehe dich auf den Erzählkern.
- Erzähle anschaulich.
- Wähle eine Erzählperspektive aus, die den Lesern oder Hörern das Geschehen nahebringt: Du kannst aus der Sicht von jemandem erzählen, der die Handlung miterlebt (Ich-Erzähler oder Er-/Sie-Erzähler/in) oder aber aus der Perspektive des allwissenden Erzählers, der über dem Geschehen steht.
- Lass die Figuren lebendig werden, indem du ihr Äußeres und Inneres (Gedanken, Gefühle) genau darstellst. Du kannst auch Rückblenden auf ihre Vorgeschichte einbauen.
- Erzeuge Spannung, z. B. durch Pronomen, deren Bedeutung erst später klar wird, oder lenke die Aufmerksamkeit durch Wiederholungen auf bestimmte Leitmotive.

▶ anschaulich erzählen S. 35

Erzählperspektive

Rückblenden

Spannung erzeugende Mittel

zu einer Zeitungsmeldung erzählen

Zu der folgenden Zeitungsmeldung hat eine Schülerin eine Geschichte aus der Sicht eines Mädchens geschrieben, die im Bus gesessen hat. Die Verfasserin nutzt auch das Mittel der Rückblende.

Fahrer fällt in Ohnmacht – Schülerin greift ein

SYDNEY – Die 38 Kinder und Begleiter in dem Bus hätten Laura Simpson ihr Leben zu verdanken, sagte ein Polizeisprecher heute in Queensland. Das Fahrzeug war mitten in der Nacht von der Straße abgekommen und in ein ausgetrocknetes Flussbett geraten. Als das 16-jährige Mädchen den Fahrer zusammengesunken in seinem Sitz hängen sah, sprang sie auf und riss das Steuer herum.

Nach Angaben ihrer Mutter hatte der Fahrer den Fuß noch auf dem Gaspedal. Ihre Tochter habe den Mann angeschrien und geschüttelt. Der Fahrer sei wieder zu sich gekommen und habe den Bus schließlich gestoppt. Nach Medienberichten wurde er nach einer Untersuchung aus dem Krankenhaus entlassen. Warum er ohnmächtig wurde, blieb unklar.

Noch einmal davongekommen!
Wenn ich das bedenke, zittern mir immer noch die Knie. Dass Steven und ich jetzt hier sitzen und ich diese Geschichte erzählen kann, haben wir nur ihr zu verdanken.
Wir waren alle beim Rugbyspiel unseres Teams gewesen, etwa 200 km von unserer Schule entfernt. Ein heißer Tag, schon die Hinfahrt im Bus war kein Vergnügen, aber der Sieg unserer Mannschaft hatte alles wieder wettgemacht. Als wir zurückfuhren, war es schon dunkel. Im Bus herrschte gedämpftes Licht und eine Bombenstimmung. Bald aber stellte sich Müdigkeit ein.
Wir saßen weit vorne im Bus. Vor uns saß Laura, gleich neben dem Fahrer. Auch sie kämpfte mit dem Schlaf, blieb aber wach. Plötzlich fällt der Kopf des Busfahrers nach vorne – und alles geht rasend schnell ...

Pronomen, deren Bedeutung erst später klar wird
Rückblende
Zeitungsartikel aufgegriffen
Leitmotiv

Eine Geschichte weitererzählen

Textsorten beachten

Wenn der Anfang einer Geschichte vorgegeben ist, den du weitererzählen sollst, musst du dir klarmachen, welcher **Textsorte** die Vorlage angehört (z. B. Märchen, Fabel, Kurzgeschichte). Auch deine Fortführung der Geschichte soll die für sie typischen Merkmale aufweisen: Behalte **Ort, Zeit und Atmosphäre** der Vorlage bei.

Brüche vermeiden

- Achte darauf, dass die **Erzählschritte**, die du hinzufügen willst, zur Handlung der Vorlage passen. So vermeidest du **Brüche** im Erzählablauf.

Figuren

- Die **Darstellung der Figuren** soll der Textsorte entsprechen: In Märchen und Fabeln werden z. B. die Figuren eher als Typen dargestellt. In Romanen und Erzählungen haben sie meist individuelle Charaktere; daher sollten hier nicht nur ihr äußeres Handeln, sondern auch ihre Gedanken und Gefühle (innere Handlung) vorkommen.

Erzählabsicht

- Berücksichtige die **Erzählabsicht:** Soll die Geschichte auch belehren oder nur unterhalten? Achte auf die Textsorte und die Erzählweise der Vorlage.

Stil

- Auch den **Stil** der Vorlage solltest du beibehalten. Achte hier unter anderem auf Wortwahl, Satzbau etc.

Aus veränderter Perspektive erzählen

Figuren kennen lernen

Erzählst du ein Geschehen aus veränderter Perspektive, ist es wichtig, dass du dich in die Figur, aus deren Sicht du erzählen willst, hineinversetzt.

- Markiere oder unterstreiche deshalb alle Textstellen, an denen du etwas über die Figur erfährst, z. B. über ihr Aussehen oder ihre Eigenschaften.

eigene Ideen ergänzen

- Manchmal musst du beim Erzählen aus veränderter Perspektive eigene Ideen ergänzen, die aber zur Handlung der Vorlage und zur Figur passen müssen.

Perspektive berücksichtigen

- Beachte genau, was die Figur, aus deren Perspektive du erzählst, wissen und wahrnehmen kann. Ein personaler Erzähler kann nicht die Gedanken anderer Figuren lesen, aber z. B. wahrnehmen, dass sie traurig oder zufrieden wirken.

Sprache

- Wenn die Figur eine besondere Sprache hat (z. B. Jugendsprache), solltest du diesen Stil beim Erzählen aufgreifen.

Eine Bildergeschichte erzählen

Auch eine Bildergeschichte kann Grundlage einer Erzählung sein. Die Bilder zeigen dabei die wichtigsten Momente im Ablauf der Handlung.

- Sieh dir die Bilder genau an. Was erfährst du aus dem Verhalten der dargestellten Figuren? Was aus ihrer Mimik und Gestik? Welches Bild stellt den Höhepunkt der Geschichte dar?
- Ergänze, was zwischen den Bildern, was davor und danach geschieht.
- Erzähle auch, was die Figuren fühlen und denken, und füge wörtliche Rede ein.
- Überlege dir eine Überschrift, die zur Geschichte passt, aber nicht zu viel verrät.

Eine Fantasiegeschichte erzählen

In einer Fantasiegeschichte passieren ungewöhnliche Dinge, wie sie in der Wirklichkeit nicht geschehen. Häufig treten seltsame Wesen auf und Tiere oder gar Gegenstände können sprechen. Zu viel Außergewöhnliches macht eine Erzählung aber unübersichtlich. Deshalb sollte man darauf achten, dass auch in einer Fantasiegeschichte die Figuren, Gegenstände und Ereignisse zueinander passen und das Geschehen in einer verständlichen Reihenfolge abläuft.

- Lass beim Erzählen deiner Fantasie freien Lauf, alles ist möglich.
- Verliere jedoch nie aus den Augen, dass auch die fantasievollste Geschichte für den Leser/Hörer langweilig wird, wenn er zwischen den erzählten Ereignissen keinen sinnvollen Zusammenhang mehr herstellen kann.

Nacherzählen

die Vorlage verstehen

Wenn man eine Geschichte nacherzählt, kommt es zunächst darauf an, den **Sinn** der ursprünglichen Geschichte zu verstehen und dann den Inhalt möglichst genau wiederzugeben.

Reihenfolge beachten

- Beachte die richtige **Reihenfolge:** Gib die Handlungsschritte in der Reihenfolge wieder, in der sie auch die Autorin/der Autor erzählt hat.

- Lass nichts Wichtiges aus und füge nichts hinzu, was nicht in der ursprünglichen Geschichte steht.
- Achte darauf, dass du immer **mit eigenen Worten** erzählst. Manchmal musst du Texte, die in altertümlicher Sprache geschrieben sind, dem heutigen Deutsch anpassen.
- Behalte die **Zeitform der Vorlage** bei. Meist ist es das Präteritum.
- Beachte den **Aufbau** der ursprünglichen Geschichte. Hebe den Spannungshöhepunkt mit erzählerischen Mitteln hervor.

Zeitform beibehalten
Aufbau
▶ anschaulich erzählen S. 35

Beim **mündlichen Nacherzählen** kannst du dich auf eine Gliederungsskizze stützen, die die einzelnen Erzählschritte in Stichpunkten oder Zwischenüberschriften festhält. Das Erzähltempus ist hier zumeist das Perfekt.

mündlich nacherzählen
Gliederungsskizze
Erzähltempus
Perfekt

Beispiel für eine Gliederungsskizze:

Der Kampf mit dem Minotaurus

Einleitung
Minos stellt Theseus die Aufgabe, Ariadne hilft ihm mit Wolle und Dolch.

Hauptteil
Die Athener werden ins Labyrinth des Minotaurus geworfen.
Theseus' List: Er bindet den Faden am Eingang fest.
Der Kampf mit dem Minotaurus und Theseus' Sieg.
Der Rückweg aus dem Labyrinth – der Wollfaden zeigt den Weg.

Schluss
Freude der Athener über ihre Rettung.

Schildern

Wenn man schildert („Schilderer" = Maler), versucht man, mit Wörtern zu „malen", mit Sprache ein stimmungsvolles, aussagekräftiges Bild zu entwerfen.

▶ Beschreiben S. 41
Gefühle ansprechen

Im Unterschied zum eher nüchternen Beschreiben kommt es beim Schildern darauf an, die Gefühle der Leserinnen und Leser anzusprechen. Schilderungen verbinden meist die Darstellung der Außenwelt mit den Gedanken und Empfindungen des Betrachters.

erzählerische Mittel

Adjektive, Vergleiche und vor allem treffende Verben machen den geschilderten Sachverhalt besonders anschaulich. Beispiel:

Es beginnt ganz vorsichtig, als wollte uns der Himmel, der sich in den letzten Stunden grau und grauer gefärbt hat, nicht überfordern: Eine Flocke tanzt vor dem Fenster. Fast noch unbemerkt wird sie von der Hecke aufgefangen. Aber nun, als wäre es schon immer so gewesen, folgen Flocken über Flocken. Sie schweben vom Himmel, langsam, neugierig auf die Welt, die sie gleich mit einer weißen Schicht überziehen. Wir stehen am Fenster, nichts hält uns auf den Stühlen. Die sonst so coolen Gesichter meiner Mitschüler strahlen, Freude rötet ihre Wangen. Kein Gedanke an Mathematik ist mehr möglich, der Schnee wirbelt nicht nur vor dem Fenster, sondern auch in unseren Köpfen. „Es schneit!", ruft einer – er wird nicht ausgelacht, wie sonst jeder, der ein bisschen zu spät merkt, was dran ist. Selbst die Lehrerin ist verstummt, sie steht am Pult, versucht noch, einen Rest von Autorität zu wahren, weiß aber aus Erfahrung, dass die Stunde verloren ist. Der erste Schnee.

2.3 Berichten

Funktion
Zweck und
Adressatenbezug

Berichtende Texte sollen über ein vergangenes Ereignis **informieren.**
Wenn man berichtet, muss man überlegen, zu welchem Zweck die Hörer/innen oder Leser/innen die Information benötigen.

W-Fragen

Berichte geben Antworten auf die so genannten W-Fragen:

Unfallberichte

Unfallberichte sind Texte, die z. B. Polizei, Feuerwehr, Gericht oder auch Versicherungen zur Rekonstruktion eines Geschehens benötigen.

Achte beim Verfassen eines Unfallberichts auf folgende Punkte:

W-Fragen
nur Tatsachen
Reihenfolge
Zeitform
Sprache

- Beantworte die W-Fragen.
- Berichte nur Tatsachen. Ein Unfallbericht enthält keine unwichtigen, ablenkenden Informationen. Auch Vermutungen gehören in der Regel nicht in einen Unfallbericht.
- Stelle die Sachverhalte ohne persönliche Gefühle dar.
- Gib die Ereignisse in der Reihenfolge wieder, in der sie sich tatsächlich ereignet haben.
- Verwende als Zeitform das Präteritum. Ereignisse, die zeitlich noch vor dem Unfall liegen, stehen im Plusquamperfekt.
- Die Sprache des Berichts ist sachlich, knapp und präzise.

Zeitungsberichte

Zeitungsberichte unterscheiden sich von Unfallberichten, da in der Zeitung die Informationen nicht nur genau wiedergegeben, sondern den Leserinnen und Lesern auch anschaulich und interessant präsentiert werden sollen. Für Zeitungsberichte gilt deshalb:

W-Fragen
Aufbau
Sprache
weiterreichende Informationen
Zeitform

- Sie geben Antworten auf die W-Fragen.
- Sie beginnen mit dem wichtigsten Teil des Vorfalls bzw. benennen das Ereignis, über das berichtet wird, am Anfang.
- Zeitungsberichte sind sachlich verfasst, wollen aber auch das Interesse der Leserschaft wecken.
- Sie können Vermutungen enthalten, die dann jedoch später im Text belegt werden.
- Sie enthalten häufig Informationen, die über das berichtete Ereignis hinausgehen, aber für die Leserinnen und Leser wichtig sind.
- Zeitungsberichte sind vorwiegend im Präteritum verfasst. Bei Vorzeitigkeit wird dann auch hier das Plusquamperfekt verwendet.

Bahnwaggon rollt einsam über Land

Ein leerer Reisewagen eines Regionalzugs ist am Freitag rund 20 Kilometer ohne Lok und Zugführer durch Oberbayern gerollt. Er passierte dabei mehrere Bahnübergänge und Ortschaften.
GARMISCH-PARTENKIRCHEN – Wie die Deutsche Bahn mitteilte, verselbstständigte sich der Wagen bei Rangierarbeiten im Bahnhof Garmisch-Partenkirchen auf der leicht abschüssigen, eingleisigen Strecke. Er passierte dabei mehrere Übergänge und Ortschaften. Auf der Strecke befand sich kein anderer Zug, wodurch lediglich an zwei Weichen ein geringer Sachschaden entstand. Fahrgäste auf der betroffenen Strecke mussten auf Busse umsteigen. „Wir mussten sichergehen, dass durch den Vorfall entlang der Strecke keine weiteren Schäden aufgetreten sind", sagte ein Bahnsprecher. Die Bundespolizei und die Deutsche Bahn untersuchen derzeit, wie es zu dem Vorfall kommen konnte. (ddp)

Das Wichtigste zuerst:
Was?
Wo?
Wann?
Wie?
Welche Folgen?
Warum?
Informationsquelle

Ereignisbericht

Ereignisberichte haben ein abgeschlossenes Ereignis (Unfall, Rettungsaktion, besondere Leistung einer Person oder Gruppe, Schulfest, Naturereignis, politische Wahlen ...) zum Thema. Sie sind zum Beispiel in Tageszeitungen zu finden.

Hintergrundbericht

Hintergrundberichte werden verfasst, um einem aktuellen Ereignis einen Informationsrahmen zu geben. Sie greifen auf viele verschiedene Quellen zu und enthalten Zahlen, Daten und Fakten, die das Ereignis erklären. Der Hintergrundbericht ist meist umfangreicher als der Erlebnisbericht und findet sich in Printmedien (Zeitungen, Zeitschriften), aber auch in Radio- oder Fernsehsendungen.

Reportage

▶ S. 186

Reportagen informieren in besonders anschaulicher Weise, indem sie berichtende Passagen mit Hintergrundinformationen und persönlichen Kommentaren der Reporterin/des Reporters verbinden.

2.4 Beschreiben

Genau beschreiben

Beschreibungen sind im Alltag der Menschen hilfreich und unverzichtbar:

- Eine **Wegbeschreibung** hilft uns, einen bestimmten Ort oder eine Adresse zu finden.
- Ohne **Spielanleitung** würden wir ein neues Spiel nicht verstehen.
- Ohne **Bedienungsanleitung** könnten wir viele technische Geräte gar nicht benutzen.
- Ein **Steckbrief** hilft, ein entlaufenes Haustier zu erkennen.

Zweck und Adressatenbezug

Wir beschreiben einer Person etwas, was diese nicht kennt, aber wissen muss oder wissen will. Daher ist es wichtig, genau zu überlegen, **zu welchem Zweck** etwas beschrieben wird, wozu die Beschreibung dient.

Aufbau

Die **Reihenfolge**, in der man die Hauptmerkmale und die Einzelheiten beschreibt, sollte immer durchdacht sein und dem Zweck angemessen, z. B. vom Wichtigen zum weniger Wichtigen, von oben nach unten, der Abfolge einer Handlung entsprechend.

Um genau und anschaulich zu beschreiben, nutzt man u. a. folgende sprachliche Mittel:

▶ Attribute S. 126

Sprachliche Mittel	
Attribute, z. B. aussagekräftige **Adjektive**	*eine geschmeidige Katze, ein stechender, fauliger Geruch*
oder **Relativsätze**	*sein Mund, den ein brauner Vollbart umrahmt, ...*
Vergleiche	*Denn schon ein junger See-Elefant ist **so groß wie ein ausgewachsener Mann.** Andererseits **gleicht** er in seinem Verhalten oft **einem kleinen, tollpatschigen Kind.***
häufig auch **zusammengesetzte Nomen**	*Lederjacke, Hofeinfahrt, Hundeleine*

TIPP

Achte bei der **Wortwahl** darauf, die ausdrucksschwachen Verben *haben* und *sein* nicht zu oft zu verwenden.

Zeitform

Tempus des Beschreibens ist das **Präsens.**

Einen Weg beschreiben

Bei einer Wegbeschreibung ist alles wichtig, was dazu dient, den gesuchten Ort wirklich zu finden. Weise deshalb auf markante Stellen wie große Kreuzungen, auffällige Gebäude, Ampeln oder andere Besonderheiten hin.

Einen Gegenstand beschreiben

Zweck

Bei **Gegenständen** beschreibt man die äußere Form und die Eigenschaften des Gegenstands oder Materials (z. B. ob etwas biegsam ist oder nicht, hart oder weich, bunt oder einfarbig ...).

Je nach dem Zweck der Beschreibung erklärt man auch, wozu der Gegenstand dient, aus welchen Teilen er besteht und wie er funktioniert.

Aufbau

Hierbei ist es wichtig, eine logische Reihenfolge einzuhalten:

Einleitung
- Nenne in der **Einleitung** den Anlass der Beschreibung (z. B. Verlustmeldung, Beschreibung in einem Werbeprospekt).

Hauptteil
- Beschreibe dann den Gegenstand in seinem **Gesamtbild** und gib Informationen zu Größe, Form, Farbe, Material etc.
- Gehe im Weiteren auf die **Einzelteile** ein, aus denen der Gegenstand besteht – möglichst geordnet nach ihrem räumlichen und funktionalen Zusammenhang.

Schluss
- Weise zum **Schluss** auf besondere Details des Gegenstandes hin.

Federmäppchen verloren

Ich habe heute in der Schule mein Federmäppchen verloren. Es hat eine zylindrische Form, ist etwa 22 cm lang und aus schwarzem Leder. Der Reißverschluss ist rot. Das Federmäppchen ist noch recht neu und hat keine Flecken.
Auf einer Seite befindet sich ein Aufkleber mit unserem Schullogo.
Im Mäppchen befanden sich ein Bleistift, mein roter Füller und drei Textmarker.

Ein Tier beschreiben

Zweck und Adressatenbezug

Mach dir klar, welchem Zweck die Beschreibung dient: Handelt es sich um einen **Steckbrief** (Verlustanzeige) oder möchtest du anderen Leuten eine besondere **Tierart vorstellen**?

Tiersteckbrief

Ziel des Tiersteckbriefs ist es, dass die Leute dein Haustier leicht und zweifelsfrei wiedererkennen.
- Gib möglichst genau die Rasse, die Art, die Farbe an (nicht: *Hund* oder *kleiner Hund*, sondern z. B. *dunkelbrauner Langhaardackel mit schwarzen Ohren*).
- Nenne einige ganz besondere Erkennungsmerkmale, die nur dein Tier hat (*an der rechten Vorderpfote fehlen zwei Zehen ...*).
- Lass alle Hinweise auf dein persönliches Verhältnis zum Tier weg. Sie sind für andere wenig aussagekräftig.

eine Tierart vorstellen

Beim Beschreiben einer Tierart kommt es darauf an, die Merkmale zu nennen, die auf alle Tiere dieser Art zutreffen. Du solltest also auf die folgenden Punkte eingehen:
- Art *(Haustier, Raubtier)*,
- Verwandtschaften *(mit dem Schwein verwandt)*,
- Lebensweise *(lebt in der Wüste)*,
- Ernährungsweise *(Insektenfresser)*,
- besondere Fähigkeiten *(große Sprungkraft)*,
- Aussehen,
- Verhalten.

TIPP

Lass alle Dinge weg, die nur auf ein einziges Tier dieser Art zutreffen. Die Beschreibung der Tierart Delfin ist kein Steckbrief für den besonderen Delfin Flipper.

Eine Person beschreiben

Zweck und Adressatenbezug

Zweck (z. B. Fahndung oder Porträt) und **Adressat** entscheiden, welche Angaben zu einer Person gemacht werden und welcher Schreibstil jeweils angemessen ist (z. B. nüchtern, sachlich, ausführlich, ausschmückend, gefühlvoll). Die klassische Personenbeschreibung begnügt sich meist mit einer steckbriefartigen und objektiven Beschreibung der Person.

Aufbau

Es ist sinnvoll, die Beschreibung nach folgenden Gliederungspunkten aufzubauen:

Einleitung
- Benenne in der **Einleitung** den Anlass (Zweck) der Beschreibung.

Hauptteil
- Im **Hauptteil** beschreibst du die Person detailliert. Dabei sollte der Blick sinnvoll gelenkt werden (z. B. nicht zuerst über die Haarfarbe, dann über die Schuhgröße, dann wieder über die Haarlänge schreiben).

Schluss
- Am **Schluss** kannst du eine persönliche Einschätzung der Person vornehmen. Dabei kannst du auf die Wirkung, die von der Person ausgeht, eingehen. Auch die Situation, in der sie sich befindet, kann hier in die Beschreibung mit einfließen (z. B. eine Kassiererin im Supermarkt). In diesem Teil wird die Grenze zwischen sachlicher und persönlicher Darstellung überschritten, weil du zum Teil aus deiner subjektiven Sicht beschreibst.

Sprache
- Nutze aussagekräftige Adjektive zum Beschreiben der körperlichen Merkmale.

Wortspeicher: Personenbeschreibung

Gesichtsform	*länglich, rundlich, oval, kantig*
Stirn	*flach, gewölbt, hoch, niedrig*
Wangen	*eingefallen, pausbäckig, blass, gerötet*
Kinn	*spitz, markant, rund, vorgeschoben, fliehend*
Nase	*schmal, breit, kurz, lang, gerade, krumm, stupsig*
Augen	*eng beieinander, vorstehend, schräg stehend, hellblau*
Augenausdruck	*traurig, freundlich, blinzelnd, strahlend, streng*
Augenbrauen	*buschig, geschwungen, gezupft, zusammengezogen*
Mund und Lippen	*breit, schmal, voll, wulstig, rot, blass, zusammengepresst, aufgeworfen*
Mundwinkel und Ausdruck	*herabgezogen, verschmitzt, lächelnd, verkniffen*
Haare	*schulterlang, kurz, stoppelig, drahtig, seidig, fein, gelockt, rötlich, dunkelblond, gescheitelt*
Figur und Körperhaltung	*groß, klein, schlank, dünn, sportlich, untersetzt, korpulent, aufrecht, gekrümmt*
Kleidung	*lässig, elegant, ordentlich, modern, altmodisch*

Einen Vorgang beschreiben

Zweck

Wenn du einen **Vorgang** beschreibst, ist es wichtig, den Ablauf genau so wiederzugeben, dass ihn andere leicht nachvollziehen und unter Umständen selbst nachmachen können (z. B. Bastelanleitung, Regeln im Sport, Rezepte).

Aufbau

Sinnvollerweise baust du deine Vorgangsbeschreibung so auf:

Einleitung

- In der **Einleitung** nennst du gegebenenfalls zuerst die benötigten Materialien oder Zutaten. Hier erklärst du auch Fachbegriffe.

Hauptteil

- Im **Hauptteil** beschreibst und erklärst du die einzelnen Schritte des Vorgangs in der richtigen Reihenfolge, genau und vollständig, aber auch knapp und sachlich.

Schluss

- Am **Schluss** nennst du das Ergebnis des Vorgangs: Welches Ziel oder welche Veränderung wurde erreicht?

Der Schlauch wird aufgepumpt und Stück für Stück durch Wasser gezogen.

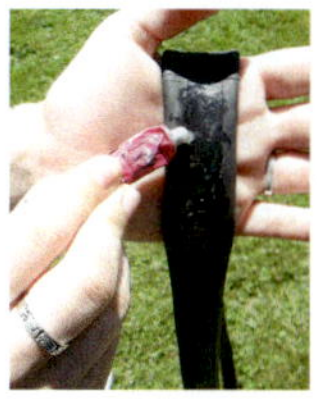

Auf den getrockneten Schlauch wird um das Loch herum Klebstoff aufgetragen.

Ist die Flüssigkeit fast trocken, wird der Flicken aufgedrückt.

Schließlich muss das Rad wieder aufgepumpt werden.

Ein Bild beschreiben

Aufbau

Beim Beschreiben von Bildern muss man nicht nur das Dargestellte beschreiben, sondern auch zusätzliche Informationen geben.

Einleitung

- In der **Einleitung** werden zuerst der Maler/die Malerin, der Titel, das Entstehungsjahr (ggf. weitere Informationen wie Technik, Originalgröße und Aufbewahrungsort) und das Thema genannt. Du kannst auch das so genannte Genre ansprechen: Porträt, Landschaft ...

Hauptteil

- Im **Hauptteil** gehst du auf den „Bildbestand“ ein: Was genau ist im Einzelnen dargestellt? Wie ist es dargestellt (Farbe, Malstil, Lichtwirkung, Raumgestaltung, Komposition, Formen etc.)?
  Halte dich dabei an eine bestimmte Reihenfolge, z. B. vom Vordergrund zum Hintergrund, von oben nach unten oder auch von dem ausgehend, was im jeweiligen Bild das Auffällige, Interessante ist.

Schluss

- Bündle im **Schluss** der Beschreibung die einzelnen Details. Hier kannst du dich auch der Bildwirkung zuwenden. Meist ergibt sie sich aus dem Verhältnis von Bildbestand und Bildgestaltung.

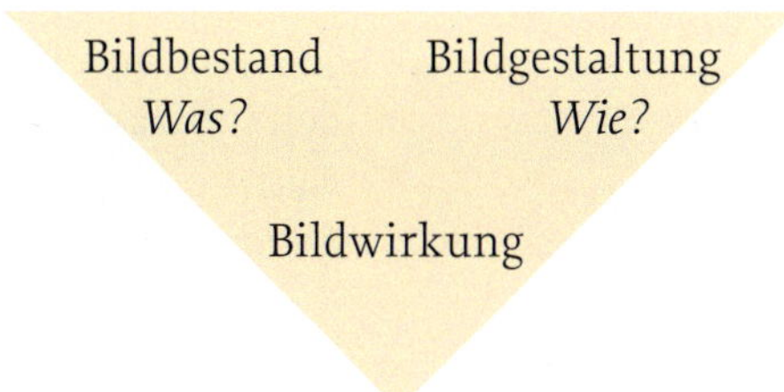

TIPP

Am Schluss kannst du auch auf den Titel des Bildes eingehen oder eine Wertung vornehmen.

Beispiel für Einleitung und Schluss einer Bildbeschreibung:

Einleitung

Das Bild „Ich und die Stadt“, das 1913 von Ludwig Meidner in Öl auf Leinwand gemalt wurde, zeigt Kopf und Hand eines Mannes, der zwischen einer Stadt und dem Himmel eingequetscht zu sein scheint.

Schluss

Das Bild führt dem Betrachter deutlich vor Augen, wie einsam und unglücklich ein einzelner Mensch sich in einer Großstadt fühlen kann, die ihm fremd, chaotisch und bedrohlich erscheint. Verloren zwischen den Häusern, fern dem Himmel und der Sonne und somit der Natur fühlt er sich isoliert und verunsichert. Der Titel „Ich und die Stadt“ kann andeuten, dass es hier um einen Einzelnen geht, den die Stadt in Angst versetzt und der sich vor ihrem Chaos und ihrem möglichen Zusammenbruch fürchtet.

Ludwig Meidner: Ich und die Stadt (1913), Öl auf Leinwand

2.5 Texte zusammenfassen – Inhaltsangabe

Adressatenbezug

Ziel einer Zusammenfassung ist es, andere über den Inhalt eines Textes zu informieren. Der Leser/Hörer soll den Inhalt verstehen, ohne nachfragen zu müssen. Deshalb beschränkt sich eine Zusammenfassung auf die wichtigsten Inhalte bzw. Informationen.

Sachtexte zusammenfassen

Beim Zusammenfassen von Sachtexten müssen alle wichtigen Informationen festgehalten und übersichtlich dargestellt werden.

▶ Exzerpt S. 15
▶ Flussdiagramm S. 21

Das Kapitel „Arbeitstechniken“ zeigt dir verschiedene Methoden (Exzerpt, Flussdiagramm, Schaubild), mit deren Hilfe du die wichtigsten Informationen herausfinden und zusammenfassen kannst.

Literarische Texte zusammenfassen

Bei literarischen Texten wird die Handlung zusammengefasst. Achte darauf,

- den Inhalt mit eigenen Worten wiederzugeben;
- dass die Zusammenfassung des Textes verständlich ist; manchmal musst du dafür Informationen vorziehen;
- dass du Gespräche inhaltlich zusammenfasst oder in der indirekten Rede wiedergibst;
- dass du sachlich bleibst.

▶ 5-Schritt-Lesemethode S. 14

Hilfreiche Methoden, um den Inhalt zu erfassen, sind die 5-Schritt-Lesemethode und das Erstellen eines Flussdiagramms, das den Handlungsverlauf verdeutlicht.

Tipps zur Vorgehensweise:
1. Den Text sorgfältig lesen, wenn nötig mehrmals.
2. Den Text in Sinn- bzw. Handlungsschritte unterteilen.
3. Wichtige Stellen und Schlüsselbegriffe unterstreichen.
4. Den Inhalt der einzelnen Handlungsschritte zusammenfassen und so Teilüberschriften bilden.
5. Mit Hilfe der Teilüberschriften einen zusammenhängenden Text formulieren. Dabei sachlich schreiben: Spannung und die eigene Meinung sind nicht gefragt.
6. Überprüfen, ob alle wichtigen Handlungsschritte genannt sind und keine offenen Fragen für den Leser bleiben.

Aufbau einer Zusammenfassung/Inhaltsangabe zu einem literarischen Text

Einleitung

Die **Einleitung** enthält allgemeine Angaben zum Text:
- Wer ist der Autor/die Autorin?
- Wie lautet der Titel?
- Wann wurde der Text geschrieben? (Diese Information ist nicht immer vorhanden.)
- Um welche Textsorte handelt es sich? (Kurzgeschichte, Novelle ...)
- Worum geht es? (Thema/Problem des Textes)

Hauptteil

Präsens

indirekte Rede

Der **Hauptteil** fasst die wichtigsten Handlungsschritte zusammen.
Achte auf:
- den zeitlich richtigen Ablauf, auf Ursache und Wirkung
- eigene Formulierungen in sachlicher Sprache
- sinnvolle Verbindungen der Sätze (Konjunktionen)
- das Präsens
- indirekte Rede (Konjunktiv)

Schluss

Der **Schluss** geht auf die Textintention ein.
- Was will der Autor durch diesen Text vermitteln?
- Welche Absicht steht hinter dem Text?

Die Geschichte „Zwei Männer“ von Günther Weisenborn zeigt, wie ein Farmer in Argentinien gemeinsam mit seinem Landarbeiter eine Naturkatastrophe überlebt.

Der Landarbeiter, dessen Frau bei der Überschwemmung stirbt, rettet sich zum Haus des Farmers. Da die Wassermassen zunehmen, müssen sie sich auf das ...

Die Geschichte zeigt, wie sich das Verhältnis der beiden Männer durch die gemeinsame Erfahrung verändert. Die Geste des Farmers, die Zigarette zu teilen, löst dabei einen Sinneswandel des Indios aus. Er erkennt, dass sie in dieser Situation nicht Herr und Knecht sind, sondern zwei Männer, die gemeinsam eine bedrohliche Situation meistern müssen.

Bei einer Textbeschreibung steht die Zusammenfassung des Inhalts am Anfang, damit der Leser über den Inhalt des Textes informiert ist. Sie beschränkt sich dann auf die kurze Zusammenfassung der Handlung (entspricht dem Hauptteil).

Redewiedergabe

Wörtliche Rede kann in der Inhaltsangabe wiedergegeben werden als:	
indirekte Rede im Konjunktiv	*Daniela sagt, sie brauche einen neuen Wintermantel. Sie sei seit dem letzten Jahr zehn Zentimeter gewachsen.*
geraffte Redewiedergabe (der Inhalt wird in eigenen Worten formuliert oder z. B. durch ein Nomen zusammengefasst)	*Der Vater fragt sie nach ihrem Alter.*
Umschreibung (Paraphrase) fremder Rede mit Hinweis auf den Sprecher	*Nach Meinung/Auffassung des Vaters sind Prüfungen kein Problem.*
dass-Satz im Indikativ oder manchmal im **Konjunktiv**	*Emma befürchtet, dass sie das Gymnasium nicht schaffen wird/werde.*
Bei all diesen Formen der Redewiedergabe lässt der Verfasser der Inhaltsangabe offen, ob das Gesagte richtig ist oder nicht. Er gibt es nur wieder und beurteilt es nicht.	

2.6 Kreatives Schreiben

▶ gestaltendes Interpretieren S. 66

Unter kreativem Schreiben versteht man das Verfassen eigener Texte, die frei entwickelt, aber durchaus auch von einer Vorlage inspiriert sein können. Dabei kann es sich um ein Bild oder einen literarischen Text handeln, der als Ausgangspunkt für das eigene Schreiben dient oder der verfremdet wird. Anders als beim **gestaltenden Interpretieren,** das zu einem tieferen Verständnis des Ausgangstextes führt, darf man sich beim kreativen Schreiben aber von dieser Vorlage lösen und etwas Neues schaffen.

Freies Schreiben

automatisches Schreiben

Automatisches Schreiben ist ein Verfahren, fließend Assoziationen aufzuschreiben. Ohne den Stift abzusetzen und über das Geschriebene nachzudenken, wird ca. zehn Minuten durchgeschrieben. So kann man an Unbewusstes, Rätselhaftes, Zufälliges in der eigenen Gedankenwelt gelangen. Wenn die Gedanken nicht mehr fließen, wird die Schreibbewegung durch Kringel auf dem Papier fortgesetzt, bis aus den Kringeln wieder Wörter werden.

Satzbau, Zeichensetzung und Rechtschreibung sind beim Schreibprozess zunächst nebensächlich; der Text kann später überarbeitet werden.

Schreiben zu Texten

Erzählstrukturen verändern

Mit den vorgegebenen Elementen eines Textes kann man experimentieren, z. B.:
- Stil oder Textart ändern,
- die Reihenfolge der Handlungsschritte ändern,
- eine Handlung vom Ende her erzählen oder
- eines der Grundelemente wie Figuren, Ort, Zeit, Handlung unerwartet durch ein fantastisches Element ersetzen.

Satirisches Schreiben

Sprachmusterverschiebung

Ein Vorgang oder ein Sachverhalt wird sprachlich in einen ungewohnten Rahmen gerückt, z. B. wird der Besuch einer Disko mit Wörtern wiedergegeben, die aus dem Bereich der Zierfischzucht stammen. Durch die konsequente Verwendung von Wortmaterial aus einem sachfremden Bereich ergibt sich eine satirische Wirkung.

Rollenwechsel

Bei einem Handlungs- oder Gesprächsablauf werden die gesellschaftlichen Rollen (z. B. Vater und Sohn) vertauscht. Gezielt verwechselt werden sowohl Mentalität (Denkweise), Normen (Wertmaßstäbe) und Verhaltensweisen als auch Sprachgewohnheiten. Dadurch wird der Leser auf Distanz zu den vertauschten Rollen gebracht und gewinnt einen Reflexionsspielraum.

Glosse

Ein Beispiel für eine satirische Textsorte ist die **Glosse.** In ihr werden Sachverhalte in knapper, witziger, oft auch satirischer Weise kommentiert.

I'm dreaming of a white Easter ... *von Martin Dühning*

Ist das nicht romantisch – verschneite Wälder, das leise Klingeling einer Schlittenkutsche, vollgepackt mit lecker-süßen Spezereien, mit der er durch die winterlichen Wälder gleitet, gekleidet in ein rotes, bepelztes Mäntelchen, gar putzig anzusehen mit dem dicken Bäuchlein, dem roten Näslein, seinen zwei silberweißen Löffelchen und den lustigen Knabberzähnen: er, der Märzenwinter-Osterhase? ...
Ja, der Klimawandel wird uns auch kulturell einige Veränderungen bescheren. Längst schon überfällig ist eine grundlegende Umbewertung sämtlicher traditioneller Feste im Winterhalbjahr.

Reduktionstext/ der fremde Blick

Beim Schreiben eines Textes stellt man sich vor, dass einem nur ein kleiner Teil des Lexikons (Vokabulars) der eigenen Sprache zur Verfügung steht. Die Einschränkung kann sich daraus ergeben, dass man eine Erzählerfigur mit reduziertem Wortschatz einführt (z. B. ein Kind), die für viele Dinge keine Bezeichnungen kennt, sodass diese Dinge mit einfachen Worten umschrieben werden müssen. Der reduzierte Wortschatz ergibt dann einen „fremden Blick" auf die Dinge.

Schreiben zu Bildern

Prosaskizzen

Zu einer ausgewählten Bildfigur verfasst man einen inneren Monolog, in dem die Figur ihre Wünsche, Erwartungen, Ängste ausdrückt. Passagen aus verschiedenen Texten können dabei abwechselnd so kombiniert werden, dass ein neuer Text entsteht, in dem die Gedanken spannungsvoll nebeneinanderstehen.
Variante: Als Beobachter/in einer Bildsituation schreibt man aus der Ich-Perspektive, wie die Bildfiguren Kontakt miteinander aufnehmen. Auch der Einfluss der Körpersprache auf die Kommunikation wird beachtet. Der Ich-Erzähler lässt u. a. Erinnerungen einfließen, die durch das Beobachtete in ihm ausgelöst werden.

Vorgeschichten und Dialoge zu Bildsituationen entwickeln

Eine im Bild dargestellte Situation könnte eine Vorgeschichte haben, aus der sich eine Erzählung entwickeln lässt. Man gibt jeder Bildfigur einen Namen und notiert, was sie denken könnte. Schließlich lässt man die Figuren miteinander in ein Gespräch über ihre Situation treten.
Um ein besonders lebendiges sprachliches Bild mit eindringlicher Atmosphäre entstehen zu lassen, sollten Gedanken und Gefühle (aus der Ich-Perspektive) genau geschildert werden. Dabei sind besonders die Sinneswahrnehmungen wichtig: Sehen, Hören, Spüren, Riechen und Schmecken.

Franz Marc: Mädchen mit Katze II (1912).

eine Bildsituation in einen Handlungsablauf wandeln

Für jeden Gegenstand oder jede Figur eines Bildes kann man sich mögliche zurückliegende oder noch bevorstehende Ereignisse ausdenken und diese schließlich miteinander in Verbindung bringen. Dazu kann man zunächst einen Bogen Transparentpapier über ein Bild legen und darauf alle Elemente des Bildes an der Stelle, an der sie durchscheinen, mit einem kurzen Kommentar bezeichnen. Aus dem Wortmaterial werden dann Sätze entwickelt und schließlich verknüpft man die Ereignisbereiche zu einer Handlung.

Filmdialog

Das Bild wird wie ein Standfoto aus einem Film wahrgenommen: Zunächst wird ein Exposé (eine Handlungsskizze) zu diesem Film verfasst. Dann wird zu der „Filmszene" ein Dialog mit Regieanweisungen geschrieben.

2.7 Argumentieren – Diskutieren

Argumentieren

Funktion

Beim Argumentieren versucht man, seine Meinung überzeugend zu begründen. Man stellt eine **These** auf, d. h. eine Aussage, die behauptenden, empfehlenden, bewertenden oder beurteilenden Charakter haben kann. Diese Thesen versucht man durch **Argumente** (Begründungen) zu stützen und durch **Beispiele, Belege** oder **Zitate** zu veranschaulichen. Argumente können sein: Fakten (Tatsachen), Grundsätze/Normen oder Expertenmeinungen.
Oft entscheidet die Stellung im Gedankengang darüber, ob eine Aussage als These oder als Argument dient.

TIPP

Wichtig: **Die Qualität der Argumente** entscheidet darüber, ob eine These überzeugend wirkt. Hüte dich z. B. vor **falschen Verallgemeinerungen,** wie etwa: *Jedes Kind isst gerne Spagetti.*

Wenn du in einer Diskussion bestehen willst oder persönlich Stellung nimmst, solltest du auf Folgendes achten:

Adressatenbezug

- Überlege, wem gegenüber und mit welcher Absicht du argumentierst:
  - Welche Interessen oder Einstellungen hat dein Gegenüber?
  - Welcher Ton ist angemessen?

Gegenargumente entkräften

- Prüfe die Eignung und die Überzeugungskraft deiner Argumente, indem du dich fragst: Was spricht dagegen?
  So kannst du **Gegenargumente** gleich in die eigene Argumentation einbeziehen und dadurch **entkräften.**

Übersicht Argumentation

Übersicht

Thesen:

- Behauptungen
- Bewertungen
- Empfehlungen
- Urteile

Argumente (Begründungen)

- Fakten
- Grundsätze/Normen
- Expertenmeinungen

Beispiele | Belege | Zitate

Beispiele

These	*Wer viel übt, schreibt gute Noten.* (Behauptung)	*Konflikte durch ein Gespräch zu regeln, ist besser als Gewalt.* (Bewertung)	*Französisch wäre für dich genau das richtige Fach.* (Empfehlung)	*Es ist schlecht, einen Menschen auf Grund seiner Hautfarbe zu diskriminieren.* (Urteil)
Argumente	*Große Anteile des Stoffs können durch Üben eingeschliffen werden.* (Fakt)	*Gewalt erzeugt nur Gegengewalt.* (Fakt)	*Das meint Frau Neuhaus, deine Englischlehrerin, auch.* (Expertenmeinung)	*Alle Menschen haben die gleiche Würde.* (Grundsatz)
Beispiel/ Beleg/ Zitat	*Beim Vokabellernen zeigt sich dieser Effekt besonders deutlich.* (Beleg)	*Auf dem Schulhof sieht man das doch täglich.* (Beispiel)	*Am Sprechtag sagte sie zu mir: Er sollte Französisch wählen.* (Zitat)	*Das steht in der Menschenrechtserklärung der UNO.* (Beleg)

Diskutieren

Gesprächsverhalten

In Diskussionen geht es darum, sich mit anderen über eine bestimmte Fragestellung auszutauschen, häufig aber auch darum, andere von der eigenen Meinung zu überzeugen. Am besten gelingt das, wenn man dem Gesprächspartner oder der Gesprächspartnerin für die eigenen Ansichten gute Begründungen liefert, sein Gegenüber aber auch ernst nimmt.

an Redebeiträge anknüpfen

Die Hauptschwierigkeit dabei ist, einen **gedanklichen Zusammenhang** mit dem herzustellen, was die Vorredner/innen gesagt haben.

Geübte Diskussionsteilnehmer/innen **knüpfen** an den vorhergegangenen Redebeitrag **an** und verbinden einen eigenen Gedanken so damit, dass ein neuer Gesichtspunkt deutlich wird:

Simone hat gerade gesagt … Aber ich bin eher der Meinung, dass …

Killerphrasen

Allerdings kann man jemanden auch mit unsachlichen Mitteln beeinflussen. Ein Beispiel dafür sind so genannte Killerphrasen. Häufig gibt der andere dann zwar nach, fühlt sich aber unter Druck gesetzt und ist nicht überzeugt. Versuche also, Killerphrasen wie die folgenden zu vermeiden:

Das haben wir doch letztes Jahr schon mal probiert.

Wir sollten erst einmal sehen, was die anderen machen.

Du immer mit deinem …

Vorbereitung

Um eine möglichst ergiebige Diskussion führen zu können, ist es sinnvoll, sich gut vorzubereiten. Die zum Thema gesammelten Informationen lassen sich auf unterschiedliche Weise aufbereiten. Geeignet sind:

▶ Cluster S. 20
▶ Mind-Map S. 21

- Cluster oder Mind-Map,
- Tabellen, geordnet nach den W-Fragen:
  Wer? Was? Wo? Wann? Wie? Warum? Welche Folgen?,
- Zitatesammlungen auf Karteikarten,
- Beispielsammlungen auf Karteikarten,
- Schaubilder.

Vorbereitung zur Diskussion zum Thema „Jobben für Klamotten?“:

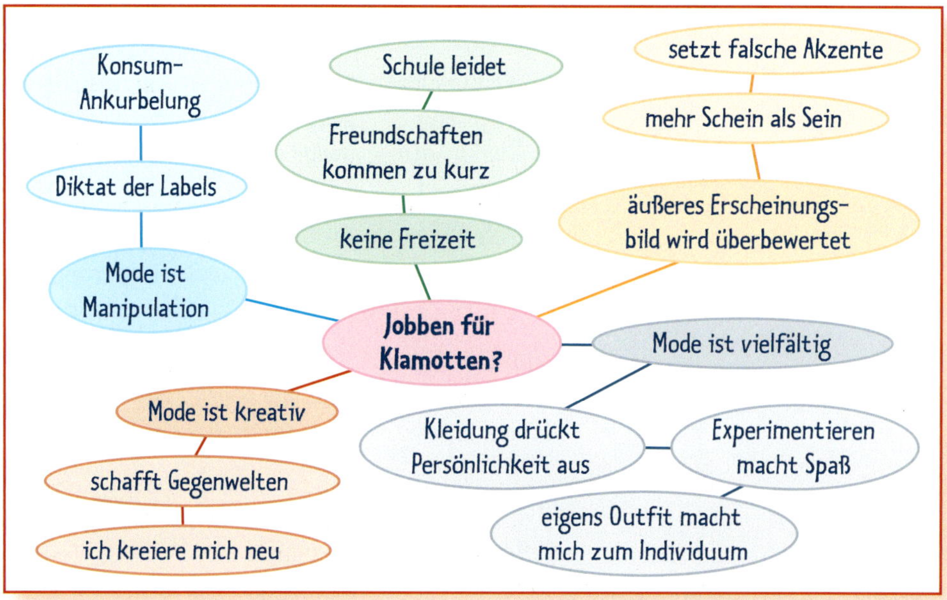

Diskussionsformen

Der Austausch von Meinungen kann in unterschiedlicher Weise organisiert werden. Diskussionen lassen es normalerweise zu, dass sich alle Beteiligten in einer nicht geplanten Reihenfolge melden.
Daneben gibt es aber auch geregelte Diskussionsformen. Aus dem Unterricht kennst du vielleicht die folgenden Methoden, die es vielen Personen ermöglichen, an der Diskussion aktiv teilzunehmen.

Kugellager-Methode

- Bei der **Kugellager-Methode** sitzen alle in zwei konzentrisch angeordneten Stuhlkreisen. Je zwei Gesprächsteilnehmer sitzen sich paarweise gegenüber und tauschen sich zu einem Thema aus. Nach einer festgelegten Zeit rücken die im Innenkreis Sitzenden um einen Platz weiter, sodass immer wieder neue Gesprächspaare entstehen.

Fishbowl-Methode

- Bei der **Fishbowl-Methode** werden die Beteiligten in eine Diskussionsgruppe und eine Beobachtergruppe eingeteilt. In einem kleineren, inneren Stuhlkreis sitzen die Diskutierenden, im größeren, äußeren Stuhlkreis die Beobachtenden. Ein oder zwei Stühle innen können frei bleiben, damit sich jederzeit Beobachter an der Diskussion beteiligen können; diese kehren nach ihren Äußerungen wieder an ihren Platz zurück.

Debatte

Die **Debatte** ist eine besonders stark geregelte Form der Diskussion.
- Im Hinblick auf ein bestimmtes Problem stehen sich klar definierte, **unterschiedliche Positionen** gegenüber.
- Die Diskussion wird von einem **Moderator**/einer **Moderatorin** geleitet.
- **Ghost-Speaker** können die Diskutanten unterstützen.

Moderator/in:

Der/Die Moderator/in
- eröffnet und schließt die Diskussion, nennt das Thema und bittet je einen Vertreter der Fraktionen um ein erstes **Statement;**
- erteilt das Wort und achtet darauf, dass alle in gleicher Weise zu Wort kommen;
- greift lenkend ein bei Abweichungen vom Thema oder um neue Aspekte einzubringen.

Ghost-Speaker

So genannte **Ghost-Speaker** sitzen während der Diskussion hinter den Diskutierenden und helfen ihnen gegebenenfalls mit Argumenten aus.

Bei der Debatte geht es häufig darum, in einer strittigen Frage zu einer **Entscheidung** zu gelangen. In diesem Fall stellt eine der beteiligten (Meinungs-)Parteien am Anfang oder im Verlauf der Diskussion einen **Antrag,** der am Ende zur **Abstimmung** gestellt wird.

Statements verfassen

Ein **Statement** ist eine relativ kurze, konzentriert argumentierende Meinungsäußerung, die darauf zielt, das Publikum von der eigenen Meinung zu überzeugen. Folgende Fragen helfen bei der Vorbereitung eines Statements:

- Worin liegt die Intention des Statements? Soll die eigene Position aufgewertet, beschwichtigt, vereinnahmt oder die Gegenposition abgewertet werden?
- Wer soll überzeugt werden?
- Welche Argumente sind dafür besonders geeignet?
- Welche Reihenfolge ist die wirksamste?
- Wie wird das Statement eingeleitet, damit Interesse geweckt wird?
- Welche sprachlichen bzw. rhetorischen Gestaltungsmöglichkeiten gibt es, um die Intention möglichst eindrücklich umzusetzen?

2.8 Erörtern

Funktion

Die schriftliche Form einer Argumentation, in der du die Gründe für eine These nennst sowie häufig auch deren Gegengründe abwägst und dir so eine eigene Meinung zu bestimmten Problemen bildest, nennt man Erörterung.

Typen von Erörterungen

▶ textgebundenes Erörtern S. 62

Bei der Erörterung lassen sich folgende Typen unterscheiden: Die **textgebundene Erörterung** setzt sich argumentativ mit den Inhalten eines oder mehrerer Sachtexte auseinander, die **freie Erörterung** behandelt ein Thema unabhängig von einer Textvorlage. Eine besondere Form ist die **literarische Erörterung,** in der man vor dem Hintergrund der eigenen Leseerfahrung zu einem Thema Stellung nimmt.
Außer bei der linearen Erörterung werden beim Erörtern gegensätzliche Standpunkte berücksichtigt und argumentativ gegeneinander abgegrenzt. Ziel des Erörterns ist das begründete persönliche Urteil.

Freie Erörterung – Linear oder dialektisch?

die Aufgabenstellung erschließen

Manchmal ist auf den ersten Blick nicht leicht zu erkennen, ob eine Erörterungsaufgabe linear oder dialektisch durchgeführt werden soll.
Die Art, in der die These formuliert ist, und bestimmte Signalwörter in der Aufgabenstellung geben aber Hinweise.

lineare Erörterung

Wird eine lineare Erörterung erwartet, ...	
... wird die These als Sach- oder Ergänzungsfrage (W-Frage) formuliert,	*Warum sollte eine Schulstunde 45 Minuten dauern?* *Wie kann man erreichen, dass Schultaschen leichter werden?* *Wozu dient eine Überarbeitung der Schulordnung?*
... weisen bestimmte Signalwörter darauf hin.	*Begründe/Zeige auf/Erkläre, weshalb/dass ...* *Untersuche, ...*

Pro-und-Kontra-Erörterung

Wird eine Pro-und-Kontra-Erörterung erwartet, ...	
... kann die These als	
■ Entscheidungsfrage	*Sollten an deutschen Schulen Schuluniformen eingeführt werden?*
■ Forderung	*Schuluniformen für unsere Schulen!*
■ Behauptung formuliert sein,	*Schuluniformen lassen soziale Unterschiede in den Hintergrund treten.*
... weisen bestimmte Signalwörter darauf hin.	*Erörtere Für und Wider/Setze dich auseinander mit/Diskutiere ...*

Lineare Erörterung

Funktion

Die lineare Erörterung ist eine Form der freien Erörterung, bei der es nicht um die Gegenüberstellung von Pro- und Kontra-Argumenten geht, sondern um die **Begründung eines Standpunkts.** Die Argumente werden nach ihrer Wichtigkeit aneinandergereiht, wobei das stärkste Argument am Schluss der Argumentationskette steht.

Dadurch hält man das Interesse wach und verleiht der eigenen Position Nachdruck. Gegenargumente werden nur am Rande eingebracht, um mögliche Bedenken gleich auszuräumen.

Aufbau

Gliederung einer linearen Erörterung

1. Einleitung:
   - □ Aktualität/Bedeutsamkeit der Problematik
   - □ Klärung der Fragestellung

2. Hauptteil:
   - □ Formulierung der eigenen These zur Fragestellung
   - □ Argumente für die These:

     Argument 1
     Argument 2 – zunehmende Wichtigkeit, Stützung durch Beispiele, Belege, Zitate
     Argument 3

3. Schluss:
   - □ zusammenfassende, abschließende Stellungnahme
   - □ Ausblick

Vorgehen

Die Arbeitsschritte beim linearen Erörtern sind die gleichen wie beim Verfassen einer Pro-und-Kontra-Erörterung.

Dialektische (Pro-und-Kontra-)Erörterung

Funktion

Bei der dialektischen Form der freien Erörterung werden Gründe, die **für** eine These sprechen, und die Gründe, die **gegen** diese Position sprechen, gegeneinander abgewogen. So wird eine eigene Meinung herausgearbeitet; das Urteil wird durch schlüssiges Argumentieren begründet.

Aufbau

Für die dialektische Form der Erörterung gilt grundsätzlich der gleiche **Aufbau** wie für die lineare Erörterung: **Einleitung – Hauptteil – Schluss.** Der Hauptteil einer dialektischen Erörterung enthält den Argumentationsgang. These und Gegenthese werden durch Argumente gestützt und diese durch Belege untermauert.

1. Schritt: Eine Stoffsammlung für den Hauptteil anlegen

Thema erschließen

Eine umfassende Stoffsammlung bildet die Grundlage für eine Erörterung. Mach dir daher als Erstes klar, welche Aspekte das Thema umfasst.
Dazu führt man sich die gegensätzlichen Positionen vor Augen, indem man These und Gegenthese formuliert.

Empfehlung:
Eine Schulstunde sollte nicht 45 Minuten, sondern 60 Minuten dauern.

These:
60-Minuten-Stunden führen zu ruhigem und konzentriertem Arbeiten.

Gegenthese:
Die 60-Minuten-Stunde überfordert die Kinder und bringt mehr Unruhe.

▶ Cluster S. 20
▶ Mind-Map S. 21

Geeignete Möglichkeiten für das Anlegen einer Stoffsammlung sind das Brainstorming, das Anlegen eines **Clusters** oder einer **Mind-Map.**

Auch die **W-Fragen** können bei der Suche nach Argumenten helfen, z. B.:
- Wer ist betroffen?
- Was muss alles bedacht werden?
- Welche Voraussetzungen und Folgen hat eine Maßnahme?
- Wie denken die verschiedenen Seiten oder Parteien über die Maßnahme?

Formuliere dann mit Hilfe deiner Stoffsammlung Argumente, die die These bekräftigen bzw. entkräften, und suche geeignete Beispiele, Belege oder Zitate, um die Argumente zu veranschaulichen, abzusichern oder zu verdeutlichen.

2. Schritt: Den Aufbau des Hauptteils planen

die eigene Position klären

Bei der Planung des Hauptteils geht es darum, die Argumente in eine Reihenfolge zu bringen, die deine Argumentation unterstützt. Bevor du eine Gliederung des Hauptteils erstellst, musst du dich daher für Pro oder Kontra entscheiden.

Aufbau

Der Hauptteil der dialektischen Erörterung kann nach dem **Sanduhr-Prinzip** (erst werden die Argumente der Gegenposition in fallender, dann die der eigenen Position in steigender Reihenfolge genannt) oder nach dem **Pingpong-Prinzip** (Argument und Gegenargument folgen unmittelbar aufeinander) aufgebaut sein.

„Sanduhr-Prinzip“	„Pingpong-Prinzip“	
These (Gegenposition) Argument 1 + Stütze Argument 2 + Stütze Argument 3 + Stütze	**These** Argument 1 (Stützung der These)	**Gegenthese**
		Gegenargument 1 (Stützung der Gegenthese)
These (eigene Position) Argument 1 + Stütze Argument 2 + Stütze Argument 3 + Stütze	**Argument 2** (Stützung der These durch Entkräften des Gegenarguments)	
		Gegenargument 2 (...)
	Argument 3 (...)	

Sanduhr-Prinzip

Meist wird im Hauptteil das **Sanduhr-Prinzip** angewandt. Die Argumente für die eigene Position stellst du ans Ende des Hauptteils, weil die zuletzt genannten Begründungen beim Lesen besser im Gedächtnis bleiben.

Bei der Darstellung der Gegenposition beginnt man mit dem stärksten Argument und geht Schritt für Schritt zu schwächeren Argumenten über.

Sollte die 60-Minuten-Stunde in der Schule eingeführt werden?

Hauptteil
Gegenposition
1. Der Klassenverband leidet
1.1 Klassenleiterstunden werden zurückgefahren
[...]
2. Umstellung führt zu Schwierigkeiten
2.1 Rhythmusprobleme (Gewohnheit führt zu Konzentrationsschwäche nach 45 Minuten)
2.2 Fächer wechseln von Woche zu Woche (Ausgleichsstunden, damit Minutenzahlen stimmen)
2.3 Schulbücher passen nicht mehr (Stundenverschiebungen über die Jahresgrenze)

Bei der Darlegung der eigenen Position fängt man mit dem schwächsten Argument an und lässt dann immer gewichtigere folgen.

Pingpong-Prinzip

Das **Pingpong-Prinzip** ist eine etwas schwierigere, aber wirkungsvolle Möglichkeit der Gliederung. Man kann jeweils einem Argument direkt ein Gegenargument gegenüberstellen. Auch hier empfiehlt es sich, die Argumente in der Reihenfolge ihrer Wirksamkeit anzuordnen und mit dem Argument zu enden, das man selbst für das wichtigste hält.

3. Schritt: Einleitung und Schluss konzipieren

Funktion Einleitung

Die **Einleitung** führt den Leser gezielt zum Thema hin, ohne bereits Argumente aus dem Hauptteil vorwegzunehmen. Grundsätzlich wird in der Einleitung zu einem Erörterungsaufsatz das Thema erläutert und auf die Aktualität bzw. Bedeutsamkeit der Problematik aufmerksam gemacht. Häufig muss man in der Einleitung Schlüsselbegriffe näher definieren.

Als Einleitung kann z. B. dienen:
- eine Definition,
- ein aktuelles Ereignis/ein aktueller Fall,
- eine aktuelle Diskussion (Zeitung),
- ein Zitat,
- eine beobachtete geschichtliche Entwicklung,
- ein persönliches Erlebnis oder eine eigene Anschauung.

Hier können auch die gegensätzlichen Positionen zur behandelten Frage aufgezeigt und am Ende der Einleitung die These und die Gegenthese verdeutlicht werden.

Beispiel einer Einleitung:

Thema: Die 60-Minuten-Stunde ergibt Sinn!	
Alle Jahre wieder hören wir zu Schulbeginn die Empfehlungen, die Schultaschen sollten nicht schwerer als 10 % des Körpergewichts sein, da man sonst mit Haltungsschäden rechnen müsse. Dabei sehen wir die Fünftklässler mit ihren viel zu schweren Ranzen durch die Gänge der Schule hasten.	eigene Anschauung und Erfahrung
Liegt es da nicht nahe zu überlegen, wie die Fächerzahl an einem Schulvormittag verringert werden kann, damit weniger Bücher und Ordner mitgenommen werden müssen?	Verdeutlichung der These
Die Forderung nach der Einführung der 60-Minuten-Stunde nimmt dieses Anliegen ernst.	Schlüsselbegriff
Allerdings gibt es manche, die dieser Forderung doch recht skeptisch gegenüberstehen. ...	Überleitung zur Gegenposition

Schlussteil

Der **Schlussteil** der Erörterung enthält eine kurze Zusammenfassung der Ergebnisse und eine persönliche Stellungnahme: Man wägt die im Hauptteil vorgebrachten Argumente gegeneinander ab und trifft die Entscheidung (eventuell mit Einschränkung) für die Pro- oder Kontra-Position. Die Abwägung sollte knapp gehalten werden und vor allem nicht nur die Argumente des Hauptteils wiederholen.

Abschließend kann man die im Hauptteil ausgeführten Gedanken in einen größeren zeitlichen oder thematischen Zusammenhang stellen (Prognose, Ausblick, Hoffnung usw.) oder eine Appell formulieren.

Beispiel für einen Schluss:

> Wenn ich mir die Argumente für und gegen die Einführung der 60-Minuten-Stunde vor Augen führe, so überzeugt mich besonders, dass sie wohl nach kurzer Umgewöhnungszeit zu einer

Entlastung im Schulvormittag führen würde. Weniger Fächer, mehr Zeit pro Fach und damit mehr Zeit für Schülertätigkeiten sind sehr überzeugende Argumente. Allerdings frage ich mich, ob diese Ziele nicht durch die Festlegung von Doppelstunden mit frei bleibender Pause als Normalstunden noch besser und vor allem ohne	Abwägen der Argumente
Umstellung des gewohnten Taktes erreicht werden könnten? Den Zielen stimme ich zu, allerdings geht mir die Methode noch nicht weit genug. Statt 60 Minuten lieber 90 Minuten als Normaleinheit am Vormittag, lautet mein Fazit.	Entscheidung (Zustimmung mit Einschränkung)

TIPP

Einleitung und Schluss sollten jeweils nicht mehr als ein Fünftel der gesamten Erörterung ausmachen.

4. Schritt: Die Erörterung ausformulieren

Bei der schriftlichen Ausarbeitung einer Erörterung kommt es besonders auf die genaue Formulierung der These, die Wahl überzeugender Argumente und die Stützung der Argumente durch anschauliche Beispiele, Belege usw. an.

Sprache

Wichtig ist, dass der gedankliche Zusammenhang zwischen den verschiedenen Teilen deines Textes (seine Kohärenz) auch sprachlich deutlich wird.

Satzverknüpfungen

Dazu dienen Wörter und Wendungen mit ...	
kausaler Bedeutung (einen Grund angebend)	*weil, da, denn ...*
konditionaler Bedeutung (eine Bedingung angebend)	*wenn, falls, sofern ...*
konsekutiver Bedeutung (eine Folgerung angebend)	*also, folglich, infolgedessen ...*
konzessiver Bedeutung (ein Zugeständnis einräumend)	*obwohl, obgleich, wenn auch ...*
adversativer Bedeutung (einen Gegensatz ausdrückend)	*aber, jedoch, indes, andererseits/auf der anderen Seite, hingegen, dagegen ...*
additiver (reihender), z. T. auch steigernder Bedeutung	*außerdem, ferner, darüber hinaus, überdies, schließlich, nicht zuletzt ...*
modaler Bedeutung (einen Begleitumstand oder ein Mittel ausdrücken)	*indem, insofern, insoweit, wie, als ...*
finaler Bedeutung (eine Absicht oder einen Zweck angebend)	*damit, dass, auf dass ...*
temporaler Bedeutung (eine zeitliche Beziehung ausdrückend)	*nachdem, bevor ...*

Beispiele für die Verknüpfung zwischen These und Argument:

Die 60-Minuten-Stunde macht Sinn, weil sie ein ruhigeres und konzentrierteres Arbeiten erlaubt.	These (Behauptung) kausale Verknüpfung Argument
Schülerinnen und Schüler können besser und ruhiger arbeiten, wenn sie sich länger mit einem Gegenstand beschäftigen, deshalb ist es sinnvoll, die 60-Minuten-Stunde einzuführen.	Argument konsekutive Verknüpfung These (Schlussfolgerung)

TIPP

Achte darauf, dass die gedankliche Gliederung auch optisch deutlich wird, indem du Absätze machst – und zwar innerhalb der drei großen Teile der Erörterung. Durch Absätze wird dein Text übersichtlich: Man liest und versteht ihn so besser.

5. Schritt: Die Erörterung kritisch durchlesen und überarbeiten

▶ Texte überarbeiten S. 72

Beachte bei der Durchsicht deines fertigen Textes folgende Punkte:
- Ist der Inhalt schlüssig?
- Wird die gedankliche Struktur durch Kohärenzsignale verdeutlicht?
- Wird die gedankliche Gliederung durch Absätze deutlich gemacht?

Begründet Stellung nehmen

Strittige Sachverhalte in der Schule oder in der Freizeit fordern mitunter dazu auf, seine Meinung in schriftlicher Form zu äußern und sie überzeugend zu begründen. Ziel einer solchen Stellungnahme, z. B. in einem Brief oder Leserbrief, ist es, andere von seiner Meinung zu überzeugen. Beachte dabei folgende Vorgehensweise:

Vorgehensweise

- Überlege zunächst, an wen sich deine Stellungnahme richtet (Adressat).
- Sammle **Argumente,** die deine Meinung stützen, und entsprechende **Beispiele.** (Stoffsammlung)
- Mache einleitend klar, zu welcher Frage oder welchem Problem du Stellung nimmst, und formuliere deine Meinung als Behauptung in einem Satz. (Einleitung (These))
- Bringe dann deine Argumente in einer Reihenfolge vor, die zeigt, dass du dich zum Schluss hin dem stärksten Argument näherst. Diese Steigerung deiner Argumentation kannst du durch Satzbausteine verdeutlichen. (Hauptteil; Kohärenzsignale)

Satzbausteine für den Hauptteil	
1. Argument	*Zum Ersten/Zunächst/Erstens ...*
Weitere Argumente	*Außerdem/Ebenso/Zweitens/ Zum Zweiten/Darüber hinaus/Noch wichtiger ist/Weitaus wichtiger aber/ Ein weiterer Gesichtspunkt ist ...*
Letztes Argument	*Zum Dritten/Besonders wichtig ist/Am wichtigsten ist/Vor allem/Schließlich ...*

Schluss

- Nenne am Schluss noch einmal dein Ziel als Folgerung aus deinen Argumenten.

Kohärenzsignale

Satzbausteine für den Schluss	
Schluss	*Daher/Folglich/Aus diesen Gründen ...*

- Behalte bei der Formulierung stets den Adressaten vor Augen.

Beispiel für eine Einleitung:

An die Stadtverwaltung Bonn, den 30.09.2009

Sehr geehrte Damen und Herren,

schon seit einem Jahr ist das Schwimmbad in der Annonisstraße für den Publikumsverkehr gesperrt und nun soll auch das Schulschwimmen aus Kostengründen noch stärker zurückgefahren werden. — Problem dargelegt

Wir, der Schülerrat des Schiller-Gymnasiums, sind der Ansicht, dass die Möglichkeit, als Schülerin oder Schüler bzw. als Bürgerin oder Bürger der Stadt schwimmen gehen zu können, ein zentraler Bestandteil der Lebensqualität ist. — eigene Meinung

Warum? Wir möchten Ihnen einige Gründe nennen:

Unsere Stadt wird für ihre Bürgerinnen und Bürger nicht attraktiver, wenn immer mehr Freizeitangebote gestrichen werden. Das führt dazu, dass ...

Der Leserbrief

Leserbrief

Leserbriefe nehmen in der Regel auf vorangegangene Presseartikel Bezug. Sie sind meist wertend und geben die subjektive Sicht der Schreibenden wieder mit dem **Ziel, die eigene Position in einer Stellungnahme überzeugend zu vertreten.**

- Einleitend wird die eigene Meinung in einem Satz formuliert.
- Anschließend werden in einem ausführenden Teil Argumente und Beispiele genannt, die diese Meinung stützen.
- Je knapper und klarer die Argumentation ist, umso größer ist die Chance auf einen Abdruck.
- Da Texte in Zeitungen oft von hinten gekürzt werden, ist es auch möglich, das stärkste Argument nach vorne zu stellen.

Leserbrief zum Artikel vom 28.09.2009: „Stadt schließt Hallenbad“

In ganz Europa nimmt die Zahl an übergewichtigen Kindern zu – und die Stadt schließt Sportstätten! Wir halten diese Sparmaßnahme für falsch.

Wer hat schon zu Hause einen Pool, vor allem im Winter? Wo soll man also die Sportart, die nicht nur gesund erhält, sondern auch noch besonderen Spaß macht, ausüben? Wir, die Bürgerinnen und Bürger der Stadt, sind zum Schwimmen auf öffentliche Bäder angewiesen und können nicht einfach ausweichen.

[...]

Die textgebundene Erörterung

Funktion

Eine textgebundene Erörterung entsteht ausgehend von einer Textvorlage bzw. vorgegebenen Argumenten und/oder weiteren Materialien wie zum Beispiel Diagrammen.

Hier geht es nicht wie bei einer freien Erörterung darum, eigene Argumente gegeneinander abzuwägen, sondern darum, auf Argumente, Beispiele und Belege, die in einem Text vorgegeben sind, mit eigenen Argumenten zu reagieren.

Aufbau

Gliederung einer textgebundenen Erörterung

1. Einleitung
   - Einleitungssatz mit Nennung von Autor/in, Titel des Textes, Textsorte, evtl. Zeitschrift oder Zeitung, in der der Text erschienen ist, sowie Veröffentlichungsdatum und Thema
   - ggf. der aktuelle Bezug des Themas

2. Hauptteil

a) Analyse des Textes
   - knappe Zusammenfassung
   - Argumentationsstruktur und sprachliche Mittel

b) Erörterung der Argumente im Text oder eines einzelnen Arguments
   - Stellungnahme zu Argumenten des Textes (teilweise oder völlige Zustimmung, Widerspruch oder Zustimmung mit Ergänzung)
   - Ergänzung eigener Beispiele, Belege und Erläuterungen

3. Schluss
   - Zusammenfassung der eigenen Position und der wichtigsten Argumente
   - Aufforderung, persönlicher Wunsch oder Ausblick auf verwandte Themen oder zukünftige Entwicklungen

Vorgehen

Wenn du eine textgebundene Erörterung schreibst, kannst du so vorgehen:

Textanalyse

▶ Sachtexte erschließen S. 70

Vorarbeit

Um dich argumentativ mit der Textvorlage auseinandersetzen zu können, solltest du sie genau lesen und vor allem die Argumentationsstruktur und die Sprache untersuchen. Hierbei kannst du eventuelle Schwachstellen oder besondere Stärken der Argumentation feststellen, auf die man dann bei der eigenen Argumentation Bezug nehmen kann.

Notiere Stichpunkte zu folgenden Aspekten:

Inhalt/Argumentationsstruktur

- Was ist das Thema des Textes?
- Was ist seine zentrale These?
- Werden alle wichtigen Aspekte zu dem Thema dargelegt?

- Kommen dabei auch verschiedene Seiten zu Wort?
- Überzeugen die angeführten Argumente und sind sie ausreichend begründet?
- Sind die Argumente objektiv nachvollziehbar oder spiegeln sie ausschließlich eine persönliche Meinung wider?
- Wo weist die Argumentation Lücken auf, wo ist sie unvollständig?
- Ist der Text logisch aufgebaut?
- Was ist die Absicht des Textes?
  Will er informieren, den Leser zu etwas auffordern oder einen Sachverhalt kommentieren?

Sprache

- Ist der Text nüchtern formuliert oder soll er die Gefühle des Lesers ansprechen?
- Hat der Text ein hohes oder eher ein schlichtes, leicht verständliches Sprachniveau?
- Kann man an der Sprache erkennen, an wen sich der Text richtet, z. B. an ein Fachpublikum durch die Verwendung von Fachbegriffen?
- Ist die Sprache dem Inhalt angemessen?
- Gibt es ironische Passagen?
- Werden Stilmittel eingesetzt? Welchen Zweck haben sie?

▶ rhetorische Mittel S. 184

eigene Argumente und Belege sammeln

▶ Stoffsammlung S. 56

Im Anschluss an die Textanalyse legst du eine Stoffsammlung an mit Ideen zu dem Argument oder den Argumenten, mit denen du dich im zweiten Teil des Hauptteils auseinandersetzen sollst.

Die Gliederung erstellen

▶ Gliederung S. 62

Die textgebundene Erörterung folgt einer festen Gliederung.
Beziehst du Position gegen die Argumente des Textes, kannst du bei deiner Auseinandersetzung damit nach dem Pingpong- oder nach dem Sanduhr-Prinzip vorgehen.

Den Hauptteil der textgebundenen Erörterung ausformulieren

Zusammenfassung

Im ersten Teil des Hauptteils wird der Text knapp zusammengefasst und dabei seine zentrale Problemstellung, sein Thema, dargestellt.

Ergebnisse Textanalyse

Anschließend legst du Ergebnisse deiner Analyse des Textaufbaus und der Sprache des Textes dar. Dabei kannst du zunächst die Argumentationsstruktur beschreiben und in einem eigenen Abschnitt auf die sprachliche Gestaltung eingehen. Du kannst aber auch Abschnitt für Abschnitt vorgehen und die Beschreibung des inneren Aufbaus und der sprachlichen Gestaltung in einem Schritt zusammenfassen. Wichtig ist hier, dass du nicht nur die Ergebnisse deiner Analyse darstellst, sondern immer deutlich machst, welche Funktion der Textabschnitt im Hinblick auf das Textganze erfüllt. Zähle z. B. die sprachlichen Mittel nicht nur auf, sondern stelle auch ihre Wirkung im Text dar.

Textbelege

▶ Zitieren S. 98

Vergiss nicht, deine Analyseergebnisse am Text zu belegen. Das kannst du mit Hilfe von wörtlichen Zitaten, Paraphrasen oder indirekter Rede tun.

Beispiel für die Darstellung der Analyseergebnisse:

Der erste Abschnitt des Textes „Das Ende der Untouchables“ macht auf die Aktualität der Frage nach der Herabsetzung des Strafmündigkeitsalters aufmerksam und führt so ins Thema ein.	Textaufbau Inhalt Funktion
Er beginnt mit der provokanten Klimax „Mit 12 ein Bankräuber, mit 13 ein Mörder, mit 14 strafmündig“. Dadurch weckt der Autor vielleicht zunächst den Widerspruch, zumindest aber das Interesse seiner Leserschaft.	sprachl. Mittel Zitat Funktion

Erörterung

auf die Argumente des Textes reagieren

Im zweiten Teil des Hauptteils kannst du dich von den Strukturen des Hauptteils lösen. Hier geht es darum, deine Meinung zu den vorgegebenen Argumenten herauszuarbeiten und sie überzeugend zu begründen. Fasse das Argument, auf das du dich beziehst, knapp zusammen und nimm dann dazu Stellung.
Dabei kannst du
- dem Argument **teilweise** (I) oder **völlig** (II) **zustimmen,**
- ihm völlig **widersprechen** (III),
- dem Argument zwar zustimmen, es aber für **unvollständig** halten und es ergänzen (IV).

I
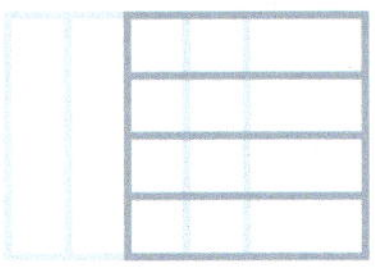

III

II

IV
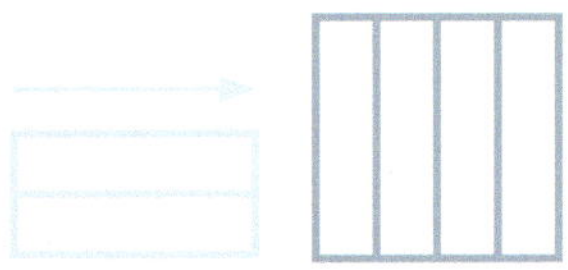

Wenn du auf Argumente aus einem Text eingehst, ist es wichtig, **eigene Akzente** zu setzen. Das heißt, du musst z. B. die eigene Haltung **begründen** und zu den bereits im Text vorhandenen Argumenten Gegenbeispiele oder eigene Beispiele, Belege oder Erläuterungen liefern.

Beispiel für den Umgang mit Argumenten des Textes:

Der Verfasser führt als Argument für die Absenkung der Strafmündigkeit auf ein Alter von 12 Jahren an, dass das organisierte Verbrechen häufig Kinder unter 14 Jahren für die Ausführung von Straftaten missbraucht und sich deren Strafunmündigkeit zu Nutze macht.	Paraphrase des Arguments im Text
Gegen dieses Argument sprechen schon jetzt die Diebstahls-Statistiken, die zeigen, dass es durchaus auch Diebe und Diebinnen im Alter von neun bis elf Jahren gibt, die im Auftrag von Erwachsenen stehlen. Die Absenkung der Strafmündigkeit wird also nicht helfen, kleinere Kinder vor Missbrauch zu schützen.	Widerspruch Beleg: Verweis auf Statistik

2.9 Texte analysieren und interpretieren

Einen Prosatext interpretieren

Vorbereitung einer schriftlichen Interpretation

Zur Vorbereitung einer schriftlichen Interpretation eines Erzähltextes geht man zunächst von einem vorläufigen ersten Textverständnis aus **(zentrale Deutungsthese).**

▶ Analyseaspekte S. 154

Deutungsthese

In einem zweiten Schritt können einzelne Analyseaspekte untersucht werden; auf diese Weise kann man die Deutungsthese untermauern. Die Ergebnisse der Textuntersuchung werden in einen schlüssigen zusammenhängenden Gedankengang gebracht. Wichtige Beobachtungen und Deutungen müssen mit Textbelegen **(Zitaten)** versehen werden.

Aufbau einer schriftlichen Interpretation

	Merkmal	
Einleitung	Angabe von Titel und Autor/in; Textsorte, Thema und Deutungsthese werden in einem Satz vorgestellt	In der Kurzgeschichte „Streuselschnecke" von Julia Franck wird die schwierige Beziehung zwischen Tochter und todkrankem Vater geschildert.
Hauptteil	Zusammenfassung der Handlung	Nach einem Anruf trifft sich die Erzählerin, die offenbar mit Freunden zusammenlebt, regelmäßig mit ihrem todkranken Vater, bis dieser schließlich stirbt.
	Aufbau; Funktion von Anfang und Ende	Die Handlung setzt unvermittelt ein mit dem Satz „Der Anruf kam, als ich vierzehn war" (Zeile 1). Der bestimmte Artikel „der" unterstreicht den Stellenwert dieses Anrufs. Mit dem Personalpronomen „ich" wird die Erzählperspektive (s. u.) festgelegt. Der Mittelteil der Kurzgeschichte besteht aus zwei Abschnitten. Im ersten werden nach langer Zeit der Trennung die ersten Begegnungen zwischen Tochter und Vater geschildert, im zweiten Teil geht es um .... Erst am Schluss der Kurzgeschichte erfährt der Leser, dass der inzwischen Verstorbene der Vater der Erzählerin gewesen ist.
	Ort, Zeit, Milieu, Atmosphäre	Die Geschichte spielt im ersten Teil weitgehend im öffentlichen Raum der Stadt Berlin (Café, Kino, Restaurant). Darin spiegelt sich die vorsichtige Annäherung der beiden Hauptfiguren. Erst im zweiten Teil (ab Zeile 37) wird das Verhältnis der Figuren zueinander intimer. Im Mittelpunkt stehen

	Merkmal	
		jetzt die Besuche am Krankenbett und damit der private Raum ...
	Figuren und ihre Konstellation	Im Zentrum steht die Erzählerin, die über die Lebensphase zwischen 14 und 17 Jahren berichtet. Sie lebt mit ihrer Schwester bei der Mutter und nimmt – nach dem Telefonanruf ihres todkranken Vaters – den Kontakt mit diesem wieder auf. Schwester und Mutter spielen erst am Ende eine Rolle, allerdings wird hier deutlich, dass ...
	Erzählperspektive	Das Geschehen wird in der Ich-Form aus der Perspektive des Mädchens erzählt. Die durchgängige Ich-Perspektive wirkt allerdings recht neutral und distanziert, weil die Ich Erzählerin trotz der emotionalen Situation eine sehr sachliche Sprache verwendet.
	Besonderheiten der Sprache	Das distanzierte Verhältnis zwischen Vater und Tochter spiegelt sich auch in der Sprachgebung: Durchgängig werden die Dialoge in indirekter Rede mit Konjunktiv wiedergegeben, wodurch die reservierte Haltung der Ich-Erzählerin ... Die Distanziertheit wird an folgenden Textstellen besonders deutlich: „(...) er habe Angst vor dem Tod“ (Zeile 39) und „jetzt sei es zu spät“ (Zeile 59), weil ...
	Thema/Intention, Bezug zum Titel der Kurzgeschichte	Deutlich wird in der Kurzgeschichte also einerseits die entfremdete Beziehung zwischen Familienmitgliedern, ... andererseits zeigt der lakonische Schlusssatz der Erzählerin, dass sie durch den Tod des Vaters ... Auch das Titelsymbol der „Streuselschnecke“ verweist darauf, dass die Erzählerin trotz aller Schwierigkeiten einen starken emotionalen Bezug zu ihrem Vater hat.
Schluss	kurze Bewertung des Textes	Julia Franck ist es in ihrer Kurzgeschichte sehr gut gelungen, ...

Gestaltendes Interpretieren

Das Beschreiben des Stils, das Deuten des Titels und andere Aufgaben, bei denen man über einen Text spricht oder schreibt, sind **analytische Tätigkeiten.** Monologe oder Tagebucheinträge zu Texten zu verfassen, sind **gestaltende Tätigkeiten,** bei denen man sich in eine Figur hineinversetzt und selbst zum Autor oder zur Autorin wird. Beide Arten der Auseinandersetzung mit Literatur bemühen sich um ein tieferes Textverständnis.

▶ kreatives Schreiben S. 48

Anders als beim **kreativen Schreiben** sind beim **gestaltenden Interpretieren** die Aufgaben nicht völlig offen. Die Lösungen müssen dem Text angemessen und in sich stimmig sein. Man ist an die Informationen des Textes gebunden.

Je genauer der Text gelesen wird, desto leichter fällt es, die Gedanken der Figuren zu erschließen und (z. B. als inneren Monolog) aufzuschreiben.
Gestaltendes Interpretieren gelingt am besten, wenn man in zwei Schritten vorgeht:

Vorarbeiten

- Zuerst stellt man selbst **Fragen an den Text:** Wer handelt hier? Um welche Probleme geht es? Was denken, fühlen die Figuren, wie verhalten sie sich? Gibt es einen Erzähler? Ist er neutral oder lenkt er die Leser?
- Erst dann versucht man, **aus der Sicht (einer) der Figuren zu schreiben.**

Aufgabentypen

Folgende Schreibanlässe und Aufgabentypen werden oft für das gestaltende Interpretieren angeboten:

Eine Figur denkt über sich selbst nach:	Verfasse einen Tagebucheintrag. Gestalte einen inneren Monolog.
Eine Figur wendet sich an eine andere Figur:	Verfasse einen Brief. Gestalte einen Dialog.

▶ kreatives Schreiben S. 48

Bewertung

Daneben gibt es noch zahlreiche andere produktive Verfahren im Umgang mit literarischen Texten. Wichtigstes Kriterium für die Bewertung von gestaltenden Interpretationsaufgaben ist Angemessenheit:

- in Bezug auf den **Inhalt des Textes:** Ist der Text inhaltlich passend in Bezug auf den Ausgangstext? Ist das, was die Figur sagt, denkt, glaubwürdig?
- in Bezug auf die **Sprache des Textes bzw. der Figur:** Ist der Text sprachlich angemessen in Bezug auf den Ausgangstext? Ist die Art und Weise, wie die Figur sich sprachlich äußert, glaubwürdig? Passen Wortwahl **(Semantik)** und Satzbau **(Syntax)** zum Ausgangstext?

Ein Gedicht interpretieren

Conrad Ferdinand Meyer
Zwei Segel (1882)

Zwei Segel erhellend
Die tiefblaue Bucht!
Zwei Segel sich schwellend
Zu ruhiger Flucht!

Wie eins in den Winden
Sich wölbt und bewegt,
Wird auch das Empfinden
Des andern erregt.

Begehrt eins zu hasten,
Das andre geht schnell,
Verlangt eins zu rasten,
Ruht auch sein Gesell.

Vincent van Gogh: Fischerboote Saintes-Maries (1888)

Vorbereitung einer schriftlichen Interpretation

Zur Vorbereitung einer schriftlichen Interpretation eines Gedichts geht man zunächst von einem vorläufigen ersten Textverständnis aus **(zentrale Deutungsthese).**

▶ Analyseaspekte S. 160

In einem zweiten Schritt werden einzelne Analyseaspekte untersucht; auf diese Weise kann man die Deutungsthese untermauern. Die Ergebnisse der Textuntersuchung werden in einen schlüssigen zusammenhängenden Gedankengang gebracht. Wichtige Beobachtungen und Deutungen müssen dabei mit Textbelegen **(Zitaten)** versehen werden.

Aufbau einer schriftlichen Interpretation

	Merkmal	
Einleitung	Angabe von Titel und Autor/in; Textsorte, Thema und Deutungsthese werden in einem Satz vorgestellt	Das Gedicht „Zwei Segel" von C. F. Meyer aus dem Jahr 1882 handelt von zwei Segeln, die zwei Liebende symbolisieren. **oder:** Das Gedicht „Zwei Segel", das C. F. Meyer im Jahr 1882 verfasst hat, lässt sich als Liebesgedicht verstehen, wobei Meyer die Gleichmäßigkeit zweier Segel im Wind als Symbol für die Harmonie eines Liebespaares setzt.
Hauptteil	Entfaltung der Interpretation unter **Verknüpfung** der inhaltlichen Deutung mit der formalen, sprachlichen Analyse: ■ Sprecher im Gedicht ■ gedanklicher und formaler Aufbau ■ Metrum/Rhythmus ■ Wortwahl	Das Gedicht beschreibt die gleichmäßige Bewegung zweier Segel, was sich als ein harmonisches Liebesverhältnis deuten lässt. Der Sprecher ist nicht Teil des Geschehens, er beobachtet gewissermaßen von außen. In der ersten Strophe wird durch die Ausrufe allerdings eine gewisse Begeisterung des lyrischen Ichs deutlich ... ... Die in der zweiten Strophe auffällige Alliteration („Winden", „wölbt") unterstützt den bewegten Rhythmus und macht deutlich, dass ein dynamisches Leben in Liebe gemeinsam und harmonisch gelebt werden kann ... Das Metrum (Daktylus) entspricht dabei dem Inhalt insofern, als dass ein tänzerischer, leichter Rhythmus entsteht, der zur Leichtigkeit der Liebesbeziehung passt ... ... Dabei unterstützt der Kreuzreim, der alle drei Strophen strukturiert, das Ineinandergreifen der Bewegungen, also das Wechselspiel einer Liebe ... ... Die Wortwahl „Empfinden", „erregt", „Begehrt", „verlangt", „Gesell" verweist auf den menschlichen Bereich und legt nahe, bei der Interpretation über den eigentlichen Bildbereich hinauszugehen ... ... Im letzten Vers findet sich das Verb „ruhen", was sich hier auch im Sinne von „Gestorben-Sein" deuten lässt. Die Liebe weist also über den Tod hinaus und entspricht so dem bürgerlichen Ideal einer lebenslangen Partnerschaft ...

	Merkmal	
Schluss	Schlussbemerkung, die die Interpretation nochmals zusammenfassen soll und möglicherweise auch eine eigene Wertung enthalten kann	Zusammenfassend/Abschließend lässt sich sagen ... **oder:** Das Gedicht „Zwei Segel" ist also ... **oder/und:** Mir persönlich gefällt der Text gut, weil ... **oder:** Ich finde, die Darstellung von Liebe in dem Gedicht entspricht nicht der Wirklichkeit, weil ...

Eine Dramenszene interpretieren

Vorbereitung einer schriftlichen Interpretation

Zur Vorbereitung der schriftlichen Interpretation einer Dramenszene oder eines Szeneauszugs geht man ebenfalls zunächst von einem vorläufigen ersten Textverständnis aus **(zentrale Deutungsthese).**

▶ Analyseaspekte S. 166

In einem zweiten Schritt können einzelne Analyseaspekte untersucht werden; auf diese Weise kann man die Deutungsthese untermauern. Hinzu kommt bei der Analyse einer Dramenszene deren Einordnung in den Handlungsverlauf. Dies geschieht zu Beginn des Hauptteils. Die Ergebnisse der Textuntersuchung werden in einen schlüssigen zusammenhängenden Gedankengang gebracht. Wichtige Beobachtungen und Deutungen müssen mit Textbelegen **(Zitaten)** versehen werden.

Aufbau einer schriftlichen Interpretation

	Schriftliche Dramenanalyse	
Einleitung	Angaben zu Titel und Autor/in, Textsorte und Thema in einem Satz	Das 9. Bild aus Max Frischs Theaterstück „Andorra" nimmt die Bildnisproblematik des Stücks insgesamt insofern wieder auf, als Andri sich trotz besseren Wissens mit seinem vermeintlichen Anderssein abfindet und die Rolle des Juden übernimmt.
Hauptteil	Stellung der Szene im Handlungsverlauf	Dieser Szene vorausgegangen ist der Besuch der Señora, bei dem sich diese als Andris Mutter zu erkennen gibt. Zugleich wird dadurch offenbar, dass Can der leibliche Vater Andris ist. Can hatte seinerzeit Andri als Juden ausgegeben, um ...
	Inhalt und Thema der Szene	Gegenstand der Szene ist ein Gespräch des Paters mit Andri, in welchem Andri – und zugleich auch der Zuschauer – erfährt, dass er der leibliche Sohn Cans und somit kein Jude ist. Andri reagiert allerdings nicht so, wie ...

Schriftliche Dramenanalyse		
	Figuren und ihr Verhältnis zueinander	Wie schon in Bild 7 zeigt sich auch in diesem Bild, dass Andri dem Pater eigentlich ehrfurchtsvoll begegnen möchte. Gleichzeitig ... Der Pater fühlt sich verantwortlich für den Jungen, insbesondere weil er versucht hat, Andri davon zu überzeugen, dass ...
	dramatische Gestaltung	Besonders auffällig ist der lange Monolog in der Mitte der Szene. Hier formuliert Andri sein Selbstbild. Das Fremdbild der Andorraner hat Andri nun ....
	sprachliche Auffälligkeiten	Andris Sprache ist in der zentralen monologartigen Textpassage sehr metaphernreich, insbesondere die Formulierung „...“ macht deutlich, dass er sehr emotional auf die Situation reagiert.
	Bedeutung der Szene für die Aussage des Dramas	Die Szene stellt den Wendepunkt im Stück dar und lässt sich auf das 7. Bild beziehen, in welchem der Pater versucht hatte, Andris vermeintliche Andersartigkeit positiv herauszustellen. Nun ...
Schluss	kurze wertende Stellungnahme	Das 9. Bild kann als Spiegelszene zum 7. Bild verstanden werden. Andri hat nun die Vorurteile und Stereotype der anderen als Selbstbild übernommen und ist nicht mehr bereit, ... Die Szene ist insofern sogar tragisch zu nennen, als dass ...

Eine Rede analysieren (Sachtextanalyse)

▶ Analyseaspekte S. 181

▶ textgebundene Erörterung S. 62

In einer schriftlichen Redeanalyse werden die Ergebnisse der Untersuchung von Inhalt, Aufbau etc. zusammengefasst, z. B. um sich genauer mit der Wirkungsabsicht und Wirkungsweise einer Rede auseinanderzusetzen oder um im ersten Teil einer textgebundenen Erörterung das eigene Textverständnis abzusichern.

In beiden Fällen ist es wichtig, die Untersuchungsergebnisse mit Hilfe von Zitaten am Text zu belegen.

	Merkmal	
Einleitung	Angabe zum Redner und ggf. Titel der Rede, Erscheinungsort und -termin, Textsorte, Thema	In seiner Rede vom 30.1.2003 anlässlich des 60. Jahrestages der Hinrichtung der Mitglieder der „Weißen Rose“ erinnert der ehemalige Bundespräsident Johannes Rau an ...

	Merkmal	
Hauptteil	Analyse des Inhalts und der Art der Darstellung, Wertungen etc.	
Aufbau und Inhalt	Angaben zu gedanklichem Aufbau und inhaltlichen Schwerpunkten	Im ersten Redeteil (Z. 1–30) stellt Rau den Widerstand der „Weißen Rose" gegen das Nazi-Regime dar und würdigt die mutige Haltung der jungen Erwachsenen ... Im Mittelteil (Z. 31–104) geht Rau auf die politischen Vorstellungen der Widerstandskämpfer ein und ... Am Ende (ab Z. 105) steht der Blick in die Zukunft, bei dem deutlich wird ...
Argumentation und Intention	Darstellung der wichtigsten Thesen und Argumente in ihrem gedanklichen Zusammenhang	Rau appelliert in seiner Rede an die jetzt lebende Generation, sich wie die Mitglieder der „Weißen Rose" aktiv und mutig für eine demokratische und rechtsstaatliche Ordnung einzusetzen. Rau geht dabei von der These aus, dass die Handlungen der „Weißen Rose" bewusste und planvolle politische Aktionen gewesen sind, denen eine klare Vorstellung von der politischen Zukunft Deutschlands und Europas zugrunde lag. Im Text heißt es dazu: „...." Er stützt seine Behauptung durch mehrere Argumente: ... Im Schlussteil seiner Rede leitet Rau aus der bisherigen Argumentation die These (Forderung) ab, dass das Verhalten der „Weißen Rose" zukunftsweisend sei und ...
Sprache	Angabe zur Sprachgestaltung, zu sprachlichen Auffälligkeiten etc.	Die Rede ist leicht zu verstehen, woraus man schließen kann, dass Johannes Rau ein breites Publikum ... An mehreren Stellen seiner Rede verwendet Rau in Form einer Anapher das Personalpronomen „wir", wodurch er versucht, eine Art Gemeinschaftsgefühl zu erzeugen ... Die Schlusspassage, die von den Motiven der „Weißen Rose" handelt, wird durch eine direkte Frage eingeleitet, die dem Publikum deutlich machen soll, wie wichtig humanistische Motive für das Handeln auch in unserer heutigen Gesellschaft sind ... In Form einer Klimax (Z. 141–146) wird gegen Ende der Rede das wünschenswerte Verhalten der zukünftigen Generation aus dem Verhalten der „Weißen Rose" abgeleitet.
Schluss	Fazit der Analyse und evtl. kurze Bewertung	Rau beleuchtet mit seiner Rede einen zentralen Aspekt des Widerstands, mit dem ich mich in dieser Form noch nicht beschäftigt hatte. Ich finde seine Überlegungen deshalb sehr überzeugend, weil ....

2.10 Texte überarbeiten

▶ Schreibkonferenz S. 73

Man verbessert seine Schreibfähigkeit nur, wenn man seine Texte regelmäßig selbst überarbeitet oder von anderen korrigieren lässt. Besonders gewinnbringend ist die Überarbeitung von Texten in Zusammenarbeit mit anderen (Schreibkonferenz).

die Textüberarbeitung planen

Möchtest du den Aufbau eines Textes oder die Genauigkeit der gedanklichen Verknüpfung optimieren, ist es nicht sinnvoll, Zeile für Zeile vorzugehen. Denn oft muss man ganze Abschnitte umstellen, Sätze neu formulieren, andere Begriffe wählen usw., sodass manche Einzelfehler „von selbst" wegfallen. Lies daher den ganzen Text genau und plane dann die Textüberarbeitung.

Checkliste zu Textüberarbeitung

Inhalt

- Ist ohne besondere Mühe verständlich, worum es in dem Text geht?
- Werden Personen, Schauplätze und Sachverhalte der Textsorte entsprechend dargestellt (geschildert, beschrieben etc.)?
- Sind klare Schwerpunkte gesetzt oder gerät das Thema häufiger aus dem Blick?
- Werden unbekannte Begriffe erklärt?

Aufbau/Gliederung

- Ist der Text übersichtlich gegliedert, z. B. nach Einleitung, Hauptteil und Schluss?
- Ist die Reihenfolge der Gliederungsschritte stimmig?
- Sind die einzelnen Schritte wirkungsvoll auf den Leser/die Leserin bezogen? Regt beispielsweise die Einleitung zum weiteren Lesen an?
- Sind alle wichtigen Informationen richtig platziert (keine Gedankensprünge)?
- Sind die einzelnen Teile richtig verknüpft (Ursache – Folge; Anlass – Ergebnis; Täter – Opfer) oder gibt es Widersprüche in der Gedankenführung?
- Werden wichtige Gedanken zu knapp oder unwichtige zu breit dargestellt?

▶ Satzverknüpfungen S. 112; 131

Zitate/Belege

- Werden Zitate und Belege passend verwendet und eingefügt („Ausschnitt" aus der Vorlage, Funktion als Beweis, Beleg, offene Frage)?

▶ Zitieren S. 98

Sprachlicher Ausdruck (Stil)

- Ist die Wortwahl abwechslungsreich, genau, anschaulich, angemessen usw.?
- Entsprechen die gewählten Bilder, Vergleiche und Metaphern der Textsorte?
- Ist der Satzbau klar und abwechslungsreich?
- Können die Sätze stilistisch noch verbessert werden (z. B. „Bandwürmer" teilen)?
- Kann man durch Ersetzen, Umstellen, Weglassen, Erweitern den Stil verbessern?
- Werden unnötige Wiederholungen und Füllwörter vermieden?

▶ bildlicher Sprachgebrauch S. 184

▶ Satzgliedproben S. 124

▶ Tempus S. 109
▶ Modus S. 118
▶ Checkliste zur Rechtschreibung S. 91

Rechtschreibung, Zeichensetzung, Grammatik

- Ist der Text grammatisch einwandfrei im Hinblick auf Tempus und Modus?
- Stimmen grammatische Beziehungen, Wortstellung, Satzbau usw.?
- Sind Rechtschreibung und Zeichensetzung fehlerfrei (Rechtschreibwörterbuch)?

Reinschrift

- Ist die äußere Form ansprechend gestaltet (Rand, Kopf des Textes usw.)?
- Ist die Schrift gut lesbar? Sind nachträgliche Korrekturen vermieden?
- Ist die Abschnittsgliederung im Text klar markiert?
- Entspricht das Layout dem Zweck (Klassen- oder Wandzeitung usw.)?

Die Schreibkonferenz

Schreibkonferenz

Selten ist ein Text in der ersten Fassung richtig gut, sitzt jedes Wort an der richtigen Stelle. Wenn in einer Gruppe Texte verfasst werden, hilft die Methode der Schreibkonferenz bei der Überarbeitung. Sie kann auch unabhängig von einer Projektarbeit zur Perfektionierung individueller Texte benutzt werden.

1. Eigene Textproduktion

Vor Beginn der Schreibkonferenz schreibt ihr selbst. Das können Texte ganz verschiedener Art sein: Gedichte, Berichte, Reportagen, Werbetexte ...

Damit genügend Platz für Korrekturen und Hinweise bleibt, lasst beim Schreiben genügend Rand oder klebt die Seite auf ein DIN-A3-Blatt.

Arbeitsgruppen

2. Gruppenbildung

Besteht die Gruppe bereits, kann diese Phase natürlich übersprungen werden, ansonsten sollten sich höchstens vier Personen durch Los- oder Auswahlverfahren zusammenfinden. Je nach Art der Texte ist auch eine freie Einteilung sinnvoll, besonders, wenn das Thema eine Vertrautheit der Personen untereinander verlangt.

3. Konferenzrunde

In der Konferenzrunde stellt ihr eure Texte vor und erhaltet Vorschläge für die Überarbeitung.

- Eine Möglichkeit besteht darin, den Text vorzulesen, anschließend stellen die Gruppenmitglieder Fragen zum Verständnis.
- Eine andere Möglichkeit ist, dass alle in der Gruppe den Text still für sich lesen und mit Korrekturzeichen versehen:

Korrekturzeichen

  - I: Inhalt/Aufbau/Logik: *Hier stimmt etwas nicht, das verstehe ich nicht …*
  - A: Ausdruck/Stil: *Das ist zu kompliziert, zu umgangssprachlich …*
  - Gr: Grammatik: *Hier passen Prädikat und Nomen im Numerus nicht zusammen …*
  - T: Tempus: *Die Zeitform ist nicht angemessen gewählt, das Präsens passt hier besser …*
  - Sb: Satzbau: *Der Satz ist unvollständig, im Nebensatz gehört das Prädikat ans Ende.*
  - Schließlich prüft ihr noch die Rechtschreibung und markiert die Fehler. Wichtig: Vergesst nicht zu loben, was an den Texten gelungen ist!
- Eine weitere Möglichkeit stellt das Textlupenverfahren dar.

4. Eigene Textüberarbeitung

▶ Textüberarbeitung S. 9

Ihr schreibt nun eure eigenen Texte noch einmal und bezieht dabei die Verbesserungsvorschläge aus der Konferenz mit ein. Falls nötig, könnt ihr weitere Konferenzrunden einberufen. An den Texten wird so lange gefeilt, bis sie euren Ansprüchen genügen. Wichtig: Verbesserungsvorschläge können vom Verfasser/von der Verfasserin abgelehnt werden, wenn es gute Gründe dafür gibt.

Textlupe

Textlupe

Nehmt eure Texte genau in den Blick und prüft sie nach folgenden Kriterien:

- Sachliche Richtigkeit: Sind die genannten Fakten richtig?
- Gedankliche Struktur: Sind Aufbau und Gliederung schlüssig?
- Fachsprache/-methode: Werden Fachbegriffe treffend verwendet? Wird zwischen beschreibenden, deutenden und wertenden Aussagen unterschieden?
- Ausdruck und Satzbau: Sind die Formulierungen angemessen und korrekt?
  - Umstellprobe: Sollen Wörter, Satzglieder, Sätze oder Textabschnitte umgestellt werden?
  - Erweiterungsprobe: Welche Adjektive oder Attribute sollte man noch hinzufügen, damit der Text anschaulicher wird?
  - Ersatzprobe: Kann man Wörter oder Satzteile durch treffendere ersetzen?
  - Weglassprobe: Welche Wörter oder Satzteile sollten weggelassen werden?
- Rechtschreibung und Zeichensetzung: Stimmen Rechtschreibung und Zeichensetzung?

3 Rechtschreibung und Zeichensetzung

Wenn man schreibt, möchte man verstanden werden. Wenn man mit seinem Text etwas bewirken will, muss der Text von fremden Lesern ernst genommen werden. Grundlegende Voraussetzung dafür ist – neben der Verständlichkeit – die formale Sprachrichtigkeit.

Die hier zusammengefassten Regelungen helfen bei der Orientierung in vielen häufigen Fragen der Rechtschreibung und Zeichensetzung. Manchmal ist die korrekte Schreibung allerdings auch davon abhängig, wie ein Wort im Satzzusammenhang verwendet wird. Dann sind neben den Rechtschreibregelungen auch **grammatische Grundsätze** zu berücksichtigen, z. B.:

Sabine und Jörn ***s****katen oft.*
Das ***S****katen macht ihnen Spaß.*

Das war ein ***a****ufregendes Ereignis.*
Wir erlebten nichts ***A****ufregendes.*

Trotz des heftigen Gewitters gingen sie hinaus.
Obwohl es heftig gewitterte, gingen sie hinaus.

Wir treffen uns heute ***N****acht.*
Warum wird es ***n****achts dunkel?*

*Der Mann sieht das Kind, da****s*** *über die Straße läuft.*
*Der Mann sieht, da****ss*** *das Kind über die Straße läuft.*

3.1 Tipps zum Rechtschreiben

Drei Prinzipien der deutschen Rechtschreibung

Die deutsche Rechtschreibung folgt im Wesentlichen drei Prinzipien. Diese Prinzipien können dir helfen, bei Unsicherheiten die richtige Schreibweise zu finden.

Lautprinzip	
Im Deutschen wird vieles so geschrieben, wie man es spricht. Das nennt man das **Lautprinzip** der Schreibung.	*Birne* *Glas* *Regel*

TIPP

Sprich dir ein Wort, bei dem du unsicher bist, wie es geschrieben wird, laut und deutlich vor. Achte dabei auch auf die **Sprechsilben:**
Glas-bir-ne

Stammprinzip

Wortstämme werden möglichst überall gleich geschrieben. Das nennt man das **Stammprinzip** der Schreibung.	*Hand – Hände* *weise – weissagen* *weihen – Weihnacht*

TIPP

Schreibweisen ausprobieren:
Das Stammprinzip ist bei verschiedenen hilfreichen **Proben** wirksam:

Verlängerungsprobe
Verwandtschaftsprobe
Zerlegeprobe

- das **Wort verlängern:** *Wald – Wälder*
- ein **verwandtes Wort** suchen: *willst – wollen*
- ein **zusammengesetztes Wort** in seine Bestandteile **zerlegen:** *Sperrmüllplatz: Sperr + müll + platz*

grammatisches Prinzip

Die Schreibung macht die **grammatische Funktion** eines Wortes deutlich, z. B. ob es im Satz als Adjektiv oder Nomen dient.	*ein **u**ngewöhnliches Ereignis* *nichts **U**ngewöhnliches*

TIPP

Beachte die Stellung der Wörter im Satz.

Das Wörterbuch – Dein starker Helfer

Man kann nicht alles wissen, man muss nur wissen, wo es steht. Das gilt auch für die Rechtschreibung. Jeder kann Fehler vermeiden, wenn er bei Zweifeln über die richtige Schreibweise im Rechtschreibwörterbuch nachsieht.

Allerdings muss man mit einem Wörterbuch auch gut umgehen können, um es optimal zu nutzen. Beim Nachschlagen solltest du Folgendes beachten:

- Die Wörter sind nicht nur nach ihrem Anfangsbuchstaben alphabetisch sortiert, sondern auch bei allen folgenden Buchstaben.
- Wenn du ein Wort nicht auf Anhieb findest, solltest du dir eine andere Schreibweise überlegen und unter dieser nachschlagen.
- Neben der alphabetischen Wörterliste, die den umfangreichsten Teil des Wörterbuchs ausmacht, gibt es in einem solchen Buch noch andere Hilfen zur Rechtschreibung, z. B. einen Teil mit Regeln und Beispielen: Hier kannst du z. B. bei Fragen zur Zeichensetzung nachschauen.

Texte richtig schreiben

Texte abschreiben

Beim **Abschreiben fremder Texte** sollte man die Vorlage erst vollständig durchlesen und schwierige Wörter markieren, damit man beim Abschreiben dieser Wörter besonders sorgfältig vorgeht. Oft handelt es sich um Fremdwörter.

Diktat

Beim **Diktat** ergibt sich oft erst aus dem Sinnzusammenhang, welches Wort an einer bestimmten Stelle gemeint ist. Erst dann kann man entscheiden, wie das Wort zu schreiben ist. Oft hilft die Verlängerungs- oder Verwandtschaftsprobe weiter.

eigene Texte schreiben und überarbeiten

▶ Lautprinzip S. 75
▶ Stammprinzip S. 76
▶ grammatisches Prinzip S. 76

Beim **Schreiben eigener Texte** solltest du dir Wörter markieren, bei denen du in der Schreibung unsicher bist. Wenn du den Text zu Ende geschrieben hast, schlägst du diese Wörter in einem Wörterbuch nach. Du kannst auch versuchen, die Schreibweise mit Hilfe der Rechtschreib-Prinzipien zu klären.
Bei manchen Rechtschreibproblemen hilft es auch, den Text Wort für Wort von hinten nach vorne zu lesen. Dabei nimmt man die einzelnen Wörter bewusster wahr und stößt so eher auf Flüchtigkeitsfehler.

Rechtschreibung üben

Rechtschreibung lernt man durch Schreiben. Dazu gibt es zahlreiche Arbeitshilfen und Übungsaufgaben.

- Du kannst z. B. selbstständig üben, indem du kurze Texte abschreibst oder dir diktieren lässt und anschließend gewissenhaft auf Fehler kontrollierst.

Laufdiktat

- Beim **Laufdiktat** legst du den Text ein paar Meter von deinem Schreibtisch entfernt hin. Du läufst oder gehst zu dem Text, prägst dir einen Satz oder Satzteil ein, kehrst zu deinem Platz zurück und schreibst. Zum Schluss kontrollierst du, ob du alles richtig geschrieben hast.

Partnerdiktat

- Nutze auch die Möglichkeit des **Partnerdiktates.** Hierzu lässt du dir von einem Freund oder einer Freundin einen Text diktieren. Danach macht er/sie dich auf Fehler aufmerksam, die du sodann sorgfältig korrigierst. Anschließend tauscht ihr die Rollen.
- Bei Wörtern, die du falsch geschrieben hast, kannst du so vorgehen:
  1. Lies dir das Wort genau durch.
  2. Überlege dir, was dir daran Schwierigkeiten macht.
  3. Gliedere es in Teile und mach dir klar, welche Teile du schon sicher schreiben kannst. Präge dir besonders die Teile ein, die neu für dich sind.
  4. Schreibe das Wort auswendig auf.
  5. Kontrolliere deine Schreibung.

TIPP

Grundsätzlich solltest du bei allem, was du schreibst, immer auch auf die richtige Schreibung achten – nicht nur bei Diktaten oder Klassenarbeiten, sondern auch bei Hausaufgaben, beim Abschreiben von der Tafel, bei Notizen etc. Schreibe falsch geschriebene Wörter in deinen Texten immer neu, damit du nichts Falsches behältst.
Eine klare Schrift mit gut unterscheidbaren Buchstaben hilft beim Einprägen der Wortbilder.
Regelmäßige kurze Trainingseinheiten sind sinnvoller als seltenes ausgedehntes Üben.

Das Fehlerprofil

Damit du gezielt üben kannst, solltest du dir verdeutlichen, wo genau deine persönlichen Fehlerquellen liegen. Hier hilft das Anlegen eines Fehlerprofils.
Trage dazu die Fehler, die du in deinen letzten Klassenarbeiten gemacht hast, in eine Tabelle ein. Du kannst auch korrigierte Hausaufgaben auswerten. Besprich das Fehlerprofil mit deiner Lehrerin oder deinem Lehrer und bitte sie oder ihn, dir Übungsmaterial zu deinen Fehlerschwerpunkten zur Verfügung zu stellen.

▶ S. 78

Mein Fehlerprofil					Fach: DEUTSCH
	1. Klassenarbeit	2. Klassenarbeit	3. Klassenarbeit	Fehlerschwerpunkt?	
1. Rechtschreibung				ja	nein
lange Vokale/Dehnung	1 Fehler				X
kurze Vokale/ Doppelkonsonant		1 Fehler			X
s/ß/ss	2 Fehler	3 Fehler	2 Fehler	X	
das/dass	2 Fehler	2 Fehler	1 Fehler	X	
Großschreibung		1 Fehler			X
getrennt/zusammen	3 Fehler	4 Fehler	2 Fehler	X	
Fremdwörter	1 Fehler		1 Fehler		X
Silbentrennung					X
besondere Hinweise	Vor allem bei Texten, die ich frei schreibe, häufen sich bei mir Fehler bei der s-Schreibung. Ich muss mir Zeit nehmen, beim Durchlesen noch einmal die Rechtschreibregeln zu vergegenwärtigen.				
2. Zeichensetzung				ja	nein
Satzschlusszeichen					X
Komma bei Nebensätzen	2 Fehler	2 Fehler	3 Fehler	X	
Komma bei Infinitiven und Partizipien		1 Fehler			X
Komma in Wortgruppen (z. B. Aufzählungen)	1 Fehler		1 Fehler		X
Satzzeichen bei wörtlicher Rede bzw. Zitaten	2 Fehler	3 Fehler	2 Fehler	X	
Apostrophe					X

Die Rechtschreibkartei

Eine Rechtschreibkartei ist eine **Wörtersammlung,** die du **auf Karteikarten** oder **Ringbuchblättern** führen kannst. In diese persönliche Rechtschreibkartei nimmst du alle Wörter auf, bei denen du häufig Fehler machst. Wichtig ist, dass du in der Kartei sorgfältig und fehlerfrei schreibst, damit du dir nichts Falsches einprägst.

Und so übst du mit der Rechtschreibkartei:

- Lies ein Wort oder lass es dir von jemandem vorlesen und präge es dir ein.

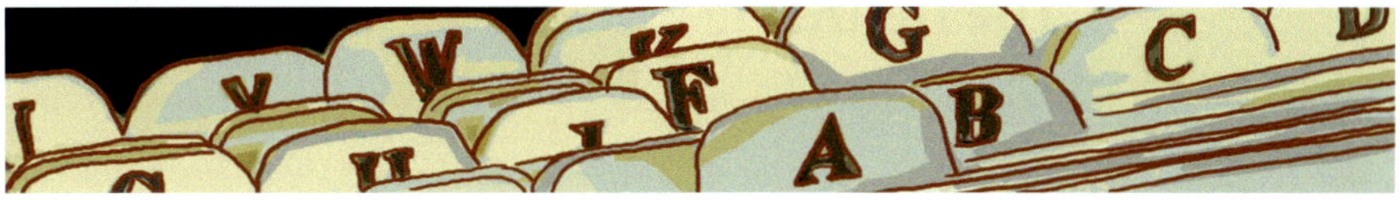

- Schreibe das Wort aus dem Gedächtnis auf einen Zettel oder in dein Übungsheft und sprich es dabei leise mit.
- Vergleiche das geschriebene Wort mit der richtigen Schreibweise auf der Karteikarte. Wenn du es richtig geschrieben hast, notiere ein Plus-Zeichen (+) auf der Karteikarte. Nach fünf Plus-Zeichen (+++++) kannst du das Wort sicher schreiben!

3.2 Kurze und lange Vokale

Die Schärfung

Ob ein Vokal (Selbstlaut) kurz oder lang gesprochen wird, bestimmt mit über die Schreibung der nachfolgenden Konsonanten (Mitlaute). Dazu einige Tipps:

	Nach **betonten kurzen** Vokalen folgen fast immer zwei Konsonanten.	
verschiedene Konsonanten	In den meisten Fällen kann man sie beim Hören gut unterscheiden.	*Ende, Topf, Karte, denken, Tante, Hunger, jung, warm, Samt, fremd, halten, kalt ...*
Doppelkonsonanten	Hört man nur einen Konsonanten, wird dieser beim Schreiben verdoppelt.	*knabbern, Pudding, Koffer, Bagger, Ball, schwimmen, Brunnen, Suppe, irren, vergessen, schütteln ...*

TIPP

Achtung: In einer Reihe von einsilbigen Wörtern verdoppelt man den Konsonanten nicht, z. B.: *mit, in, bis, man ...* (aber: *denn, dann, wenn, wann*). Dies gilt besonders auch für viele Wörter aus dem Englischen, z. B.: *fit, Jet, Klub, top, Job, Chip ...*

	Es gibt zwei **Sonderfälle**.	
Sonderfälle	Statt **verdoppeltem k** schreibt man **ck.** Vorsicht: In **Fremdwörtern** steht nach kurzem Vokal oft nur ein einfaches **k,** manchmal auch **kk.**	*zwicken, Sack, wecken, hocken, Acker, locken, Reck ...* *Takt, Doktor, Architekt, direkt, praktisch, hektisch ...* *Akkusativ, Akkordeon, Mokka ...*
	Statt **verdoppeltem z** schreibt man **tz.**	*Katze, Schutz, Hitze, ätzend, trotz, plötzlich, nützlich, Matratze ...*

TIPP

Nach **l, m, n, r** – das merke ja – steht nie **tz** und nie **ck.**
Zum Beispiel: *Walze, Imker, Dank, tanzen, Werk, winken ...*

Die Dehnung

Bei betonten langen Vokalen unterscheiden sich die Schreibungen.

	Für **lang gesprochenes a**, **e**, **o**, **u** sowie **ä**, **ö**, **ü** gilt:	
keine Kennzeichnung	In den meisten Fällen stehen die langen Vokale **a, e, o, u** sowie **ä, ö, ü** allein.	*Haken, fragen, brav, graben, Straße, Nase, Bär, quälen, lesen, Regen, fegen, Segen, Hof, Lob, rot, Trost, schön, Löwe, Kuchen, Fuß, rufen, suchen, Tür, spüren …*
h	Zu einem kleinen Teil werden sie mit **nachfolgendem h** geschrieben. Das **h** erscheint oft – aber nicht immer! – in den Verbindungen **hl, hm, hn, hr** und bleibt auch in den verwandten Wörtern erhalten. Ein **h**, das eine neue Silbe eröffnet, ist ein **Silben trennendes h.** Es bleibt auch in konjugierten und deklinierten Formen sowie Ableitungen erhalten.	*Sta**h**l, Wa**h**l, ho**h**l, fü**h**len, la**h**m, za**h**m, Le**h**m, Fa**h**ne, Ha**h**n, Lo**h**n, So**h**n, Bü**h**ne, wa**h**r, me**h**r, se**h**r, Ro**h**r, U**h**r, fü**h**ren …* *se-**h**en, dro-**h**en, flie-**h**en, bemü-**h**en* *dre**h**en – du dre**h**st – der Dra**h**t* (Ausnahmen: *blühen – Blüte, glühen – Glut, nähen – Nadel*)
Doppelvokal	Nur wenige Wörter werden mit **Doppelvokal** geschrieben. Den Doppelvokal gibt es nur bei **a, e, o.** Wenn sich von diesen Wörtern Ableitungen mit Umlaut bilden lassen, entstehen **einfache Umlaute.**	*H**aa**re, P**aa**r, S**aa**l, B**ee**re, B**ee**t, F**ee**, T**ee**, Kaff**ee**, M**ee**r, B**oo**t, Z**oo**, d**oo**f …* *Paar – P**ä**rchen* *Saal – S**ä**le* *Boot – B**ö**tchen*

TIPP

Zu unterscheiden sind gleich lautende, aber unterschiedlich geschriebene Wörter:
Waagen – Wagen, leeren – lehren, Meer – mehr, Moor – Mohr …

	Für das **lang gesprochene i** gilt:	
langes i	**Die meisten Wörter** mit lang gesprochenem i werden mit **ie** geschrieben.	*K**ie**s, W**ie**se, kr**ie**chen, T**ie**r, l**ie**b, h**ie**r, v**ie**l, v**ie**lleicht, z**ie**mlich, n**ie**mand, kr**ie**gen, schl**ie**ßen, schw**ie**rig, (er) f**ie**l, (sie) l**ie**st*
	Nur in den Pronomen ihm/ihn/ihr wird das lang gesprochene i als **ih** geschrieben.	*Ich gab **ihm** ein Buch und **ihr** eine CD. Sie gab **ihnen** fünf von **ihren** Bonbons. In **ihrer** Tasche fand sie **ihr** Handy nicht.*
	Selten sind Wörter mit **ieh.** Meist bleibt in Flexionsformen ein **Silben trennendes h** erhalten.	*(er) bef**ieh**lt (zu befehlen),* *(sie) l**ieh** (zu lei - **h**en)*
	In **Fremdwörtern** wird das lang gesprochene i oft mit einfachem **i** geschrieben.	*Masch**i**ne, Bleistiftm**i**ne, Apfels**i**ne, Sk**i**, Ros**i**ne, Kl**i**ma, Mot**i**v, St**i**l, K**i**lo, Kam**i**n*

3.3 Schreibung des s-Lauts

s – ss – ß?

Wichtig für die Rechtschreibung ist die Unterscheidung zwischen **stimmhaftem s** (z. B. in *Wiese*) und **stimmlosem s** (z. B. in *Fuß*).

Stimmhaftes s	
... wird immer als **s** geschrieben.	*Riese, rasen, Hose, Gemüse, sausen, zu Hause, reisen, lesen, also, böse, Dose, gesund, leise, Pause, rosa, tausend ...*

Stimmloses s	
Nach **langem Vokal** und nach **Diphthong** (Doppellaut: *ei, au ...*) kann **s** oder **ß** stehen. Mit Hilfe der **Verlängerungsprobe** kann man in Zweifelsfällen entscheiden, welche Schreibung am Wortende die richtige ist:	Gras – Gräser Maus – Mäuse Preis – Preise weiß – weiße (Pferde) groß – große (Freude)
Wird der s-Laut **stimmhaft,** endet das Wort auf **-s.**	*Haus – Häuser* *Graus – grausen*
Bleibt der s-Laut **stimmlos**, steht **ß.**	*Fuß – Füße* groß – größer Schweiß – schweißig Spieß – Spießer – spießig
Hört man im Wortinnern nach langem Vokal oder Diphthong **am Silbenanfang** einen stimmlosen s-Laut, wird **ß** geschrieben.	*au-ßen, Stra-ße, drei-ßig, genie-ßen, sto-ßen*
Nach **betontem kurzem Vokal** wird der folgende stimmlose s-Laut fast immer **ss** geschrieben. **Ausnahmen:** einige einsilbige Wörter, z. B.: *bis, was, des*	*Nuss, müssen, nass, Tasse, Riss, Kissen ...* fassen du fasst sie fasste fass! angefasst

TIPP

Folgt dem **stimmlosen s** im Wortstamm ein weiterer Konsonant (meist t oder p), wird das s nicht verdoppelt, z. B.: *Mast, Fest, List, Frost, Lust, Kaspar, Rispe, Knospe ...*

Mitunter weicht die Schreibung des **s** in flektierten Verbformen von der Schreibung im Infinitiv ab.

	Das s in wechselnden Verbformen	
stimmhaftes s im Wortstamm	Steht im Infinitiv ein stimmhaftes s, bleibt nach dem Stammprinzip die **s**-Schreibung in allen Verbformen erhalten.	*rasen – er rast, er ist gerast;* *sausen – er saust, er ist gesaust …* reisen er reiste sie ist gereist
Wechsel der Vokallänge	Wechselt bei Verbformen die Vokallänge, dann beeinflusst das die Schreibung des s-Lautes. Es gibt folgende Möglichkeiten:	
	Im Infinitiv steht nach langem Vokal oder Diphthong **ß,** in der flektierten Form nach kurzem Vokal **ss.**	*beißen – er biss* *reißen – es riss* *fließen – er floss*
	Im Infinitiv steht nach kurzem Vokal **ss,** in der flektierten Form nach langem Vokal oder Diphthong **ß.**	*essen – er aß* *lassen – er ließ* schließen sie schloss er hat geschlossen

3.4 Groß- und Kleinschreibung

Großschreibung

Großgeschrieben werden
- alle Satzanfänge: *Er tanzt gern.*
- alle Nomen und nominalisierten Wörter anderer Wortarten: *die **L**iebe, der **B**uchhändler; etwas **N**eues, gutes **Z**uhören …*
- die Höflichkeitsanrede ***S**ie, **I**hnen* usw.
- das erste Wort einer Überschrift, eines Titels o. Ä.: *Das **B**oot*

Nomen und Nominalisierung

Nomen kann man gut erkennen.

Nomenendungen
- Häufig enden sie auf bestimmte Suffixe.

Typische **Nomenendungen** sind:	
-heit	*Gelegenheit, Klugheit, Gemeinheit, Überlegenheit, Gelassenheit …*
-keit	*Tapferkeit, Einigkeit, Heiterkeit, Traurigkeit, Geschicklichkeit …*

-nis	*Geheimnis, Erlebnis, Ergebnis, Verständnis, Erlaubnis ...*
-ung	*Strömung, Verpflegung, Begegnung, Verpflichtung, Bemerkung ...*
-tum	*Wachstum, Fürstentum, Eigentum, Brauchtum, Heiligtum ...*
-schaft	*Wirtschaft, Verwandtschaft, Gesellschaft, Eigenschaft, Gemeinschaft ...*
-in	*Fürstin, Lehrerin, Sängerin, Ärztin, Anwältin ...*

Nomensignale

- Oft stehen sie mit bestimmten Begleitern.

Solche **Nomensignale** können sein:	
ein vorausgehender **Artikel**	***der*** *Mut,* ***die*** *Jacke,* ***das*** *Auto* ***ein*** *Hund,* ***eine*** *Katze,* ***ein*** *Buch*
eine **Präposition,** die auch mit einem Artikel verschmolzen sein kann	***beim*** *(= bei dem) Frühstück* ***zum*** *(= zu dem) Spiel* ***im*** *(= in dem) Haus*
ein vorangestelltes **Pronomen,** **Zahlwort,** **Adjektiv** oder **Partizip**	***unsere*** *Leute* ***zwei*** *Tage* ***schöne*** *Erlebnisse* ***bellende*** *Hunde*

Nominalisierung

Wörter anderer Wortarten schreibt man groß, wenn sie im Satz als Nomen gebraucht werden, z. B. Verben, Adjektive, Pronomen, Adverbien, Präpositionen und Zahlwörter. Diesen Vorgang nennt man Nominalisierung.
Auch nominalisierte Wörter sind meist an typischen Nomensignalen zu erkennen.

Nominalisiert wird nach:	
einem vorausgehenden **Artikel**	***der*** *Alte,* ***die*** *Jüngste,* ***das*** *Letzte,* ***das*** *Auf und Ab,* ***eine*** *Drei (würfeln)*
einer **Präposition**, die auch mit einem Artikel verschmolzen sein kann	***auf*** *Du und Du,* ***mit*** *Ach und Krach* ***im*** *Voraus,* ***im*** *Großen und Ganzen,* ***im*** *Grunde,* ***ins*** *Reine (bringen)*
einem vorangestellten **Pronomen**, **Zahlwort**, **Adjektiv** oder **Partizip**	***jeder*** *Dritte,* ***genug*** *Gutes,* ***nichts*** *Neues* ***drei*** *Badende* ***fröhliches*** *Lachen,* ***langes*** *Hin und Her* ***bedrückendes*** *Schweigen,* ***gelangweiltes*** *Gähnen*

TIPP

Vorsicht! Nicht immer wird ein nominalisiertes Wort durch ein Signalwort angekündigt. Dann gilt: Wenn man ein Signalwort ergänzen könnte, schreibt man groß, z. B.: *Lediglich (das)* ***Schwimmen*** *fand heute statt.*
Sich ***Für*** *und* ***Wider*** *überlegen (ein Für, ein Wider).*

Kleinschreibung nach Denominalisierung

Denominalisierung

Wenn aus Nomen Wörter anderer Wortarten entstehen, nennt man das **Denominalisierung.**

Aus Nomen entstandene Wörter anderer Wortarten werden **kleingeschrieben:**	
Adverbien (oft erkennbar an der Endung -**s**)	*anfangs, rechtens, eingangs, teils, willens, morgens, mittags, sonntags, werktags, hungers (sterben), kreuz und quer*
Präpositionen und Teile von präpositionalen Fügungen	*dank, kraft, laut (Duden), statt, trotz, seitens, namens, angesichts, um … willen, anstatt, inmitten, zuliebe, zeit (seines Lebens)*
unbestimmte Pronomen und Zahlwörter	*ein bisschen, ein wenig, ein paar (einige)*
bestimmte Adjektive, wenn sie mit *sein, bleiben* oder *werden* verbunden sind	*Ich bin es leid. Er ist schuld daran. Mir wird angst und bange. Sie ist mir gram. Die Firma ist pleite. Das ist spitze. Der Film war klasse. Das ist recht so.*

TIPP

Groß- wie kleinschreiben kann man *recht/Recht* und *unrecht/Unrecht* in Verbindungen mit Verben wie *behalten, bekommen, geben, haben* und *tun*, z. B.: *Ich gebe dir recht/Recht.*

Tageszeiten und Wochentage

Die Groß- bzw. Kleinschreibung von Tageszeiten und Wochentagen hängt von der Wortart ab.

Großschreibung nach Nomensignal

Tageszeiten und Wochentage werden **großgeschrieben,** wenn sie **Nomen** sind. Man erkennt das oft an den üblichen Nomensignalen:	
vorausgehender Artikel	***der*** *Mittwoch,* ***ein*** *Sonntag* ***des*** *Mittags,* ***eines*** *Dienstags* ***Eines*** *Morgens rief sie ihn an.*
Präposition (oft mit Artikel)	***bei*** *Nacht,* ***am*** *Abend*
vorangestelltes Pronomen Zahlwort Adjektiv Partizip	***jeden*** *Morgen,* ***dieser*** *Abend* ***drei*** *Sonntage* ***letzten*** *Montag* ***kommenden*** *Freitag* *Sie haben sich auch am* ***vergangenen*** *Sonntag gesehen.*

Kleinschreibung

Tageszeiten und Wochentage werden **kleingeschrieben,** ...	
... wenn sie **Adverbien** sind.	*sonntags, samstags, montags* *mittags, abends, nachmittags* *Sie muss werktags arbeiten.*

Bei kombinierten Tageszeitangaben ...	
... schreibt man die **Adverbien klein** und die **Nomen groß.**	*gestern Abend, vorgestern Nacht* *heute Nachmittag, morgen Mittag* *übermorgen Vormittag* *Seit gestern Morgen wartet er auf ihren Anruf.*

TIPP

Auch zusammengesetzte Tageszeiten und Wochentage werden großgeschrieben, wenn sie Nomen sind, z. B. *am **D**ienstagabend, jeden **F**reitagmittag.* Sie werden hingegen kleingeschrieben, wenn sie Adverbien sind, z. B.: *sonntagabends, montagmittags.*

Feste Verbindungen aus Adjektiv und Nomen

feste Verbindungen aus Adjektiv und Nomen

Manche Adjektive und Nomen treten häufig in Kombination auf, z. B. in *das neue Jahr.* Solche Ausdrücke nennt man feste Verbindungen.

Das **Adjektiv in festen Verbindungen** wird meistens **kleingeschrieben,** ...	
und zwar immer dann, wenn es sich bei der festen Verbindung nicht um einen Eigennamen handelt.	*das **neue** Jahr* *die **schöne** Bescherung* *die **graue** Maus*

Das **Adjektiv** kann **groß- oder kleingeschrieben** werden, ...	
wenn die Verbindung eine neue Bedeutung hat und die Schreibung das verdeutlichen soll.	*das **Schwarze/schwarze** Brett* (= Anschlagtafel) *der **Weiße/weiße** Tod* (= Lawinentod)

TIPP

In den Fachsprachen gibt es uneinheitliche Regelungen, wie fachsprachliche Ausdrücke aus Nomen und Adjektiv geschrieben werden, z. B. *der **graue** Star* in der Medizin, *die **Schwarze** Witwe* in der Zoologie. Manchmal sind hier beide Schreibweisen möglich. Daher: Im Zweifel ins Wörterbuch schauen!

Geografische Namen und Herkunftsbezeichnungen

Für die Groß- und Kleinschreibung bei geografischen Namen gelten folgende Regeln.

geografische Namen

Handelt es sich um mehrteilige Eigennamen, so gilt:

In **Zusammensetzungen mit mehrteiligen Eigennamen,** die durch Bindestrich verbunden sind, werden die Eigennamen wie alle Nomen **großgeschrieben.**	*Rhein-Main-Gebiet* *Friedrich-Schiller-Straße* **TIPP** **Vorsicht:** Zusammensetzungen mit **einteiligen Eigennamen** werden zusammengeschrieben: *Rheintal, Schillerstraße.*
In **mehrteiligen Eigennamen** mit Bestandteilen, die **keine Nomen** sind, schreibt man alle Wörter **groß,** mit Ausnahme von Artikeln, Präpositionen und Konjunktionen.	*Vereinigte Staaten von Amerika* *Freie und Hansestadt Hamburg* *Rothenburg ob der Tauber* *Kahler Asten* *Bayerischer Wald*

Herkunftsbezeichnungen

Für Ableitungen geografischer Namen, die eine Herkunft bezeichnen, gilt:

Enden sie auf -**er,** schreibt man sie **groß.**	*Kölner Dom, Ulmer Münster, Ludwigsburger Porzellan, Heidelberger Schloss*
Enden sie auf -**isch,** gehören sie zur Wortart der Adjektive, deswegen schreibt man sie klein (wenn sie nicht Bestandteil eines Eigennamens sind, z. B.: *der Pazifische Ozean*).	*schwäbische Küche* *italienische Stadt* *indischer Tee*

3.5 Getrennt- und Zusammenschreibung

Die folgenden Regelungen geben Orientierungshilfen. Aber: Im Bereich der Getrennt- und Zusammenschreibung gibt es zahlreiche Ausnahmen.

Darum: Im Zweifelsfall im Rechtschreibwörterbuch **nachschlagen!**

▶ nachschlagen S. 76

Getrenntschreibung

Auch wenn zwei Wörter inhaltlich eng zusammengehören, schreibt man sie in der Regel **getrennt.** Das gilt für:

Wortgruppen mit „sein"

Wortgruppen mit dem Verb **„sein".**	*froh* *begeistert* *frustriert* – *sein* *allein* *wichtig*

Verb + Verb	die meisten Wortgruppen aus zwei Verben: **Infinitiv** + (weiteres) **Verb** oder **Partizip** + (weiteres) **Verb.**	*laufen lernen, lesen üben* *schlafen lassen, bleiben müssen* *spazieren gehen* *gesagt bekommen* *geliehen bekommen* *getrennt schreiben* *geärgert haben*
Nomen + Verb	die meisten Wortgruppen aus **Nomen** + **Verb.**	*Klavier spielen* *Schlange stehen* *Pleite machen* *Angst haben* *Rad fahren* *Radio hören* *Zeitung lesen* *Feuer fangen* *Tango tanzen* Ausnahme: *eislaufen*
Adjektiv + Verb	Wortgruppen aus **Adjektiv** + **Verb,** wenn die Verbindung wörtlich verstanden werden kann.	*laut singen* *sauber schreiben* *schnell rennen* *bequem sitzen* *kritisch beäugen* *freundlich lächeln* *zeitig abreisen*
Adverb + Verb	Wortgruppen aus **Adverb** + **Verb,** wenn die Hauptbetonung auf dem Verb liegt.	*miteinander réden* *aneinander dénken* *dabei sítzen* *zusammen spíelen* *wieder géhen*

TIPP

Getrenntschreibung erfolgt immer dann, wenn zwischen Adverb und Verb im Infinitiv ein oder mehrere Satzglieder eingeschoben werden können. *Er wollte dabei (auf einem Stuhl) sitzen.*

Zusammen-schreibung	**Zusammen** schreibt man unter anderem …	
	Zusammensetzungen aus **Nomen** + **Nomen.**	*Blumenvase, Bildschirm, Tischbein*
Zusammen-setzungen	Zusammensetzungen aus **Nomen** + **Adjektiv.**	*bärenstark, kindgerecht, stundenlang*
	Zusammensetzungen aus **Adjektiv** + **Adjektiv.**	*lautstark, dunkelblau, nasskalt*

untrennbare Verbzusammensetzungen	**untrennbare Verbzusammensetzungen,** bei denen die Reihenfolge der Bestandteile immer die gleiche ist.	*durchqueren* → *Ich **durchquere** die Wüste.* *Ich habe die Wüste **durchquert.*** *wetteifern* → *Sie **wetteiferten** um den Pokal.* *Sie haben um den Pokal **gewetteifert.*** *maßregeln* → *Er **maßregelte** ihn. Er wurde **gemaßregelt.***
„verblasste" Wortarten	Verbindungen, deren erster Bestandteil keiner bestimmten Wortart mehr zugeordnet werden kann (im Infinitiv, als Partizip sowie am Ende des Nebensatzes).	***fehl**schlagen, **heim**gehen, **irre**führen, **weis**machen, **kund**geben, **wahr**haben* *Ich will das Geheimnis nicht **preisgeben.*** *Ich habe es nicht **preisgegeben.*** *Das Geheimnis, das ich nicht **preisgebe** …*
Verb + Verb	Verbindungen eines Verbs mit **bleiben** oder **lassen,** wenn sie im übertragenen Sinne zu verstehen sind; außerdem möglich: *kennenlernen.* In diesen Fällen ist aber auch Getrenntschreibung möglich.	***sitzenbleiben** (= nicht versetzt werden)* ***stehenlassen** (= nicht mehr beachten)* ***kennenlernen*** ***sitzen bleiben, stehen lassen, kennen lernen***
Adjektiv + Verb	Verbindungen von **Adjektiv** + **Verb,** die man nicht wörtlich, sondern nur im übertragenen Sinn verstehen kann.	***schwarzfahren** (= ohne Führerschein fahren)* ***blaumachen** (= dem Unterricht/der Arbeit fernbleiben)* ***krankschreiben** (= eine Krankheit bescheinigen)* ***schwerfallen** (= Mühe verursachen)* ***richtigstellen** (= etwas korrigieren)* ***schiefliegen** (= etwas falsch beurteilen)* ***klarmachen** (= etwas verdeutlichen)*
Adverb + Verb	Verbindungen aus **Adverb** + **Verb,** wenn die Hauptbetonung auf dem Adverb liegt.	***vórwärts**kommen, **hinterhér**gehen, **auseinánder**setzen, **aufeinánder**prallen, **wíeder**kommen, **zusámmen**fassen*
Präposition + Verb	Verbindungen aus **Präposition** + **Verb,** wenn die Präposition den Hauptakzent trägt.	***entláng**gehen, **entgégen**kommen, **gegenüber**sitzen, **dúrch**arbeiten, **zwíschen**lagern*
irgend-	Verbindungen mit **irgend-.**	***irgend**wer, **irgend**jemand, **irgend**etwas*
Nominalisierung von Wortgruppen	**Nominalisierungen von Wortgruppen.**	*Beim **Tangotanzen** machte er eine gute Figur.* *Das **Kennenlernen** fremder Länder kann aufregend sein.* *Er verletzte sich beim **Skateboardfahren.***

3.6 Die Silbentrennung

- Mehrsilbige Wörter trennt man nach **Sprechsilben,** die man bei langsamem, betontem Sprechen hören kann, z. B.: *Spa-zier-gang, Kas-ten.*
- **Zusammensetzungen** und **Wörter mit Präfix** trennt man zwischen den einzelnen Bestandteilen, z. B.: *voll-enden, Er-trag, Pro-gramm.*
- Ein **einzelner Vokalbuchstabe** wird nicht abgetrennt, z. B.: *Igel, Kleie, Bio-müll,* aber *Au-ge.*
- Ein **einzelner Konsonantenbuchstabe,** der zwischen zwei Vokalbuchstaben steht, kommt auf die neue Zeile, z. B.: *Au-ge, He-xe, hei-ßen.*
  Stehen **mehrere Konsonantenbuchstaben** dazwischen, so kommt nur der letzte auf die neue Zeile, z. B.: *Karp-fen, knusp-rig.*
- Stehen **Buchstabenverbindungen** wie *ch, sch, ph* oder *th* **für einen Konsonanten,** so trennt man sie nicht, z. B.: *la-chen, Ste-phan, Zi-ther.* Dasselbe gilt für *ck,* z. B.: *Zu-cker.*

▶ Silbentrennung bei Fremdwörtern S. 91

3.7 Fremdwörter

Herkunft als Indiz für die richtige Schreibung

Fremdwörter sind aus fremden Sprachen übernommene Wörter. Meist erkennt man sie bereits an der Aussprache und an der Schreibung, denn sie gehorchen dabei den Regeln ihrer Herkunftssprache, z. B. *Snowboard, Bulletin, Amphitheater.*

Vielfach haben sich beim Gebrauch im Deutschen gewisse **Regelmäßigkeiten in der Wortbildung** entwickelt, die es uns ermöglichen, sowohl die Herkunft der Wörter zu bestimmen als auch ihre Schreibung zu beherrschen, z. B.

aus dem **Griechischen**

th	ph	y	rh	-ik
*A**th**let*	*Atmos**ph**äre*	*S**y**stem*	***Rh**ythmus*	*Log**ik***
***Th**eater*	***Ph**ilosophie*	*H**y**mne*	***Rh**etorik*	*Hekt**ik***
*pa**th**etisch*	*eu**ph**orisch*	*m**y**stisch*	***Rh**abarber*	*Esoter**ik***
***Th**erapie*	***Ph**ysik*	*Ps**y**chologie*	***Rh**euma*	*Opt**ik***

aus dem **Lateinischen**

-ieren	-tion	-iv	-ent	-ismus
reagieren	*Reaktion*	*aktiv*	*Student*	*Organismus*
diskutieren	*Abstraktion*	*kursiv*	*Konsument*	*Sozialismus*
gratulieren	*Aktion*	*selektiv*	*Präsident*	*Realismus*
servieren	*Lektion*	*fiktiv*	*Opponent*	*Fatalismus*

aus dem **Englischen**

-y	oo	-ing	ea	-ity
Party	*cool*	*Recycling*	*Reader*	*Publicity*
Hobby	*Shampoo*	*Camping*	*Freak*	*Reality*
Baby	*Looping*	*Mobbing*	*Hearing*	*Community*

aus dem **Französischen**

-eur/-euse	-é	-eau	-age	oi
Amateur	*Café*	*Niveau*	*Garage*	*Toilette*
Friseuse	*Varieté*	*Tableau*	*Blamage*	*Soiree*

aus dem **Italienischen**

cc	cch	zz
Cappuccino	*Zucchini*	*Skizze*
Capriccio	*Latte macchiato*	*Pizza*

TIPP
Gerade bei Fremdwörtern lohnt sich oft das **Nachschlagen** im Rechtschreibwörterbuch oder im Fremdwörterbuch!

Anpassung der Schreibweise

Manche **Fremdwörter** werden **eingedeutscht,** d. h. in ihrer Schreibweise dem Deutschen angepasst, andere nicht.

Allgemeinwortschatz

Doppelschreibungen

Eingedeutschte und nicht eingedeutschte Schreibweisen

Die fremdsprachige Schreibung bleibt bei Fremdwörtern aus dem **Allgemeinwortschatz** oft neben der eingedeutschten bestehen. Durch die **Doppelschreibungen** sollen die Fremdwörter ins Deutsche einbezogen und die Schreibung insgesamt erleichtert werden.
Die Entscheidung, welche Variante gewählt wird, ist den Schreibenden überlassen. Weil es keine eindeutige Regelung gibt, für welche Fremdwörter eine eingedeutschte Schreibweise möglich ist, hilft in Zweifelsfällen nur der Blick ins Rechtschreibwörterbuch.

Fotografie – Photographie
Fantasie – Phantasie
Jogurt – Joghurt
Spagetti – Spaghetti
Majonäse – Mayonnaise
Portmonee – Portemonnaie
Klub – Club
Diskothek – Discothek
schick – chic
Scharm – Charme

Fachbegriffe	**Fremdwörter aus Fachsprachen** werden dagegen **nicht eingedeutscht** und behalten die typischen fremdsprachlichen Buchstabengruppen bei. Dies gilt z. B. auch für eine Reihe von Fachbegriffen im Deutschunterricht, die vorwiegend aus dem Griechischen und Lateinischen stammen.	*Konjunktion, Apposition, Alphabet, Metapher, Strophe, Morphem, Diphthong, Euphemismus, Bibliothek, Synästhesie, These, Synonym, Etymologie, analytisch, Syntax, syntaktisch, Hypotaxe, Lyrik, Hyperbel, Mythos, Rhythmus, Rhetorik, Szene*

Silbentrennung bei Fremdwörtern

Für die Silbentrennung bei Fremdwörtern gibt es zwei Möglichkeiten.

Trennung nach Wortbausteinen	Bei Fremdwörtern **trennt** man (wie bei deutschen Wörtern) Zusammensetzungen und Wörter mit Präfix nach ihren **Wortbausteinen.** Dies setzt voraus, dass man gewisse Kenntnisse in der betreffenden Sprache hat, um die fremdsprachlichen Wortbausteine erkennen zu können.	*Blue ↔ jeans* *in - ter ↔ es - sant* *Päd ↔ ago ↔ ge* *Hekt ↔ ar*
Trennung nach Sprechsilben	Man darf Fremdwörter aber auch nach ihren dem Deutschen angepassten **Sprechsilben** trennen.	*in - te - res - sant* *Pä - da - go - ge* *Hek - tar*

Werden **zwei Konsonanten als ein Laut** gesprochen, dürfen diese Buchstaben nicht getrennt werden, z. B.: *Ste - **ph**an, Sa - **ph**ir, Apo - **th**e - ke, Myr - **rh**e.*

Checkliste zur Rechtschreibung – Fehlerschwerpunkte

	Fehlerart	Beispiele	So kannst du Fehler vermeiden
▶ S. 79–80	**Kurze und lange Vokale (Schärfung und Dehnung)**	*schwimmen, rennen, Suppe, Matte, essen* *Stahl, lahm, sehr* *Saal, See, Boot*	■ sorgfältig aussprechen: auf Kürze/Länge der betonten Vokale hören ■ auf **l, m, n, r** nach langem Vokal achten ■ sich Wörter mit Doppelvokal merken ■ im Zweifel: Wörterbuch nutzen
▶ S. 76	**Gleich und ähnlich klingende Konsonanten** ■ **b/p, d/t, g/k**	*Raub; Hupkonzert* *Wald; kalt* *Weg; Volk*	■ Verlängerungsprobe machen, verwandte Wörter suchen: *Raub – Räuber; Hupkonzert – Hupe* *Wald – Wälder; kalt – kälter* *Weg – Wege; Volk – Völker*

	Fehlerart	Beispiele	So kannst du Fehler vermeiden
▶ S. 81–82	**s-Laute** ■ s ■ ss ■ ß	*reisen – reißen* *Haus – Häuser* *Guss – Gruß* *Fluss – fließen*	■ auf „stimmhaft“– „stimmlos“ achten ■ Verlängerungsprobe machen ■ auf Vokallänge achten: nach kurzem Vokal folgt meist **ss**, nach langem Vokal/Diphthong **ß**
▶ S. 133	**das/dass**	*Das Buch, **das** (welches) du liest ...* *Ich sage, **dass** ich gehe.*	■ Ersatzprobe anwenden: Die Konjunktion **dass** kann nicht durch *dieses, jenes* oder *welches* ersetzt werden
▶ S. 82–86	**Groß oder klein?**	*ein **Buch**, beim **Lesen**, dieses **Ei**, nichts **Gutes*** *Heiter**keit**, Erleb**nis**, Freund**schaft*** *dank**bar**, herz**haft**, fröh**lich**, furcht**sam*** *Heidelberg**er** Schloss* *französ**isch**er Wein*	■ auf Nomensignale achten ■ auf Nomen-Wortbausteine wie *-heit, -keit, -nis, -schaft, -ung* achten ■ auf Adjektiv-Wortbausteine wie *-bar, -lich, -haft, -sam* achten ■ bei Ableitungen von geografischen Namen auf *-er* und *-isch* achten
▶ S. 86–88	**Getrennt oder zusammen?**	*Auto fahren, spazieren gehen, schnell laufen, fröhlich sein* *kránkschreiben, schwárzfahren* *vórwärtskommen*	■ Wortarten beachten: Die meisten Verbindungen mit Verben werden getrennt geschrieben ■ auf Gesamtbedeutung und/oder Betonung achten: *fálsch spíelen – fálschspielen* (betrügen) ■ im Zweifelsfall getrennt schreiben, besser: im Wörterbuch nachschlagen
▶ S. 89	**Silbentrennung**	*Au-ge, Knos-pe, durs-tig, Pro-gramm*	■ sorgfältig aussprechen, auf Sprechsilben und Wortbausteine achten
▶ S. 93–100	**Zeichensetzung**	*Vater, Mutter, Kind* *Sie sagte, **dass** ...* *Er kam, **um** sich **zu** entschuldigen.*	■ auf Sinneinheiten achten; auf Konjunktionen achten; Aufzählungen, Haupt- und Nebensätze, satzwertige Infinitive durch Komma abtrennen

3.8 Satzschlusszeichen

Punkt
- Mit dem **Punkt** kennzeichnet man den Schluss eines **Aussagesatzes:** *Eine klare Schrift ist gut lesbar.*

Fragezeichen
- Das **Fragezeichen** setzt man am Ende des **Fragesatzes:** *Wann kommst du nach Hause?*

Ausrufezeichen
- Das **Ausrufezeichen** steht nach **Ausrufen, Aufforderungen, Wünschen, Anreden:** *Komm bitte morgen! Bitte Ruhe!*

3.9 Das Komma

Das Komma gliedert → Satzreihen / Satzgefüge / Wortgruppen

Das Komma in der Satzreihe

Satzreihe

Für die Kommasetzung in der Satzreihe (Hauptsatz und Hauptsatz) gilt:

unverbundene Hauptsätze	Hauptsätze, die unverbunden nebeneinanderstehen, werden durch Komma getrennt.	*Der Sturm tobte um das Haus, Blitze erhellten das dunkle Zimmer.*
Konjunktionen	Vor den **Konjunktionen** *aber, denn, sondern, doch, jedoch* u. a. steht ein Komma.	*Franz suchte Streichhölzer,* ***aber*** *er fand nur eine leere Schachtel.* *Er ging in sein Schlafzimmer,* ***denn*** *dort hatte er eine Taschenlampe.* *Das Licht der Lampe half aber nicht gegen die Angst,* ***sondern*** *machte den Raum nur noch unheimlicher.* *Er war eigentlich nicht ängstlich,* ***doch*** *in dieser Nacht fürchtete er sich sehr.*
	Vor den **Konjunktionen** *und, oder, entweder … oder, weder … noch, sowohl … als auch, bzw.* u. a. muss **kein Komma** stehen, man kann aber das Komma zur Verdeutlichung setzen.	*Es klopfte an der Eingangstür (,)* ***und*** *ein Schlüssel drehte sich im Schloss.* *Endlich kam Käthe nach Hause (,)* ***oder*** *ein Fremder versuchte, sich Einlass zu verschaffen.* ***Entweder*** *ging Franz jetzt mutig nach unten (,)* ***oder*** *er versteckte sich im Wandschrank.* ***Weder*** *sah er Käthe im Flur (,)* ***noch*** *stand er einem Einbrecher gegenüber.*

TIPP

Achtung!
Diese Regel gilt nur für die Satzreihe! Bei der Aufzählung von Wörtern oder Wortgruppen darf dagegen vor den Konjunktionen *und, oder, entweder … oder, weder … noch, sowohl … als auch* **kein** Komma stehen!

▶ Komma in Wortgruppen S. 96

Das Komma im Satzgefüge

Ein Satzgefüge besteht aus einem Hauptsatz und mindestens einem Nebensatz.

Hauptsatz + Nebensatz

Nebensätze werden immer durch Kommas vom Hauptsatz abgetrennt.
In Satzgefügen sind verschiedene Satzstellungen möglich.

Hauptsatz + Nebensatz

HS , NS .

Der Film wird gelobt, weil er sehr spannend ist.

Irene kam zu spät zur Vorstellung, obwohl sie sich beeilt hatte.

Nebensatz + Hauptsatz

NS , HS .

Wenn der Film schon läuft, muss man im Dunkeln einen Platz suchen.

Nachdem Irene sich gesetzt hatte, griff sie zum Popcorn.

Anfang des Hauptsatzes + Nebensatz + Fortsetzung des Hauptsatzes

HS Anfang , NS , HS Fortsetzung .

Ein Kinobesucher, der die ganze Zeit raschelt, stört die anderen.

Ein Film, der gut endet, gefällt vielen Menschen.

Es gibt auch Satzgefüge mit mehreren Nebensätzen.

mehrere Nebensätze

Auch mehrere Nebensätze werden gegeneinander und vom Hauptsatz durch Kommas abgegrenzt.

HS , NS 1 , NS 2 .

Der Film wird kritisiert, weil in ihm Schauspieler auftreten, die ihre Rolle nicht glaubhaft verkörpern.

Man geht ins Kino, damit der Film einen so einnimmt, dass man die Welt um sich herum vergisst.

NS 1 , NS 2 , HS .

Obwohl man Kinofilme auch zu Hause sehen kann, wenn es sie auf DVD gibt, ist es im Kino schöner.

Infinitivgruppen, die im Satz die Funktion von Nebensätzen übernehmen, heißen **satzwertige Infinitive** oder **Infinitivsätze**. Sie bestehen aus einem Infinitiv mit „zu" und mindestens einem weiteren Wort.

satzwertige Infinitive

Infinitivsätze müssen durch **Kommas** abgetrennt werden, wenn	
der Infinitivsatz durch *um, ohne, statt, anstatt, außer, als* eingeleitet wird;	*Clara zog die Regenjacke an, **um nicht nass zu werden.***
der Infinitivsatz von einem Nomen abhängt;	*Sie hatte **die Absicht, sich vom schlechten Wetter nicht von ihrem Spaziergang abhalten zu lassen.***
der Infinitivsatz von einem hinweisenden Wort wie *daran, darauf* oder *es* abhängt.	*Sie hatte sich **darauf** gefreut, **an die frische Luft zu kommen.***
In anderen Fällen ist das Komma freigestellt.	*Sie bat ihren Vater schnell (,) **noch etwas Vogelfutter einzustecken.*** *Sie bat ihren Vater (,) **schnell noch etwas Vogelfutter einzustecken.***

TIPP

Es empfiehlt sich, die Kommas beim satzwertigen Infinitiv immer zu setzen, weil sie für den Lesenden eine Hilfe darstellen und niemals falsch sind.

Obwohl Partizipgruppen kein Verb in der Personalform enthalten, können sie im Satz die Funktion von Nebensätzen übernehmen. Man nennt sie darum auch **satzwertige Partizipien.**

satzwertige Partizipien

Für die Kommasetzung bei satzwertigen Partizipien gilt:	
Partizipgruppen müssen normalerweise **nicht** durch Kommas abgetrennt werden.	***Wie erwartet** (,) besserte sich das Wetter nur kurzzeitig.* ***Kaum getrocknet** (,) wurde der Weg von einem weiteren Regenschauer überspült.*
Kommas stehen, wenn durch hinweisende Wörter auf die Partizipgruppe Bezug genommen wird.	***So,** völlig aufgeweicht, bildete der Garten eine große Schlammpfütze.* ***Derart,** vor Nässe triefend, sahen die Bäume aus wie traurige grüne Fabelwesen.*
Kommas stehen auch, wenn die Partizipgruppe eine **nachgestellte Erläuterung** ist. Oft stehen solche nachgestellten Erläuterungen am Satzende.	*Man spricht auch von „Waschküchenwetter“**, den alles verschleiernden Wasserdampf meinend.***

Das Komma in Wortgruppen

Für die Kommasetzung in Wortgruppen gelten folgende Regeln:

Aufzählungen	Wörter und Wortgruppen in **Aufzählungen** werden in der Regel durch Komma abgetrennt. Das gilt auch für gleichrangige Teilsätze.	*Für den Sommerurlaub braucht man leichte, luftige Kleidung.* *Man muss die Koffer packen, den Müll entsorgen, die Pflanzen in Pflege geben.* *Sie fragte, warum er spät komme, ob er eine Entschuldigung habe.*
	▪ Vor den entgegenstellenden Konjunktionen *aber, jedoch, sondern, doch* u. a. steht ein Komma.	*Für eine lange, aber entspannte Anreise sind Pausen und Proviant unerlässlich.* *Reisen in der Nacht ist stressfrei, jedoch besonders ermüdend.* *Der Lehrer erklärte, dass die Klassenarbeit verschoben werde, aber dass sie schon bald geschrieben werde.*
	▪ **Aber:** Vor den gleichstellenden Konjunktionen *und, oder, entweder ... oder, sowohl ... als auch, weder ... noch, sowie* u. a. steht **kein** Komma.	*Alternativ kann man entweder den Autoreisezug oder das Flugzeug nehmen.* *Autofahren ist anstrengend und ungemütlich.* *Wir reisen am liebsten nach Italien oder Frankreich.* *Sie sagten den Ausflug ab, weil das Wetter schlecht war und weil es kaum Anmeldungen gab.*
Appositionen	**Appositionen,** d. h. nachgestellte nähere Bestimmungen, die im gleichen Kasus stehen wie das Bezugswort, werden durch Komma abgetrennt.	*Hanno, unseren Hund, nehmen wir meistens mit.* *Pieps, unser Vogel, bleibt bei Oma.* *Wir gedenken Karos, unseres verstorbenen Kaninchens.*
Orts- und Zeitangaben	**Orts- und Zeitangaben** werden durch Komma abgetrennt (das abschließende Komma kann entfallen).	*Bonn, den 26. August 2009* *Abfahrt am Sonntag, dem 4. Januar 2010, um 20.00 Uhr (,) vor dem Schulgebäude.* *Andreas J., Köln, Schillergymnasium (,) kam auf Platz zwei.*
Anreden	**Anreden**	*Niklas, komm mal herüber!* *Leute, macht nicht so einen Krach!* *Lass das bitte sein, Lilli!* *Würden Sie, Marion, bitte beginnen?*
nachgestellte Erläuterungen	**Nachgestellte Erläuterungen** werden oft mit Wörtern wie *nämlich, und zwar, vor allem, das heißt (d. h.), zum Beispiel (z. B.)* eingeleitet und durch Kommas abgetrennt.	*Diese Jahr fahren wir an den Bodensee, und zwar auf einen Bauernhof.* *Dort gibt es jede Menge Tiere, z. B. Hühner, Schweine, Katzen und Esel.* *Auf den Urlaub, vor allem auf die Tiere, freue ich mich sehr.*

3.10 Anführungszeichen

Anführungszeichen

▶ Zeichensetzung bei wörtlicher Rede S. 99

▶ Zitieren S. 98

Anführungszeichen begegnen uns in verschiedenen Textsorten.	
Sie stehen vor und hinter einer **wörtlich wiedergegebenen Äußerung.**	*Frau Wiedmann sagte: „Heute schreiben wir einen Test!" „Muss das sein?", fragte die Klasse.*
Sie stehen vor und hinter **zitierten Überschriften,** Titeln von Büchern, Filmen, Gedichten, Namen von Zeitungen u. Ä.	*Der „General-Anzeiger" hat am Wochenende eine Beilage unter dem Titel „Boulevard". Heute wird der Roman „Die Girls von Riad" rezensiert. Die Fernsehserie „Die Deutschen" kann auch im Geschichtsunterricht eingesetzt werden.*
Sie stehen vor und hinter **wörtlich wiedergegebenen Textstellen.**	*Fontanes Roman endet mit dem häufig zitierten Satz „das ist ein zu weites Feld".*
Sie dienen zur **Hervorhebung** einzelner Wortteile, Wörter oder Textteile (z. B. Sprichwörter, Fachwörter).	*Die Redewendung „Ehre, wem Ehre gebührt" passt nicht recht auf die Figur des Ehemanns. Der Begriff „Ehre" hatte im 19. Jahrhundert einen anderen Stellenwert als heute.*

halbe Anführungszeichen

Seltener sind **halbe Anführungszeichen**.	
Sie werden verwendet, wenn eine Anführung **innerhalb einer Anführung** deutlich gemacht werden soll.	*Sie schlug vor: „Wir können uns eine Inszenierung von ‚Der Besuch der alten Dame' im Theater anschauen."*

TIPP

Achtung!

Treffen **Punkt, Frage- oder Ausrufezeichen** mit Anführungszeichen zusammen,

- so stehen die Satzschlusszeichen **außerhalb** der Anführungszeichen, wenn sie nicht zur zitierten Äußerung gehören, z. B.: *Wer kennt das Theaterstück „Die Räuber"?*
- so stehen die Satzschlusszeichen **innerhalb** der Anführungszeichen, wenn sie zur wörtlich wiedergegebenen Äußerung oder angeführten Textstelle gehören, z. B.: *„Wie geht es dir?", sprach er sie an.*

Aber Achtung: Bei einem angeführten Satz lässt man den Schlusspunkt weg, wenn er am Anfang oder im Inneren des Ganzsatzes steht, z. B.: *„Ich lese das noch zu Ende", erklärte er. – Er stöhnte: „Der Text ist schwierig", und übersetzte den nächsten Satz.*

Richtiges Zitieren

Es gibt verschiedene Möglichkeiten, Zitate in den eigenen Text einzubauen. Zitate müssen allerdings immer in Wortlaut und Schreibung mit der Quelle übereinstimmen, sie müssen **buchstabengetreu** wiedergegeben werden.

	Zeichensetzung beim Zitieren	
Textteile zitieren	Wenn man Teile eines Textes, den man untersucht, wörtlich übernimmt, stehen diese Zitate in **Anführungszeichen.**	*Nach Peter Braun „werden Bücher noch weit spannender durch das Wissen um die Lebensgeschichten derer, die sie schrieben“.*
Auslassungen Belegstellen	Wird eine Textstelle nur teilweise übernommen, müssen die **Auslassungen** durch [...] kenntlich gemacht werden. Nach den abschließenden Anführungszeichen gibt man in Klammern die Belegstelle an. Handelt es sich um einen mehrseitigen Text, so muss zusätzlich zur **Zeile** auch die betreffende **Seite** genannt werden. Der Schlusspunkt des Satzes steht erst nach der Zeilenangabe.	*Er glaubt, dass „keiner [...] ein keimfrei guter Mensch sein [muss], um ein gutes Buch zu schreiben“ (S. 11, Z. 11f.).* 
Überschriften, Titel oder Namen zitieren	Zitierte Überschriften, Titel von Büchern oder Namen von Zeitschriften werden in Anführungszeichen gesetzt.	*Das Buch „Vom Taugenichts bis Steppenwolf“ bietet Literaturgeschichte in Form von Autorenporträts.*
einzelne Wörter zitieren	Die zitierten Einzelwörter werden in Anführungszeichen gesetzt.	*Dichter als „Denkmäler“ (S. 10, Z. 26) auf einen Sockel zu stellen, lehnt Braun ab.*
einen ganzen Satz zitieren	Man kann einen zitierten Satz einem hinführenden Begleitsatz folgen lassen: Der zitierte Satz steht dann nach einem Doppelpunkt zwischen Anführungszeichen.	*Der Autor fragt sich: „An welches Buch aus meiner Schulzeit erinnere ich mich?“ (S. 9, Z. 1f.).*
	Man kann den zitierten Satz an den Anfang stellen: Der zitierte Satz bleibt dann ohne Punkt (Ausrufe- oder Fragezeichen müssen aber gesetzt werden!) und er wird durch ein Komma vom nachfolgenden Begleitsatz abgetrennt.	*„An keines“ (Z. 2), antwortet er sogleich.*
	Man kann den zitierten Satz in den eigenen Satz einfügen: Der zitierte Satz bleibt dann ohne Punkt (Ausrufe- oder Fragezeichen müssen aber mitzitiert werden!) und es wird kein Komma gesetzt.	*Das Urteil „Ein origineller Einstieg in die Welt der Literatur, der Lust aufs Weiterlesen macht“ (Klappentext) ist berechtigt.*

▶ Quellen- und Literaturangaben S. 199 f.

Um Herkunft und Wortlaut eines Zitats überprüfbar zu machen, gibt man die **Textquelle** präzise an, d. h., man macht bibliografische Angaben.

Zeichensetzung bei der wörtlichen Rede

Die wörtliche Rede in einem Text steht in **Anführungszeichen.** Die Satzzeichen ändern sich je nach Position des Redebegleitsatzes.

	Der **Redebegleitsatz** steht	
einleitender Redebegleitsatz	**vor der wörtlichen Rede:** Zwischen einem einleitenden Redebegleitsatz und der wörtlichen Rede steht ein **Doppelpunkt.** Das Satzschlusszeichen in der wörtlichen Rede (Punkt, Ausrufe- oder Fragezeichen) wird gesetzt.	*Rotkäppchen fragt den bösen Wolf: „Warum hast du meine Großmutter gefressen?“ Der Wolf antwortet: „Weil ich Hunger hatte.“ Der Jäger meint: „Das ist aber keine Entschuldigung!“*
eingeschobener Redebegleitsatz	**inmitten der wörtlichen Rede:** Der eingeschobene Redebegleitsatz wird durch **Kommas** abgetrennt. Das Satzschlusszeichen in der wörtlichen Rede (Punkt, Ausrufe- oder Fragezeichen) wird gesetzt.	*„Ich gehe“, sagt Rotkäppchen, „der Oma Kuchen und Wein bringen.“ „Nimmst du“, fragt die Mutter besorgt, „den Weg durch den Wald?“ „Und grüße“, ruft sie Rotkäppchen hinterher, „die Großmutter herzlich von mir!“*
nachgestellter Redebegleitsatz	**nach der wörtlichen Rede:** Der nachgestellte Begleitsatz wird durch ein **Komma** von der wörtlichen Rede abgetrennt. Ausrufezeichen und Fragezeichen als Satzschlusszeichen der wörtlichen Rede werden gesetzt. Ein Punkt als Satzschlusszeichen der wörtlichen Rede wird weggelassen.	*„Ich komme dich besuchen“, sagte der Wolf mit verstellter Stimme. „Ich mache dir die Tür auf“, rief die Großmutter. „Warum hast du so einen großen Mund?“, fragte sie. „Damit ich dich besser fressen kann!“, knurrte der Wolf.*
umrahmender Redebegleitsatz	**vor und nach der wörtlichen Rede:** Zwischen dem einleitenden Teil des Redebegleitsatzes und der wörtlichen Rede steht ein Doppelpunkt. Hinter der wörtlichen Rede und vor dem weitergeführten Begleitsatz steht ein Komma. Innerhalb der wörtlichen Rede werden Ausrufe- oder Fragezeichen gesetzt, ein Punkt als Satzschlusszeichen wird weggelassen.	*Sie sagte: „Du siehst müde aus“, ohne ihn anzusehen. Er gratulierte: „Herzlichen Glückwunsch!“, und schüttelte ihm die Hand.*

3.11 Der Apostroph

	Der Apostroph kennzeichnet meist die Auslassung von Buchstaben.	
Auslassung im Wort	Entfallen Buchstaben in Wörtern, ersetzt man sie oft durch einen **Apostroph.**	*Wie geht's, wie steht's?* *Mach's nicht!* *Versuch's mal so.*
Auslassung am Wortende	Wenn Eigennamen, die im Nominativ mit dem s-Laut enden, im Genitiv stehen, setzt man statt des Genitiv-s einen Apostroph. Das gilt für Wörter, die auf **-s, -ss, -ß, -tz, -z, -x** oder **-c** enden.	*Max' Hose,* *Moritz' Streich,* *Grass' Roman*
	Aber: Ist der Genitiv eindeutig erkennbar, z. B. durch einen beigefügten Artikel oder ein Possessivpronomen, entfällt der Apostroph.	*der Teddy des kleinen Lars*
	Gelegentlich wird der Apostroph zur Verdeutlichung der Grundform eines Eigennamens gebraucht.	*die Schiller'schen Balladen,* *Lucca's Bistro*

TIPP

Achtung!
Anders als im Englischen wird beim **Genitiv-s** in der Regel **kein Apostroph** gesetzt, z. B.: *Omas Schokokuchen, Ritas Handtasche, Harris Fotostudio*

3.12 Rechtschreibung und Zeichensetzung im Brief

Es gibt verschiedene Arten von Briefen, z. B. den persönlichen Brief oder den Geschäftsbrief. Für alle Arten von Briefen gelten für den Aufbau, die Rechtschreibung und die Zeichensetzung einige grundlegende Regeln:

Briefkopf	Jeder Brief trägt rechts oben das **Datum,** an dem er geschrieben wurde. Meist wird auch der betreffende **Ort** genannt. Zwischen Orts- und Datumsangabe steht ein Komma. Achte auch auf den Artikel!	Köln, den 5. Dezember 2009 Lieber Nikolaus! Ich hab jetzt meinen Stiefel geputzt. Bitte vergiss nicht zu kommen!

Anrede

Nach der **Anrede** in Briefen kann man
- ein **Ausrufezeichen** setzen, danach schreibt man groß weiter, oder
- ein **Komma** setzen, danach schreibt man klein weiter.

Bei vertrauten Personen verwendet man die **Anredepronomen** „du" bzw. „ihr"; sie können in allen Formen **klein- oder großgeschrieben** werden (*du/Du, dir/Dir, euch/Euch* usw.).
Bei Personen, die man nicht duzt, benutzt man das Höflichkeitspronomen „Sie", das in allen Formen **großgeschrieben** wird (*Ihr, Ihnen, Ihre* usw.).

Coesfeld, den 26.08.2009

Liebe Frau Disselbeck,

vielen Dank für die Einladung!
Wir kommen gerne zu Ihrer Feier.

Mit herzlichen Grüßen

Ihre Familie Meyer

Briefschluss

Den Brief beendest du mit einer **Grußformel,** die auch in den Schlusssatz einbezogen werden kann. In einer neuen Zeile folgt die **Unterschrift.** Am Ende setzt man weder Punkt noch Ausrufezeichen. Zwischen Grußformel und Unterschrift wird **kein Komma** gesetzt.

▶ Bewerbungsschreiben S. 31

TIPP

Die äußere Gestaltung von Geschäftsbriefen unterliegt einer festen Norm.

Name des Absenders — Datum
Straße und Hausnummer
PLZ und Ort
evtl. Telefonnummer und E-Mail-Adresse

Name des Empfängers
Staße und Hausnummer
PLZ und Ort

Betreff (in möglichst wenigen Stichworten, worum es geht)

Sehr geehrte Frau ..., /Sehr geehrter Herr ...,

Text

Mit freundlichen Grüßen

Unterschrift

4 Grammatik – Nachdenken über Sprache

Die Grammatik beschreibt unsere Sprache. Normalerweise benutzen Muttersprachler ihre Sprache automatisch regelgerecht. Dabei liegt es an der Sprech- oder Schreibsituation, inwieweit man den Regeln der Grammatik folgen muss oder einen größeren Spielraum hat, um z. B. Dialekt zu verwenden oder Abweichungen kreativ einzusetzen. Kommt es jedoch zu Verstößen gegen grammatische Normen, fällt das anderen Menschen schnell auf, da alle Muttersprachler ein gewisses Grundwissen von der deutschen Sprache besitzen, auch wenn sie die Regeln nicht unbedingt erklären können.
Um Regelungen der Sprache und Erklärungen zu verstehen, ist es gut, über die Sprache mit den vorhandenen Fachbegriffen reden zu können. Da es viele sprachliche Formen gibt, die nur sehr selten gebraucht werden, beschränkt sich das Orientierungswissen für die Sekundarstufe I auf die wichtigsten und gebräuchlichsten Formen und Funktionen sprachlicher Elemente.

Nachdenken über Sprache ist zum Beispiel dann gefragt,
- wenn einem an der Sprache etwas auffällt;
- wenn es zu Lese- und Verstehensproblemen oder zu Missverständnissen kommt;
- wenn man seine Texte korrigieren und verbessern will;
- wenn man an einem Text etwas besonders gelungen findet;
- wenn man sich über eine Ausdrucksform streiten kann;
- wenn man über Sprache mehr theoretisches Wissen erlangen will;
- wenn man sich eine Rechtschreibregel grammatisch klarmachen will.

Im Bereich der Grammatik verwendet man in der Schule meist die lateinische Ordnung und Benennung der grammatischen Elemente. Über die Funktionen der sprachlichen Mittel in Texten und Situationen des Hörens und Lesens sowie des Sprechens und Schreibens wird man dagegen eher in der deutschen Sprache etwas sagen.

4.1 Wortarten

Wortarten im Überblick

Wörter werden je nach ihren Merkmalen in verschiedene Klassen eingeteilt. Diese Klassen nennt man Wortarten. Eines der wichtigsten Merkmale für die Zuordnung eines Wortes zu einer Wortart ist, ob es flektierbar, also durch Beugung veränderbar ist.

Überblick

Wortarten

flektierbar (durch Beugung veränderbar)	**nicht flektierbar**
■ **deklinierbar**	z. B.
□ Nomen *(Gabel, Lamm)*	□ Adverb *(morgen, stets)*
□ Artikel *(eine, das)*	□ Präposition *(auf, nach)*
□ Pronomen *(ich, unser)*	□ Konjunktion *(und, weil)*
□ Adjektiv *(schnell, gut)*	□ Interjektion *(ach, oh)*
■ **konjugierbar**	
□ Verb *(essen, üben)*	

Nomen

▶ Großschreibung von Nomen S. 82

Die meisten Wörter in unserer Sprache sind Nomen (das Nomen, Pl. die Nomen; auch Substantiv, Hauptwort). Nomen werden immer großgeschrieben.

Nomen bezeichnen

■ Personen und Eigennamen	*Mitschüler, Lehrerin, Jan*
■ andere Lebewesen	*Delfin, Baum*
■ Gegenstände	*Schreibtisch, MP3-Player*
■ gedachte oder vorgestellte Dinge – Begriffe	*Traum, Freundschaft, Schönheit*

Wird ein Nomen gebeugt, spricht man von Flexion.

Flexion der Nomen

Genus

Jedes Nomen hat ein **Genus** (grammatisches Geschlecht/das Genus, Pl. die Genera). Das Genus eines Nomens kann man an seinem Artikel (Begleiter) erkennen.

Maskulinum

Ein Nomen ist entweder	
■ ein **Maskulinum** (männliches Nomen)	*der Löffel*

Femininum	■ ein **Femininum** (weibliches Nomen)	*die Gabel*
Neutrum	■ ein **Neutrum** (sächliches Nomen)	*das Messer*
	Das grammatische Geschlecht muss mit dem natürlichen Geschlecht nicht übereinstimmen; so kann *das Kind* sowohl einen Jungen als auch ein Mädchen bezeichnen. Es gibt einige Nomen, die nicht auf ein einziges Genus festgelegt sind, z. B. *der/das Meter, der/das Virus.*	
Numerus	Nomen haben in der Regel einen **Numerus** (Anzahl/der Numerus, Pl. die Numeri). Sie stehen im	
Singular Plural	■ **Singular** (Einzahl) ■ **Plural** (Mehrzahl)	*das Kind* *die Kinder*
	Wenige Nomen haben	
	■ keinen Singular	*die Leute, die Eltern, die Masern, die Ferien*
	■ keinen Plural	*der Geiz, die Armut, der Hunger, die Wärme*
Kasus	In Sätzen erscheinen Nomen immer in einem bestimmten **Kasus** (grammatischer Fall/der Kasus, Pl. die Kasus). Der Kasus ist meist am Artikel des Nomens zu erkennen und manchmal auch an der Endung des Nomens. Im Deutschen gibt es vier Kasus. Man kann den Kasus eines Nomens und seines Begleiters durch Fragen ermitteln:	
Nominativ	■ Der **Nominativ** antwortet auf die Fragen „Wer …?“ oder „Was …?“.	***Wer** repariert die Uhr? –* ***Der Uhrmacher** repariert die Uhr.* ***Was** ist defekt? –* ***Das Zahnrad** ist defekt.*
Genitiv	■ Nach dem **Genitiv** fragt man „Wessen …?“.	***Wessen** Uhr geht falsch? –* ***Inas** Uhr.*
Dativ	■ Mit der Frage „Wem …?“ ermittelt man den **Dativ.**	***Wem** leiht sie die Uhr? –* *Sie leiht die Uhr **ihrer Freundin.***
Akkusativ	■ Den **Akkusativ** erhält man auf die Fragen „Wen …?“ oder „Was …?“.	***Wen** besucht Ina? –* *Ina besucht **den Uhrmacher.*** ***Was** bestellt er? –* *Er bestellt **ein Ersatzglas.***
	Wenn man ein Nomen und seinen Artikel in einen Kasus setzt, nennt man das **deklinieren** (beugen).	

Übersicht: Deklination

Kasus	Singular/Plural
1. Fall Nominativ „Wer?“ oder „Was?“	*der Löffel/die Löffel* *die Gabel/die Gabeln* *das Messer/die Messer*
2. Fall Genitiv „Wessen?“	*des Löffels/der Löffel* *der Gabel/der Gabeln* *des Messers/der Messer*
3. Fall Dativ „Wem?“	*dem Löffel/den Löffeln* *der Gabel/den Gabeln* *dem Messer/den Messern*
4. Fall Akkusativ „Wen?“ oder „Was?“	*den Löffel/die Löffel* *die Gabel/die Gabeln* *das Messer/die Messer*

Artikel

Funktion

Der Artikel (Pl. die Artikel) ist ein Begleiter der Nomen.

Merkmale	
Artikel stehen in demselben Kasus wie das Nomen, das sie begleiten. Man unterscheidet:	
bestimmter Artikel	***der*** *Onkel,* ***die*** *Tante,* ***das*** *Patenkind*
unbestimmter Artikel	***ein*** *Onkel,* ***eine*** *Tante,* ***ein*** *Patenkind*

Adjektive

Die lateinische Bezeichnung für Eigenschaftswort lautet Adjektiv (das Adjektiv, Pl. die Adjektive). Adjektive drücken aus, wie etwas ist. Sie dienen dazu, Lebewesen, Dinge usw. genauer zu beschreiben.

Steigerung

Merkmale	
Adjektive lassen sich wie Nomen flektieren (beugen).	*ein neu**es** Bett – ein**e** neu**e** Lampe*
Adjektive lassen sich – bis auf Ausnahmen wie *einzig* oder *tot* – steigern:	
■ **Positiv**	*Sandra ist* ***jung.*** *Sandra hat* ***viele*** *Spiele.*
■ **Komparativ**	*Claudia ist* ***jünger*** *als Sandra.* *Claudia hat* ***mehr*** *Spiele als Sandra.*
■ **Superlativ**	*Clara ist am* ***jüngsten.*** *Clara hat* ***die meisten*** *Spiele.*

Funktion	Adjektive können verschiedene **Funktionen im Satz** übernehmen.	
Attribut ▶ S. 126	Sie können als **Attribute** verwendet werden. Sie stimmen dann im Kasus, Numerus und Genus mit ihrem Bezugswort, meist einem Nomen, überein.	*Das **schnelle** Pferd.*
adverbiale Bestimmung ▶ S. 125	Als **adverbiale Bestimmungen** können Adjektive zwar gesteigert werden, bleiben ansonsten aber endungslos.	*Das Pferd läuft **schnell.***
Prädikativ ▶ S. 127	Auch als **Prädikative** sind Adjektive steigerbar, aber ansonsten unveränderlich.	*Das Pferd ist **schnell.*** *Das Pferd ist **am schnellsten.***

Pronomen

Pronomen (das Pronomen, Pl. die Pronomen) sind Fürwörter.

Merkmale	
Pronomen werden meist dekliniert.	*manches Kind – manche Kinder*
Pronomen können als **Begleiter** der Nomen gebraucht werden.	*Einige Frauen mögen Skat spielen.*
Pronomen können als **Stellvertreter** an Stelle eines Nomens oder einer Wortgruppe mit Nomen gebraucht werden.	*Die Frauen spielen Karten. **Sie** sitzen im Wohnzimmer.*

Pronomen stellen Verknüpfungen in Texten her:

Die zertanzten Schuhe

Es war einmal ein König, der hatte zwölf Töchter, eine immer schöner als die andere. Sie schliefen zusammen in einem Saal, wo ihre Betten nebeneinanderstanden, und abends, wenn sie darin lagen, schloss der König die Tür zu und verriegelte sie.
Wenn er aber am Morgen die Türe aufschloss, so sah er, dass ihre Schuhe zertanzt waren, und niemand konnte herausbringen, wie das zugegangen war. …

	Es gibt verschiedene Arten von Pronomen:	
Personalpronomen	Personalpronomen (persönliche Fürwörter) ersetzen meist ein Nomen. In der 1. und 2. Person Singular und Plural verweisen sie auf Sprecher oder Angesprochene.	*ich, du, er, sie, es, wir, ihr, sie* ***Ich** lade **euch** ein.* ***Wir** danken **dir.***
Possessivpronomen	Possessivpronomen (besitzanzeigende Fürwörter) drücken einen Besitz oder eine Zugehörigkeit aus.	***mein, dein, sein** Buch* ***unsere, eure, ihre** Mannschaft*
Reflexivpronomen	Reflexivpronomen (rückbezügliche Fürwörter) beziehen sich meist auf das Subjekt des Satzes.	*Ich freue **mich.*** *Sie beeilt **sich.***
Demonstrativpronomen	Demonstrativpronomen (hinweisende Fürwörter) weisen auf jemanden oder etwas hin.	***dieses** Mädchen* ***jenes** Buch*
Indefinitpronomen	Indefinitpronomen (unbestimmte Fürwörter) beziehen sich auf etwas, das nicht näher bestimmt ist.	***Einige** lesen gern.* ***Manche** wollen lieber spielen.* *Wir erfahren **nichts** Neues.*
Interrogativpronomen	Interrogativpronomen (Fragefürwörter) leiten Fragesätze ein.	***Wer** hat das Buch gekauft?* ***Welches** Buch liest du?*
Relativpronomen	Relativpronomen leiten Nebensätze (Relativsätze) ein und beziehen sich auf Wörter oder Wortgruppen des übergeordneten Teilsatzes.	*der, die, das* *welcher, welche, welches* *Das Buch, **das** dort liegt, gehört mir.* *Die Frau, **die** in der Bücherei arbeitet, ist nett.*

Bei der Verwendung von Pronomen muss man besonders darauf achten, dass immer deutlich ist, worauf sich das Pronomen bezieht. Sonst kann es zu Missverständnissen kommen wie in den Sätzen:
*Die Zoobesucher freuten sich über die Affen. **Sie** lausten sich gegenseitig.*

Viele Verben können mit Reflexivpronomen oder mit Personalpronomen stehen, je nachdem, worauf sich das Pronomen bezieht.

Verwendung von Reflexivpronomen und Personalpronomen im Infinitivsatz	
■ Bezug auf das Subjekt des Hauptsatzes: Personalpronomen	*Fabian bat Leander, **ihn** nicht zu ärgern.*
■ Bezug auf das Objekt des Hauptsatzes: Reflexivpronomen	*Fabian bat Leander, **sich** nicht zu ärgern.*

Verben

Funktion

Tätigkeitswörter (das Verb, Pl. die Verben) geben an, was ist, was geschieht oder was jemand tut.

Man unterscheidet finite und infinite Verbformen.

finite Formen	Wenn wir Verben in Sätzen verwenden, bilden wir aus dem Infinitiv meist die **Personalform** (auch **finite Form**):	
Konjugation	Wir verändern das Verb nach der Person und dem Numerus. Setzt man Verben in die verschiedenen Personalformen, nennt man dies **konjugieren** (beugen).	*gehen → ich geh**e**, du geh**st**, ...* *laufen → ich lauf**e**, du läuf**st**, ...* *geben → ich geb**e**, du gib**st**, ...*
Imperativ	Die Befehlsform des Verbs ist der **Imperativ**. Er kann an Einzelne oder an mehrere Personen gerichtet sein. Der **Imperativ Singular** wird durch den Stamm des Verbs gebildet.	*schreiben:* *schreib- → schreib(e)!*
	Der **Imperativ Plural** wird in der Regel durch den Stamm des Verbs mit der Endung **-t** gebildet.	*schreiben:* *schreib- → schreibt!*
infinite Formen	Verbformen, die nicht nach der Person bestimmt sind, nennt man **infinite Verbformen.** Die lateinische Bezeichnung für die Grundform des Verbs heißt **Infinitiv.** Weitere infinite Formen des Verbs sind das **Partizip I** und das **Partizip II.**	*gehen* *laufen* *gehend* *gegangen*

TIPP

Bei einigen Verben wechselt beim Imperativ Singular der Stammvokal von **e** zu **i:**
geben – gib, sehen – sieh, essen – iss, lesen – lies, sprechen – sprich ...

Vollverben

Verben, die die Bedeutung im Satz tragen, nennt man **Vollverben.**

Hilfsverben und Modalverben treten vorwiegend in Verbindung mit Vollverben auf.

Hilfsverben	**Hilfsverben** *(haben, sein, werden)* helfen, Tempusformen zu bilden.	*Sie **hat** gerufen.* *Er **wird** kommen.*
Modalverben ▶ S. 123	**Modalverben** *(wollen, sollen, können, müssen, dürfen, mögen)* verändern den Aussagewert des Vollverbs.	*Wir **können** jetzt schreiben.* *Wir **müssen** jetzt schreiben.*

Tempus der Verben

Verben lassen sich in verschiedene **Tempora** (Zeitformen/das Tempus, Pl. die Tempora) setzen: Präsens, Perfekt, Futur ... Die Tempora sagen uns, wann das im Satz Mitgeteilte passiert. Sie stimmen meistens mit den Zeitstufen – Gegenwart, Vergangenheit, Zukunft – überein.

	Funktion der Tempora	
Präsens	Mit dem **Präsens** drücken wir aus, was im Augenblick geschieht. Im Präsens stehen auch allgemein gültige Aussagen. Man kann das Präsens auch (meist zusammen mit einer Zeitangabe) verwenden, um Zukünftiges auszudrücken.	*Ich* ***nähe*** *gerade.* *Wer* ***wagt, gewinnt.*** *Morgen* ***spielt*** *er ihnen einen Streich.*
Futur I	Mit dem **Futur I** drücken wir etwas in der Zukunft Geschehendes oder vielleicht Geschehendes aus.	*Ich* ***werde*** *euch einen guten Rat* ***geben.***
Präteritum	Mit dem **Präteritum** drücken wir etwas Vergangenes aus. Es wird bei schriftlichen Erzählungen und Berichten verwendet.	*Er* ***wechselte*** *die Berufe öfter als das Hemd.*
Perfekt	Mit dem **Perfekt** drücken wir etwas in der Vergangenheit Abgeschlossenes aus, das noch bis in die Gegenwart fortwirkt. Es wird meistens in mündlichen Erzählungen verwendet.	*Du* ***hast*** *den Brief* ***geschrieben.*** *Wir* ***sind*** *voller Spannung* ***aufgebrochen.***
Plusquamperfekt	Mit dem **Plusquamperfekt** drücken wir etwas Vergangenes aus, das einem anderen, ebenfalls in der Vergangenheit liegenden Ereignis vorausgeht.	*Bevor Till nach Nürnberg kam,* ***hatte*** *er den Schneidern in Rostock einen Streich* ***gespielt.*** *Nachdem er aus Rostock* ***geflohen war,*** *eilte ihm sein schlechter Ruf voraus.*
Futur II	Mit dem **Futur II** drücken wir aus, dass etwas in der Zukunft abgeschlossen sein wird.	*Bis zum Winter* ***werde*** *ich die Stadt* ***verlassen haben.***

Je nachdem, wie das Präteritum und das Partizip II gebildet werden, unterscheidet man schwache, starke und unregelmäßige Verben.

Regelmäßige und unregelmäßige Konjugation

schwache Verben

Bei schwachen Verben ändert sich der Stammvokal beim Konjugieren nicht. Ihr Präteritum endet auf -**te,** das Partizip II auf -**t.**

Infinitiv	*wandern, reden, spielen*
Präteritum	*wanderte, redete, spielte*
Partizip II	*gewandert, geredet, gespielt*

starke Verben

Der Stammvokal starker Verben ändert sich beim Konjugieren. Das Partizip II endet auf -**en.**

Infinitiv	*helfen, binden, reiten*
Präteritum	*half, band, ritt*
Partizip II	*geholfen, gebunden, geritten*

unregelmäßige Verben

Der Stammvokal unregelmäßiger Verben ändert sich beim Konjugieren. Das Präteritum endet aber wie bei schwachen Verben auf -**te;** das Partizip II auf -**t.**

Infinitiv	*bringen, denken, mögen*
Präteritum	*brachte, dachte, mochte*
Partizip II	*gebracht, gedacht, gemocht*

▶ Hilfsverben/ Vollverben S. 108

Manche Tempusformen werden aus Vollverben und Hilfsverben zusammengesetzt.

zusammengesetzte Tempusformen

Bestandteile der zusammengesetzten Tempusformen

Futur I Präsens von *werden* + Infinitiv	*ich **werde lesen,*** *du **wirst lesen** ...* *wir **werden laufen,*** *ihr **werdet laufen** ...*
Futur II Präsens von *werden* + Partizip II + Infinitiv von *haben/sein*	*ich **werde gelesen haben,*** *du **wirst gelesen haben** ...* *wir **werden gelaufen sein,*** *ihr **werdet gelaufen sein** ...*
Perfekt Präsens von *haben/sein* + Partizip II	*ich **habe** gelesen,* *du **hast** gelesen ...* *wir **sind** gelaufen,* *ihr **seid** gelaufen ...*
Plusquamperfekt Präteritum von *haben/sein* + Partizip II	*ich **hatte gelesen,*** *du **hattest gelesen** ...* *wir **waren gelaufen,*** *ihr **wart gelaufen** ...*

Funktion der Tempora beim Erzählen

Die Verwendung verschiedener Zeitformen kann als erzählerisches Mittel eingesetzt werden.

Tempora beim Erzählen

Perfekt
Er lässt eine Figur zu Wort kommen (Figurenrede).

*Der Doktor sagte: „Das **hat** euch ein guter Geist **geraten.**“*

Er stellt einen direkten Bezug zum Leser her.

*Sicher **habt** ihr **verstanden,** was der Diener damit seinem Herrn **hat sagen wollen.***

Präteritum
Hauptperspektive des Erzählers: Er berichtet, schildert, beschreibt.

*So **kam** einmal der Herr verdrießlich nach Hause und **setzte** sich zum Mittagessen.*

Präsens
Er vergegenwärtigt und steigert damit die Spannung.

*In dem Augenblick **lässt** sich das entsetzliche Geräusch wieder hören.*

Er verweist auf etwas Allgemeingültiges.

*Man **weiß** doch, wie schwer es **ist,** mit manchen Menschen auszukommen.*

Plusquamperfekt
Er verweist von der Hauptperspektive (Präteritum) aus auf einen zurückliegenden Vorgang, meist in einem Satzgefüge (Haupt- und Nebensatz).

*Kaum **hatte** der Graf das Gespenst **bemerkt,** als er auch schon seinen Degen zog.*

Erzähler

Futur
Er macht eine Voraussage, vermutet etwas oder kündigt eine Absicht an.

*Diesen Streich **wird** der Diener gewiss noch seinen Kindern und Enkeln **erzählen.** Das **wird** wohl jedermanns Eindruck **sein.** Das **wird** euch unser Freund in aller Ausführlichkeit selbst **erzählen.***

Adverbien

Funktion

Die lateinische Bezeichnung für das Umstandswort lautet Adverb, Pl. die Adverbien. Adverbien sind Wörter, die nähere Angaben zu einem Geschehen machen.

Merkmale	
Adverbien stehen *beim Verb* (lat. ad = bei).	*Sie schliefen **sofort.*** *Der Zirkus spielt **dort.***
Diese Wortart kann man leicht mit dem Adjektiv verwechseln. Das Adverb ist aber im Gegensatz zum Adjektiv (bis auf wenige Ausnahmen) nicht flektierbar.	*heute, abends, probeweise, heimwärts, gern*

Präpositionen

Die lateinische Bezeichnung für Verhältniswort ist Präposition (Pl. die Präpositionen). Präpositionen sind Wörter wie *in, auf, nach, vor.*

Merkmale

Präpositionen sind nicht flektierbar. Sie drücken oft ein **örtliches** oder **zeitliches Verhältnis** aus. Sie können aber auch einen **Grund** angeben oder die **Art und Weise** kennzeichnen.	***vor** dem Haus* ***vor** einer Stunde* ***wegen** großer Erschöpfung* ***mit** viel Energie*
Die Präposition steht vor einem Nomen (mit oder ohne Begleiter) oder einem Pronomen. Sie bestimmt den Kasus des nachfolgenden Worts oder der Wortgruppe.	*in das Haus, neben dem Haus, wegen des Hauses, hinter ihm*

Manche Präpositionen können aber auch mit zwei verschiedenen Fällen stehen; dann ändert sich mit dem Kasus auch die Bedeutung des Satzes.

über + Akkusativ	***Wohin** fliegt Xaver? –* *Er fliegt **über die Kiste.***
über + Dativ	***Wo** fliegt Xaver? –* *Er fliegt **über der Kiste.***

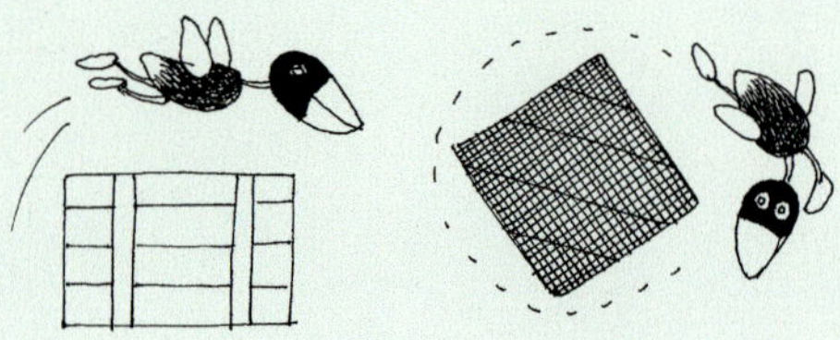

Konjunktionen

Funktion

Konjunktionen (Bindewörter) sind nicht flektierbare Wörter, die Sätze und Teile von Sätzen miteinander verknüpfen.

Man unterscheidet:

▶ Komma in der Satzreihe S. 93; 129

▶ Komma im Satzgefüge S. 94

nebenordnende Konjunktionen Sie verbinden Wörter, Wortgruppen und Sätze, die grammatisch gleichrangig nebeneinanderstehen.	*und, oder, aber, denn* *Ich lese gern **und** ich gehe gern ins Kino.*
unterordnende Konjunktionen Sie leiten Gliedsätze ein und binden diese an einen übergeordneten Teilsatz. Der übergeordnete Satz kann ein Hauptsatz sein (einfaches Satzgefüge) oder ein anderer Nebensatz.	*weil, da, obwohl, wenn, als, nachdem, dass* *Ich lese gern, **weil** mich das entspannt.*

Wozu auf die Wortarten achten?

Rechtschreibung

Hilfe bei der Groß- und Kleinschreibung: Wortartenwechsel beachten
Es gibt viele Übergänge zwischen den Wortarten Nomen, Verb, Adjektiv, Pronomen, die man z. B. für die Rechtschreibung im Blick behalten muss:

Verb → Nomen	*schlafen – das Schlafen*
Verb → Adjektiv	*trinken – trinkbar*
Nomen → Verb	*Wasser – wässern*
Nomen → Adjektiv	*Ägypten – ägyptisch*
Adjektiv → Nomen	*schnell – Schnelligkeit*
Pronomen → Nomen	*ich – das Ich*

Hilfreich ist es z. B., auf → Ableitungen mit Suffix zu achten:

Nomen	*leiten → Lei**tung**, schön → Schön**heit***
Adjektive	*Fürsorge → fürsorg**lich**, Furcht → furcht**bar**, Macht → mäch**tig***

Stil

Leicht verständlich schreiben – Nominalstil vermeiden

Der Nominalstil – eine Ausdrucksweise, in der viele Nomen und Nomengruppen verwendet werden und der häufig in der Wissenschaftssprache anzutreffen ist – gilt als hölzern und umständlich. Die verbale Ausdrucksweise ist meist anschaulicher und leichter verständlich.

Unsere Verständigung mit den Austauschschülern klappte gut.
→ Wir konnten uns gut mit den Austauschschülern verständigen.

Die Bevorzugung von verbalen Formulierungen ist zu empfehlen.
→ Man sollte möglichst verbal formulieren.

Ausdruck

Das treffende Wort finden, um einen Sachverhalt richtig darzustellen

- Durch **Ersetzen** die Wortwahl variieren, bis das treffende Wort gefunden ist.

  Das Bild befindet sich oberhalb des Möbelstücks. → Das Foto hängt über dem Wandschrank.

- Mit dem **Thesaurus** eines PCs oder mit einem **Synonymen-Wörterbuch** den treffenden Ausdruck finden.

  ***Bild:** Abbild, Karikatur, Kopie, Bildnis, Porträt, Zeichnung, Illustration, Studie, Holzschnitt, Fotografie, Lichtbild, Foto, Darstellung, Abbildung …*

- In einem **Wortfeld** (den Wörtern mit verwandter Bedeutung) nach Varianten zu einem Wort suchen.

  gehen: schreiten, schlendern, stolzieren, laufen, rennen, trippeln, bummeln …

- Sich in einer **Wortfamilie** (den Wörtern mit gleichem Wortstamm) umsehen.

  fahren: Fahrt – Gefährte – Gefahr
  Vorfahrt – vorfahren – Vorfahren
  Fahrer – fahrlässig – Fahrzeug
  Fuhrwerk – Fuhre
  Führung – führen – Führerschein
  Fährmann – Fähre

4.2 Wortbildung

Ableitungen

Wortstamm
Präfix
Suffix

Viele Wörter sind aus verschiedenen Wortbausteinen zusammengesetzt. Der bedeutungstragende Kern heißt **Stamm.** Fügt man an einen Stamm bestimmte Wortbausteine an – **Präfixe** vor dem Stamm oder **Suffixe** nach dem Stamm –, so nennt man diese Art der Wortbildung **Ableitung.** Dabei kann sich die Wortart ändern:

Präfix	+ Stamm	+ Suffix	= abgeleitetes Wort
	Teil	*-en*	*teilen* (Verb)
Vor-	*Teil*		*Vorteil* (Nomen)
un-	*Teil*	*-bar*	*unteilbar* (Adjektiv)

Zusammensetzungen

Fugenelement

Fügt man zwei oder mehr Wortstämme zusammen, so nennt man diese Art der Wortbildung **Zusammensetzung.** Man kann Wörter aus Nomen, aber auch aus Adjektiven und Verben zusammensetzen. Manchmal braucht man ein **Fugenelement,** um die Wörter zu verbinden:

Wortstamm	+ Fugenelement	+ Wortstamm	= Zusammensetzung
Schwan-	*en-*	*Hals*	*Schwanenhals*
Geburt-	*s-*	*Tag*	*Geburtstag*
geh-		*Stock*	*Gehstock*
Bild-		*schön*	*bildschön*

Grundwort und Bestimmungswort

Die Teile einer Zusammensetzung nennt man **Grundwort** und **Bestimmungswort.** Das Grundwort steht immer an letzter Stelle, es enthält den Grundbegriff, der durch das Bestimmungswort näher bestimmt wird:

zusammengesetztes Wort =	Grundwort	+ Bestimmungswort
*Ein **Gartenhaus** ist*	*ein **Haus,***	*das im **Garten** steht.*

Wortfamilien

gleicher Wortstamm

Wörter mit dem gleichen Stamm sind sprachlich verwandt und werden deshalb Wortfamilie genannt.

Die Wörter einer Wortfamilie können z. B. gebildet werden durch:

- Ableitungen mit Präfix — *finden – **er**finden – **be**finden*
- Ableitungen mit Suffix — *brauchen – brauch**bar** – Brauch**tum***
- Zusammensetzungen — *bilden – Bild**hauer** – **Spiegel**bild*

4.3 Aktiv und Passiv der Verben

zwei Handlungsrichtungen

Das Aktiv und das Passiv sind zwei Verbformen, die man bei der Darstellung von Handlungen und Vorgängen unterscheidet.

Man kann aus zwei Perspektiven schauen:

Aktiv	**Passiv**
Der **Handelnde** (Handlungsträger) wird betont.	Die **Handlung**/Der **Vorgang** wird betont.
Katharina wählt die Bilder aus.	*Die Bilder werden (von Katharina) ausgewählt.*

Im Aktiv ist also wichtig, **wer** handelt, **wer** etwas tut. Im Passiv steht im Vordergrund, **was** da geschieht; die handelnden Personen sind weniger wichtig.

Bei der Umwandlung eines Aktivsatzes in einen Passivsatz wird das Akkusativobjekt des Aktivsatzes zum Subjekt des Passivsatzes.

Aktiv	**Passiv**
*Der Fotograf retuschiert **das Foto.***	***Das Foto** wird (vom Fotografen) retuschiert.*
Akkusativobjekt	**Subjekt**

täterabgewandtes Passiv
täterloses Passiv

Im Passivsatz kann der Handelnde entweder durch eine Präpositionalgruppe *(von den Kindern)* ergänzt (**täterabgewandtes** Passiv) oder aber völlig weggelassen werden (**täterloses** Passiv), wenn er unwichtig, unbekannt oder selbstverständlich ist.

Bildung von Aktiv und Passiv

Man kann Aktiv- und Passivformen gleichermaßen in den verschiedenen **Zeitstufen** benutzen.

Tempus

Aktiv	Passiv
Handlungsverb *(suchen)* in der entsprechenden Tempusform	*werden* in der entsprechenden Tempusform + Partizip II des Handlungsverbs *(suchen)*
Präsens *Sonja **sucht** das Heft.*	*Das Heft **wird** (von Sonja) **gesucht.***
Futur I *Sonja **wird** das Heft **suchen.***	*Das Heft **wird** (von Sonja) **gesucht werden.***
Präteritum *Sonja **suchte** das Heft.*	*Das Heft **wurde** (von Sonja) **gesucht.***
Perfekt *Sonja **hat** das Heft **gesucht.***	*Das Heft **ist** (von Sonja) **gesucht worden.***
Plusquamperfekt *Sonja **hatte** das Heft **gesucht,** bevor sie ...*	*Das Heft **war** (von Sonja) **gesucht worden,** bevor ...*
Futur II *Sonja **wird** das Heft **gesucht haben,** bevor sie ...*	*Das Heft **wird** (von Sonja) **gesucht worden sein,** bevor ...*

TIPP

Das Präsens Passiv und das Futur I Aktiv werden häufig verwechselt, weil in beiden das Hilfsverb *werden* vorkommt.
Das Präsens Passiv wird in einer Form von *werden* und dem **Partizip II** gebildet:
*Der Brief **wird** von Luca **geschrieben.***
Das Futur I Aktiv wird mit *werden* und dem **Infinitiv** gebildet:
*Luca **wird** den Brief **schreiben.***

Vorgangs- und Zustandspassiv

Beim Passiv unterscheidet man zwischen **Vorgangs**- und **Zustandspassiv.**

Vorgangspassiv	Zustandspassiv
*Die Tür **wird geschlossen.***	*Die Tür **ist geschlossen.***
Formen Personalform von *werden* + Partizip II des Handlungsverbs	Personalform von *sein* + Partizip II des Handlungsverbs
Funktion Ablauf eines Vorgangs	Ergebnis eines Vorgangs

Wozu auf Aktiv und Passiv achten?

Passiv-Aktiv-Probe

Die Passiv-Aktiv-Probe einsetzen
Mit der Passiv-Aktiv-Probe kann man die Passivsätze herausfinden, in denen die Handlungsträger nicht genannt sind. In solchen Fällen sollte man nach den Gründen suchen, warum dies so ist: Kann oder will der Sprecher oder Schreiber sie nicht nennen?

Passivsatz	Umwandlung in einen Aktivsatz
Die Schülerin Claudia Seifert wurde von ihrem Nachbarn Jens Pauli gegen die Glastür gestoßen.	*Der Schüler Jens Pauli stieß seine Nachbarin Claudia Seifert gegen die Glastür.*
Die Schülerin Claudia Seifert wurde gegen die Glastür gestoßen.	*??? (Handlungsträger nicht zu erkennen!)*

mit Passiv-Umschreibungen variieren

Mit Passiv-Umschreibungen variieren
Man kann die Passiv-Form mit anderen sprachlichen Mitteln umschreiben, wenn man stilistisch variieren will.

So kann man statt *Die Dose* ***wird*** *mit einem Hebel* ***geöffnet*** auch sagen:

■ man-Form	***Man öffnet*** *die Dose mit einem Hebel.*
■ reflexive Form	*Die Dose* ***öffnet sich*** *durch Hebeldruck.*
■ lassen-Form	*Die Dose* ***lässt sich*** *mit einem Hebel* ***öffnen.***
■ adverbiale Bestimmung	***Zum Öffnen*** *den Hebel am Rand ansetzen.*
■ Imperativ-Form	***Öffnen Sie*** *die Dose mit einem Hebel.*
■ Infinitiv-Form	*Dose mit einem Hebel* ***öffnen.***
■ modaler Infinitiv	*Die Dose* ***ist*** *mit einem Hebel* ***zu öffnen.*** *(d. h. ... kann geöffnet werden)*
■ Sie-/Du-Aussage-Form	***Sie öffnen*** *die Dose mit einem Hebel.*

In manchen Fällen kann man auch statt des Passivs eine Verbform von *sein* und Adjektiv mit Endung *-bar* verwenden.

Die Dose ***ist*** *leicht* ***verschließbar.***

Diese Varianten helfen, beim Formulieren die dauernde Wiederholung der werden-Formen in einem Text zu vermeiden.
Zum anderen sind einige Varianten traditionell mit bestimmten Sorten der **Vorgangsbeschreibung** enger verbunden: Infinitiv besonders bei technischen Kurzanleitungen; Infinitiv und Imperativ oder Sie-/Du-Aussageform vor allem bei Rezepten.

▶ einen Vorgang beschreiben S. 45

4.4 Modus der Verben

Verben haben einen **Modus** (die Aussageweise; der Modus, Pl. die Modi). **Indikativ** und **Konjunktiv** sind zwei Aussageweisen.

	Der Modus zeigt an, wie wirklich und sicher eine Aussage ist.	
Indikativ	Der **Indikativ** ist die Wirklichkeitsform.	*Schnee **besteht** aus Wasser.* *Die Erde **ist** rund.*
Konjunktiv I ▶ indirekte Rede S. 121	Bei einer Redewiedergabe verbürgt sich der Sprecher nicht für die Richtigkeit des Gehörten oder des Gelesenen; in der **indirekten Rede** macht er mit dem **Konjunktiv I** deutlich, dass er nur etwas wiedergibt.	*Ina sagte, Schnee **bestehe** aus Wasser und Luft.* *Fabian erklärte, die Erde **sei** rund.*
	Der Konjunktiv I wird auch verwendet, um einen Wunsch auszudrücken.	*Es **lebe** die Freiheit!* ***Mögest** du an meine Worte denken!*
Konjunktiv II	Der **Konjunktiv II** wird eingesetzt bei Vorstellungen, für die offenbleiben soll, ob sie zutreffen;	*Die Arbeit **wäre** in einer halben Stunde **erledigt**.*
	ebenso bei Sachverhalten, die selbst nicht (voll) zutreffen.	*Sie **hätte** ihn beinahe **überfahren**.*
	Der Konjunktiv II wird auch bei Aussagen verwendet, für die nur angenommene Bedingungen gelten. Dann bezeichnet man den Konjunktiv II auch als **Irrealis;** die Aussagen und Bedingungen sind unwirklich/irreal.	*Wenn sie Geld **hätte, könnte** sie sich ein Taxi nehmen.*

Bildung und Formen des Konjunktivs

Bildung Konjunktiv I

Der Konjunktiv I wird abgeleitet vom Infinitiv des Verbs. An den Verbstamm werden die Personalendungen des Konjunktivs angehängt. Typisch für diese Endungen ist ein **-e-**.

Formen Konjunktiv I

Sie sagt,

ich komme	*wir kommen*
du kommest	*ihr kommet*
er/sie komme	*sie kommen*

Bildung Konjunktiv II

Die Formen des Konjunktiv II werden abgeleitet vom **Präteritum Indikativ.** Bei unregelmäßigen Verben werden **a, o, u** im Wortstamm zu **ä, ö, ü.**

Formen Konjunktiv II

Sie nahm an,

ich käme	*wir kämen*
du käm(e)st	*ihr käm(e)t*
er/sie käme	*sie kämen*

Beachte unregelmäßige Formen wie:

Indikativ Präteritum	Konjunktiv II	Indikativ Präteritum	Konjunktiv II
er/sie/es backte	*er/sie/es büke*	*er/sie/es schwor*	*er/sie/es schwüre*
starb	*stürbe*	*half*	*hülfe* (auch: *hälfe)*
verdarb	*verdürbe*	*schwamm*	*schwömme*
warb	*würbe*	*empfahl*	*empföhle* (auch: *empfähle)*

Gebrauch des Konjunktivs und der Ersatzformen

Redewiedergabe

Häufig wird der Konjunktiv in der Redewiedergabe genutzt. In der Regel verwendet man den Konjunktiv I.

Konjunktiv I		
	wörtliche Rede im **Indikativ**	*Die Politikerin sagte: „Ich denke nicht an eine Beschwerde."*
Konjunktiv I	indirekte Rede im **Konjunktiv I**	*Die Politikerin sagte, sie denke nicht an eine Beschwerde.*

Ersatzformen

In bestimmten Fällen ersetzt man den Konjunktiv I durch andere Formen.

Ersatzform Konjunktiv II

Ersatzform Konjunktiv II	
Wenn der Konjunktiv I (im Textzusammenhang) nicht vom Indikativ Präsens zu unterscheiden ist, wählt man als Ersatz den **Konjunktiv II.**	*Sie ergänzte: „Auch meine Kollegen denken nicht an weitere Maßnahmen."* *Sie ergänzte, auch ihre Kollegen ~~denken~~ **dächten** nicht an weitere Maßnahmen.*

würde-Ersatzform

würde-Ersatzform	
Wenn auch der Konjunktiv II (im Textzusammenhang) nicht vom Indikativ zu unterscheiden ist, wählt man die Ersatzform *würde.*	*Sie sagte: „Meine Kollegen machen kein Aufheben davon."* *Sie sagte, ihre Kollegen ~~machen~~ kein Aufheben davon.* (Konjunktiv I) *Sie sagte, ihre Kollegen ~~machten~~ kein Aufheben davon.* (Konjunktiv II) *Sie sagte, ihre Kollegen **würden** kein Aufheben davon **machen.***
Die Ersatzform mit *würde* wählt man auch, wenn die Konjunktiv-II-Form ungebräuchlich ist oder als unschön empfunden wird.	*Sie fürchtete, der Vorfall **verdürbe** den Wahlerfolg. → Sie fürchtete, der Vorfall **würde** den Wahlerfolg **verderben.***

Konjunktiv und andere Formen der Redewiedergabe

Redewiedergabe

In der Berichterstattung der Medien, in der Zeitung, den Nachrichten und Reportagen in Hörfunk und Fernsehen usw., begegnen uns Textteile, die nicht vom Berichterstatter selbst stammen; vielmehr gibt der Text zum Teil Aussagen anderer Sprecher wieder. Auch in Alltagsgesprächen oder politischen Reden werden manchmal Äußerungen anderer Sprecher wiedergegeben.
Wenn man die Darstellung von Ereignissen aus der Sicht anderer wiedergibt oder gar deren Meinungen und Wertungen zitiert, dann will man das auch deutlich machen. Dafür gibt es verschiedene Möglichkeiten.
Einfache Aussagen, z. B. eigene Tatsachenfeststellungen oder Meinungsäußerungen, werden im Indikativ verfasst. Zum Beispiel kann eine Politikerin geäußert haben:

Diese Äußerung kann nun in Formen der Redewiedergabe in späteren Medienberichten Eingang finden:

wörtliche Rede

Redewiedergabe in wörtlicher Rede

Die direkte Rede einer anderen Person kann durch die Form der wörtlichen Rede wiedergegeben werden.	*Die Politikerin sagte: „Der Journalist hat sehr übertrieben.“*

Mit den Verben des Sprechens *(sagen, behaupten ...)* oder der sinnlichen und geistigen Wahrnehmung *(hören, vermuten, hoffen ...)* leitet man die wörtliche Rede ein. Man erkennt sie in schriftlichen Texten an den Anführungszeichen oder im Gespräch an einem Wechsel in der Tonlage.

indirekte Rede

Redewiedergabe in indirekter Rede

Bei der indirekten Rede baut man die Aussagen oder Gedanken einer anderen Person in seinen eigenen Text ein. Dabei macht man deutlich, dass die Äußerung nicht von einem selbst stammt. In einem einleitenden Hauptsatz wird gesagt, wessen Äußerung wiedergegeben wird: *Die Politikerin sagte ...* Die Wiedergabe der Äußerung erfolgt dann in einem Inhaltssatz:

■ entweder in einem **dass-Satz**	*Die Politikerin sagte, dass der Journalist sehr übertrieben hat/habe.*
■ oder einem uneingeleiteten Nebensatz im **Konjunktiv.**	*Die Politikerin sagte, der Journalist habe sehr übertrieben.*

Mit sprachlichen Signalen in der indirekten Rede macht der Sprecher deutlich, dass eine andere Person die wiedergegebene Äußerung gemacht hat, z. B. mit dem „dass“-Signal oder/und mit dem „Konjunktiv“-Signal.
Achtung: Wenn die Konjuktiv-Formen nicht erkennbar sind, müssen gegebenenfalls die Ersatzformen genutzt werden.

▶ Ersatzformen S. 120

Zitat

▶ Zitieren S. 98

Redewiedergabe als Zitat

Bei einem Zitat wird ein Teil der fremden Äußerung mit Anführungszeichen in den eigenen Satz eingebaut. Der zitierte Teil muss dabei mit dem Originalsatz übereinstimmen.	*Die Politikerin hielt den Zeitungsbericht für „sehr übertrieben“.*

Paraphrase

Redewiedergabe als Paraphrase

Unter einer Paraphrase versteht man die freie, nicht wörtliche Wiedergabe einer fremden Äußerung. Beim Paraphrasieren macht man durch einen Zusatz wie *nach ihrer Meinung, nach seiner Auffassung ...* die Redewiedergabe deutlich.	*Im Gespräch äußerte die Politikerin unmissverständlich, dass die ihrer Meinung nach starken Übertreibungen in der Presse nur durch das Sommerloch zu erklären seien.*

Konjunktiv II (Irrealis)

Konjunktiv II (Irrealis)

Zur Kennzeichnung von Unwirklichem, Möglichem, Zweifelhaftem ...	
Den Konjunktiv II kann man auch benutzen, um eine Aussage als **unwirklich** (irreal) zu kennzeichnen.	*„Es war, als **hätt'** der Himmel Die Erde still **geküsst** ...“* *Wir spielen: Ich **wäre** jetzt Polizist, und du **müsstest** ...* ***Gäbe** es den dreizehnten Monat, ...*
Ähnlich in **Konditionalsatzgefügen** mit Bedingungen, deren Erfüllung sehr unwahrscheinlich ist.	*Wenn ich Millionär **wäre, würde** ich ...* ***Wäre** ich eine Stadt, **spielten** auf meinen Straßen Kinder.*
Außerdem lässt sich mit dem Konjunktiv II ein **Wunsch** ausdrücken:	*Ich **wollte,** morgen **wäre** hitzefrei!*
ein **unerfüllbarer Wunsch** im Konjunktiv II	***Hätte** ich das bloß nicht gesagt!*
eine **höfliche Aufforderung**	***Würden** Sie bitte Platz machen.*
ein **Zweifel**	***Hättest** du das auch so getan?*

Konditionalsatzgefüge

Wozu auf den Konjunktiv achten?

Wiedergabe der Äußerungen Dritter

Konjunktiv als Signal für wiedergegebene Äußerungen Dritter
Der Konjunktiv I kommt häufiger in schriftlichen als in mündlichen Texten vor. Mündlich erscheint er vor allem in Medienberichten. An ihm kann man erkennen, dass der Sprecher oder Schreiber einen Satz aus fremder Rede übernimmt.
Der Konjunktiv ist immer dann nötig, wenn die Redewiedergabe nicht durch andere Signale *(dass, so heißt es ...)* angezeigt wird.

Signal für Unwirkliches

Konjunktiv II als Signal für Unwirkliches, nur Vorgestelltes
Der Konjunktiv II ist im eigenen Sprachgebrauch häufiger. Er wird benutzt, wenn wir anzeigen wollen, dass wir uns etwas nur vorstellen, was es noch nicht oder auch überhaupt nicht gibt.

Modalverben

Modalverben

Mit Modalverben verändert man den Aussagewert des Vollverbs. Man sagt zusätzlich, ob man z. B. etwas *darf* oder *muss: Angler/innen* ***müssen*** *Vorschriften* ***beachten.***

Aussagewert

Modalverben können Folgendes ausdrücken:	
Möglichkeit, Fähigkeit	*können*
Verpflichtung, Auflage	*sollen*
Gebot, Zwang	*müssen*
Erlaubnis, Möglichkeit	*dürfen*
Absicht, Bereitschaft	*wollen*
Wunsch, Möglichkeit	*mögen*

Die Modalverben kommen vor allem in folgenden Textsorten vor:	
Anweisungen und Vorschriften	*„Besucher* ***sollen*** *auf Parkplatz C parken."*
Gesetze, Gebote und Verbote	*„Fahrzeuge* ***müssen*** *die Fahrbahnen benutzen."*
Regeln und Regelungen	*„Benutzer der Bibliothek* ***müssen*** *ihre Taschen hier ablegen."*
Erlaubnisse	*„Gäste* ***dürfen*** *auch hier parken."* – *„Sie* ***können*** *nebenan parken. "*
Empfehlungen, Ratschläge und Tipps (oft mit Konjunktiv verbunden)	*„Sie* ***sollten*** *das Obst schälen."*
Appelle	*„Wir* ***wollen*** *gleiches Recht für alle."* – *„Wir* ***möchten*** *Sie bitten ..."*

Wozu auf Modalverben achten?

Mit Modalverben zeigt man an, wie eine Äußerung verstanden werden soll.

Man vermittelt seinen Hörern oder Lesern, ob etwas als Möglichkeit *(können)*, als Erlaubnis *(dürfen)*, als Forderung *(sollen)* oder als Verpflichtung *(müssen)* gelten soll.

Außerdem kann man mit Modalverben die Wahrscheinlichkeit einer Information anzeigen.	*Die Entführten* ***sollen*** *freigekommen sein.*

4.5 Satzglieder

Der einfache Satz (Subjekt – Prädikat – Objekt)

Satzglieder

Ein Satz setzt sich aus verschiedenen **Satzgliedern** zusammen. Man kann sie umstellen, ohne den Sinn des Satzes zu verändern, der Satz wird dann allerdings anders betont.

Umstellprobe

Ob ein einzelnes Wort oder eine ganze Wortgruppe ein Satzglied bilden, erkennt man durch die **Umstellprobe.**

1	2	3
Der Origami-Verein	*veranstaltet*	*einen Wettbewerb.*
Einen Wettbewerb	*veranstaltet*	*der Origami-Verein.*
3	2	1

Prädikat

Der Kern des Satzes ist das **Prädikat** (Satzaussage/das Prädikat, Pl. die Prädikate). Prädikate werden durch Verben gebildet.

Der Teil des Prädikats, der im Aussagesatz nach dem ersten Satzglied steht, ist die Personalform des Verbs.

Es gibt einteilige Prädikate und zweiteilige Prädikate.	*Sie* ***falteten*** *Papierflieger.* *Ein Papierflieger* ***stürzte*** *sofort* ***ab.***

Prädikatsklammer

Prädikatsklammer: *Kinder und Jugendliche* ***haben*** *Papierflieger* ***gefaltet.***

Um die weiteren Satzglieder im Aussagesatz zu ermitteln, stellen wir vom Prädikat ausgehend Fragen.

Frageprobe

Durch die **Frageprobe** kann man die Satzglieder bestimmen.

Die erste Frage lautet: „*Wer ...?*" oder „*Was ...?*", die Antwort darauf ist das **Subjekt** (Satzgegenstand oder Handlungsträger/das Subjekt, Pl. die Subjekte), die wichtigste Ergänzung zum Prädikat. Subjekt und Prädikat sind eng miteinander verbunden. Sie stimmen in der Person (1., 2. oder 3. Person) und im Numerus (Singular oder Plural) überein.	***Wer*** *lieferte kostenlos Papier?* ***Eine Papierfabrik*** *lieferte kostenlos Papier.* ***Ein Mädchen wirft*** *den Flieger.* ***Mehrere Jungen schauen*** *zu.*
Mit der Frage „*Wer?*" oder „*Was?*" ermittelt man das **Subjekt.**	***Wer*** *verschickt die Einladungen?* ***Der Verein*** *verschickt die Einladungen.*

Subjekt

Genitivobjekt	Mit der Frage „*Wessen?*“ ermittelt man das **Genitivobjekt** (heute eher selten). z. B. bei den Verben *sich schämen, anklagen, gedenken, sich erbarmen*	***Wessen*** *wurde der Störer verwiesen?* ***Der Störer*** *wurde der Halle verwiesen.*
Dativobjekt	Mit der Frage „*Wem?*“ ermittelt man das **Dativobjekt.**	***Wem*** *erklärt Klaus einen Flieger? Klaus erklärt* ***seinem Freund*** *einen Flieger.*
Akkusativobjekt	Mit der Frage „*Wen?*“ oder „*Was?*“ ermittelt man das **Akkusativobjekt**.	***Wen*** *begrüßt der Vereinsvorsitzende? Er begrüßt* ***alle Zuschauer.***
Präpositionalobjekt	Mit der Frage „*Woran?*“ oder „*Worüber?*“ usw. ermittelt man das **Präpositionalobjekt.** 1. Es steht nach **Verben, die fest mit einer Präposition verbunden** sind: denken *an*, achten *auf*, bestehen *auf*, ... 2. Das „Wo“ im Fragewort „Woran“, „Worüber“, „Worauf“ hat hier keinen lokalen Bezug. 3. Man kann die Präposition nicht wechseln wie in: Ich schaue *auf/neben/unter/hinter* den Schrank. Also nur: Ich achte *auf* den Abstand.	***Woran*** *dachten die Eltern?* *Sie dachten an* ***den Spaß*** *ihrer Kinder.* *Worüber informierte eine Mutter?* *Sie informierte über* ***die Ergebnisse.*** *(auch:* ***An was*** *dachten die Eltern?/****Über was*** *informierte die Mutter?)*

Adverbiale Bestimmungen

Adverbiale Bestimmungen (Umstandsbestimmungen/das Adverbial, Plural: die Adverbiale) sind Satzglieder, die man mit den Fragen *Wann ...?*, *Wo ...?*, *Warum ...?*, *Wie ...?* ermittelt. Sie liefern zusätzliche Informationen über den **Ort** (Lokaladverbial), die **Zeit** (Temporaladverbial), den **Grund** (Kausaladverbial) und die **Art und Weise** (Modaladverbial) eines Geschehens oder einer Handlung.

Arten von adverbialen Bestimmungen

Durch die Frageprobe kann man ermitteln, welche adverbiale Bestimmung vorliegt.		
Wann?	**adverbiale Bestimmungen der Zeit (temporal)**	***Wann*** *treffen wir uns?* *Wir treffen uns* ***am Montag.***
Wo?	**adverbiale Bestimmungen des Ortes (lokal)**	***Wo*** *sehen wir uns?* *Wir sehen uns* ***in der Schule.***
Warum?	**adverbiale Bestimmungen des Grundes (kausal)**	***Warum*** *blieben wir zu Hause?* ***Wegen des Regens*** *blieben wir zu Hause.*
Wie?	**adverbiale Bestimmungen der Art und Weise (modal)**	***Wie*** *folgte er uns?* *Er folgte uns* ***neugierig.***

Adverbiale Bestimmungen gibt es in unterschiedlichen sprachlichen Formen.

Formen

Adverbiale Bestimmungen können bestehen aus	
■ einem Adjektiv	*Er lief* ***schnell*** *weg.*
■ einem Adverb	*Wir führen* ***morgens*** *unseren Hund aus.*
■ einer Nominalgruppe mit Präposition	*Wir sehen uns* ***am Abend.***
■ Wortgruppen im Akkusativ oder Genitiv	*Wir treffen uns* ***jeden Morgen.*** ***Eines Abends*** *traf ich ihn wieder.*

Attribute

Attribute (Beifügungen/das Attribut, Pl. die Attribute) sind immer **Teil eines Satzglieds,** also keine selbstständigen Satzglieder.
Attribute stehen vor oder hinter ihren **Bezugswörtern** (z. B. einem Nomen) und bestimmen sie näher.

Umstellprobe

Attribute bleiben bei der **Umstellprobe** fest mit dem Bezugswort verbunden:

Zwei spielende *Kinder* | *liefen* | *gestern* | *über die* ***stark befahrene*** *Straße.*

Über die ***stark befahrene*** *Straße* | *liefen* | *gestern* | ***zwei spielende*** *Kinder.*

Attribut → Bezugswort   Attribut → Bezugswort

Frageprobe

Frageprobe für Attribute	
Attribute können wir mit der Frage „*Was für (ein/e) ...?*“ erfragen:	*Das alte Haus wurde gestrichen.* ***Was für ein*** *Haus?* *Das* ***alte*** *Haus ...*

Bis auf das Prädikat kann jedes Satzglied durch ein Attribut erweitert werden.

Formen

	Attribute kommen u. a. vor als:	
Adjektivattribut	Adjektive und adjektivisch gebrauchte Partizipien	***neue*** *Bücher* ***spielende*** *Kinder*
Genitivattribut	Nomen im Genitiv	*die Abfahrt* ***des Zuges***
präpositionales Attribut	präpositionales Attribut	*das Spiel* ***ohne Grenzen***
	Adverbien	*die Häuser* ***dort***
	Pronomen	***unsere*** *Schule*
	Zahlwörter	***drei*** *Äpfel*

Die **Apposition** ist auch eine Form des Attributs.

Apposition

Die **Apposition** folgt ihrem Bezugswort.

Das Nachbarhaus, ***ein baufälliges Gebäude,*** *wurde verkauft.*

Die Apposition ist in ihrem Kern stets ein Nomen *(Gebäude).* Sie steht im gleichen Kasus wie das Bezugswort (hier: *Nachbarhaus:* Nominativ) und wird durch Kommas abgetrennt.
Beispiel für eine Apposition im Dativ:
Wir sprachen mit einem Fachmann, ***dem Architekten Meier.***

Das Prädikativ (Prädikatsnomen)

Das Prädikativ (auch Prädikatsnomen genannt) kommt nur bei wenigen Verben vor wie *sein, werden, heißen.*

Prädikativ

Das Prädikativ ergänzt die Personalform des Verbs und bezieht sich zugleich meist auf das Subjekt.

Das Prädikativ kann dabei z. B. ein Adjektiv sein oder eine Wortgruppe, deren Kern ein Nomen ist.

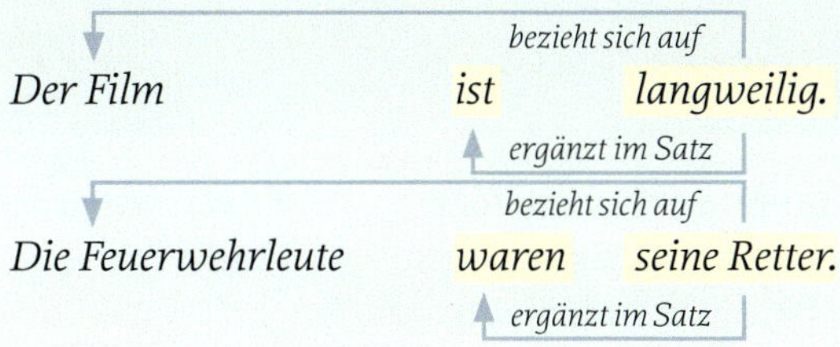

Satzglieder im Überblick

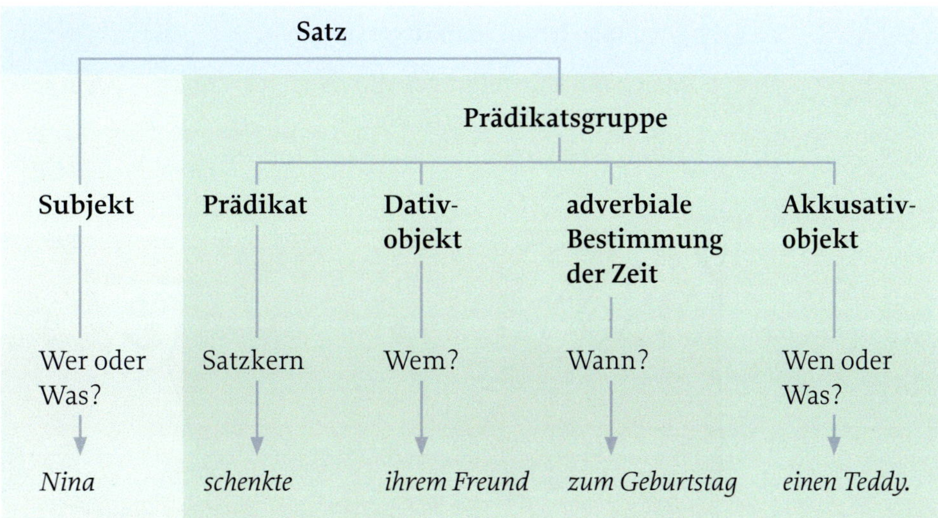

Wozu auf Satzglieder und Satzteile achten?

Bei der Textüberarbeitung kann man die „Proben“ nutzen.

Erweiterungsprobe	Mit der Erweiterungsprobe können wir Sätze sinnvoll um Satzglieder (Objekte/Adverbialien) und Satzgliedteile (Attribute) erweitern, die die Aussage präzisieren; entweder mit Einfügeschleife über der Einfügestelle oder, bei längeren Einfügungen, mit fortlaufenden Fußnotenziffern [1] [2] [3] am Textende.	*Udo freute sich über den Teddy.* *Er umarmte seine Nina.* *deshalb* *Er umarmte ✓ seine Nina.*
Weglassprobe	Mit der Weglassprobe können wir Sätze straffen, indem wir prüfen, welche Satzteile oder Satzglieder in einem vollständigen Satz unbedingt notwendig oder aber überflüssig sind.	*Nina schenkte ihrem Freund einen Teddy.* *Deshalb umarmte Udo seine Nina.* ~~*aus Freude über das von Nina erhaltene Geschenk.*~~
Ersatzprobe	Wir können Satzglieder und Satzteile durch andere Wörter oder Wortgruppen ersetzen, um Gleichförmigkeit zu vermeiden.	*Udo freute sich über Ninas Teddy.* *er sie* *Deshalb umarmte ~~Udo~~ ~~seine Nina~~.*
Umstellprobe	Vor allem können wir Satzglieder umstellen und damit die wichtigste Information betonen, indem wir sie an den Satzanfang, also an die Spitze, oder ans Ende stellen, wo der letzte Klang liegt. Diese Umstellungen in Abweichung von der normalen Satzgliedfolge nennt man **Inversion.** Man kann Umstellungen durch über den Wörtern fortlaufende Ziffern markieren.	*Nina schenkte ihrem Freund Udo* ***einen Teddy.*** ***Einen Teddy*** *schenkte Nina ihrem Freund Udo.* 6 7 4 5 *Einen Teddy schenkte Nina* 1 2 3 *ihrem Freund Udo.*

4.6 Satzarten – Satzreihe – Satzgefüge

Satzarten

Wir reden und schreiben meist in Sätzen. Je nachdem, wie unsere Äußerungen verstanden werden sollen, verwenden wir verschiedene Satzarten.

Aussagesatz

Fragesatz

Aufforderungssatz

Satzarten	
Wenn wir etwas aussagen (mitteilen, behaupten), fragen oder jemanden auffordern wollen, verwenden wir einen	
■ **Aussage-,**	*Ich gehe morgen zu ihm.*
■ **Frage-** oder	*Gehst du morgen zu ihm?*
■ **Aufforderungssatz.**	*Geh morgen zu ihm!*
In der gesprochenen Sprache erkennen wir die Satzart an der Stimmführung, in der geschriebenen Sprache an den **Satzschlusszeichen:** Punkt, Frage- und Ausrufezeichen.	
In vielen Situationen verwenden wir aber zum Auffordern auch Frage- oder Aussagesätze.	*Gibst du mir mal das Buch?* *Du könntest endlich aus dem Weg gehen.*
Hinter einem Fragesatz verbirgt sich manchmal auch eine Aussage. Wie die Sätze gemeint sind, schließen wir aus dem Tonfall oder aus dem Zusammenhang.	*Machen wir nicht alle Fehler?*

Satzreihe und Satzgefüge

Man unterscheidet einfache und zusammengesetzte Sätze.

Satzreihe

Zusammengesetzte Sätze	
Die **Satzreihe** besteht aus selbstständigen Teilsätzen (Hauptsätzen). Die Teilsätze werden manchmal nur durch Komma voneinander getrennt.	*Das Plakat war fertig, es sollte sofort aufgehängt werden.*
Meist werden sie jedoch durch **nebenordnende Konjunktionen** miteinander verbunden.	*Gutenberg war verschuldet,* ***doch*** *er arbeitete weiter an seiner Erfindung.*

Satzgefüge

Ein **Satzgefüge** ist zusammengesetzt aus mindestens einem Hauptsatz und mindestens einem Nebensatz, der zumeist mit einer **unterordnenden Konjunktion** eingeleitet wird.	*Es gibt Regen,* ***wenn*** *die Bewölkung zunimmt.*
Nebensätze können auch mit einem **Relativpronomen** eingeleitet werden. Die Teilsätze werden durch **Komma** abgetrennt.	*Der Regen,* ***der*** *seit Stunden fällt, war wegen der Hitzeperiode bitter nötig.*

▶ Komma im Satzgefüge S. 94

Nebensätze in Satzgefügen

Nebensätze sind **untergeordnete Teilsätze** in einem Satzgefüge.

Sie zeichnen sich durch folgende Merkmale aus:

■ Die Personalform des Verbs steht am Ende.	*Sie gingen, nachdem sie gefrühstückt* ***hatten.***
■ Zumeist findet sich ein Einleitewort (Konjunktion, Relativpronomen), das den Bezug zum Hauptsatz herstellt.	*Sie gingen,* ***nachdem*** *sie gefrühstückt hatten.*

■ Sie können in der Regel (besonders in der Schriftsprache) nicht allein stehen.

Je nach Rolle im Satz unterscheidet man Relativsätze und Gliedsätze.

Relativsätze

Relativsätze nehmen oft die Stelle eines Attributs ein und heißen deshalb auch Attributsätze.

Attribut
Die ***neu erbauten*** *Häuser wurden vom Erdbeben zerstört.*
Die Häuser, ***die neu erbaut worden waren,*** *...*
Relativsatz

Relativpronomen

Relativsätze werden durch **Relativpronomen** eingeleitet. Relativpronomen sind z. B. *der, die, das* oder *welcher, welche, welches.* Sie stellen den Bezug zu einem Nomen oder Pronomen im Hauptsatz her. Sie dürfen nicht verwechselt werden mit *der, die, das* in der Funktion des Artikels oder Demonstrativpronomens. Probe: Nur das Relativpronomen kann durch *welcher, welche, welches* ersetzt werden.	*Die Häuser,* ***die*** *neu erbaut worden waren, ...* *Die Häuser,* ***welche*** *neu erbaut worden waren, ...*

Gliedsätze

Konjunktionen

Gliedsätze nehmen die Rolle eines Satzgliedes ein.

Sie werden zumeist durch **unterordnende Konjunktionen** eingeleitet und mit dem Hauptsatz verknüpft.	*weil, während, obwohl, damit, dass …*

adverbiale Bestimmung

Das Haus wurde ***nach dem Ablaufen des Wassers*** *abgerissen.*

Das Haus wurde abgerissen, ***als das Wasser abgelaufen war.***

Gliedsatz

Stufenmodelle

Stufenmodelle machen deutlich, wo Hauptsatz (HS) und Gliedsatz (GS) im Satzgefüge stehen:

Das Wasser wird blau, weil Tinte hineingekommen ist.

___ HS ___ ,

Konjunktion ___ GS ___ .

Weil Tinte hineingekommen ist, wird das Wasser blau.

___ HS ___ .

Konjunktion ___ GS ___ ,

▶ Komma im Satzgefüge S. 94

Das Wachs schmilzt, wenn es sehr erhitzt ist, in kurzer Zeit dahin.

___ HS (Anf.) ___ , ___ HS (Forts.) ___ .

Konjunktion _ GS _ ,

Adverbialsätze

Adverbialsätze

Adverbialsätze sind Gliedsätze, die die Stelle einer adverbialen Bestimmung einnehmen.

adverbiale Bestimmung

Wegen der Glätte *kam es zu Auffahrunfällen.*

Weil es glatt war, *kam es zu Auffahrunfällen.*

Adverbialsatz

Satzgefüge	**Hauptsatz**	**+ Gliedsatz**	
	Das Wasser wird blau,	***weil*** *ich Tinte hinzugefügt* ***habe.***	
Signale	Komma	Konjunktion	Personalform des Verbs am Satzende

Adverbialsätze	Arten der Adverbialsätze	
Temporalsätze	**Temporalsätze** geben Zeitverhältnisse an. Man ermittelt sie mit Fragen wie: *Wann ...?; Seit wann ...?; Wie lange ...?* **Konjunktionen**	***Während die Flamme brennt,*** *steigt das Wasser im Glas.* *als, während, nachdem ...*
Lokalsätze	**Lokalsätze** geben den Ort, die Richtung oder den Erstreckungsbereich eines Geschehens an. Man ermittelt sie mit Fragen wie: *Wo ...?; Woher ...?; Wohin ...?; Wie weit ...?* **Konjunktionen**	***Wo*** *die Öffnung ist, entweicht Luft.* *wo, woher, wohin, soweit*
Konditionalsätze	**Konditionalsätze** geben eine Bedingung an. Man ermittelt sie mit Fragen wie: *Unter welcher Bedingung ...?; Wann ...?* **Konjunktionen**	***Wenn das Wasser blau ist,*** *kann man die Luftbläschen deutlich sehen.* *wenn, falls, sofern ...*
Konsekutivsätze	**Konsekutivsätze** geben Folgen oder Wirkungen an. Man ermittelt sie mit Fragen wie: *Mit welcher Folge ...?; Mit welcher Wirkung ...?* **Konjunktionen**	*Ich füge Tinte hinzu,* ***sodass das Wasser blau wird.*** *sodass (auch: so ..., dass ...)*
Kausalsätze	**Kausalsätze** geben den Grund oder die Ursache an. Man ermittelt sie mit Fragen wie: *Aus welchem Grund ...?; Aus welcher Ursache ...?; Warum ...?* **Konjunktionen**	*Die Luftbläschen sind gut zu erkennen,* ***weil das Wasser blau gefärbt ist.*** *weil, da*
Finalsätze	**Finalsätze** geben eine Absicht oder einen Zweck an. Man ermittelt sie mit Fragen wie: *Mit welcher Absicht ...?; Zu welchem Zweck ...?; Wozu ...?* **Konjunktionen**	*Man färbt das Wasser,* ***damit die Luftbläschen gut zu sehen sind.*** *damit, auf dass*
Konzessivsätze	**Konzessivsätze** drücken einen unzureichenden Gegengrund aus. Man ermittelt sie mit Fragen wie: *Trotz welcher Gegengründe ...?* **Konjunktionen**	*Das Wasser färbt sich vollständig blau,* ***obwohl ich nur einen Tropfen Tinte hinzugefügt habe.*** *obwohl, obgleich, wenn ... auch, wenngleich*

Inhaltssätze

Inhaltssätze

Inhaltssätze sind Gliedsätze, die die Rolle von Subjekt oder Objekt in Sätzen übernehmen können.

Subjektsätze
Objektsätze

Sie heißen daher auch **Subjektsätze** oder **Objektsätze** und lassen sich wie Subjekt oder Objekt erfragen.

***Dass du mein Buch liest,** gefällt mir.*
(Wer oder) Was gefällt mir? – …, dass du mein Buch liest.
Subjektsatz

*Ich hoffe, **dass dir das Buch gefällt.***
(Wen oder) Was hoffe ich? – …, dass dir das Buch gefällt.
Objektsatz

Inhaltssätze sind Gliedsätze, die den Inhalt dessen angeben, was man weiß, sagt, vermutet, hofft, wünscht; was klar oder unklar ist usw.

Judith *weiß, / behauptet, / beweist,* *dass sich heiße Luft ausdehnt.*

Inhaltssätze stehen also oft bei Verben des Sprechens sowie der sinnlichen und geistigen Wahrnehmung oder Tätigkeit.

dass-Satz
indirekter Fragesatz

Varianten der Inhaltssätze	
dass-Satz	*Ina sagt, **dass ihr das Buch gefällt.***
indirekter Fragesatz	*Ihre Freundin fragt, **wann sie es zu lesen bekommt.*** *Ina weiß nicht, **ob sie rechtzeitig fertig wird.***
satzwertiger Infinitiv (Infinitivsatz)	*Ihre Freundin ist bereit, **den Termin zu verschieben.***

Satzwertige Infinitive und satzwertige Partizipien

satzwertiger Infinitiv

Wortgruppen mit einem Infinitiv mit *zu*, die an Stelle von Gliedsätzen stehen können, nennt man **satzwertige Infinitive.** Sie kommen vor als

■ **erweiterter Infinitiv** ersetzt oft Subjekt- und Objektsätze	*Der Forscher behauptet, **den Regenwald gut zu kennen.*** *Der Forscher behauptet, **dass er den Regenwald gut kennt.*** (Objektsatz)
■ **Infinitiv mit *um zu*** ersetzt Finalsätze	***Um sich auf die Reise in den Regenwald machen zu können,** muss man vorbereitet sein.* ***Damit man eine Reise in den Regenwald machen kann,** muss man vorbereitet sein.*

■ **Infinitiv mit *ohne zu*** ersetzt Modalsätze	***Ohne zu zögern,*** *sollte man auch den CD-Player zu Hause lassen.* ***Ohne dass man zögert,*** *sollte man auch den CD-Player zu Hause lassen.*
■ **Infinitiv mit *(an)statt zu*** ersetzt Adversativsätze	*Man sollte bei Kleidung die Zweckmäßigkeit berücksichtigen,* ***statt auf die neueste Mode zu achten.*** *Man sollte bei Kleidung die Zweckmäßigkeit berücksichtigen,* ***anstatt dass man auf die neueste Mode achtet.***

satzwertiges Partizip

Wortgruppen, deren Kern ein Partizip ist, nennt man satzwertige Partizipien. Sie können Adverbialsätze ersetzen.

Satzwertige Partizipien können mit dem **Partizip Präsens** oder mit dem **Partizip Perfekt** gebildet werden.	***Gut vorbereitet,*** *gehört diese Reise zu den großen Abenteuern unserer Zeit.* (satzwertiges Partizip) ***Wenn sie gut vorbereitet ist,*** *gehört diese Reise zu den großen Abenteuern unserer Zeit.* (Konditionalsatz)

Wozu auf die Nebensätze achten?

Informationen verknüpfen

Mit den Nebensätzen gibt es viele Möglichkeiten, seine Gedanken auszuführen und einzelne **Informationen zu verknüpfen:** Begründungen, Folgen, Zeiträume, Inhalte und andere gedankliche Beziehungen können ausgedrückt werden.

Zeichensetzung

Bei Nebensätzen muss man auf die **korrekte Kommasetzung** achten.

dass-Satz

Das hartnäckigste Fehlerproblem ist der *dass*-Satz.

Die **Konjunktion *dass*** leitet einen Nebensatz (Gliedsatz) ein. Deshalb wird der dass-Satz durch Komma vom Rest des Satzgefüges abgetrennt.	*Ich vermute,* ***dass du das Buch schon gelesen hast.***

	Um den dass-Satz zu erkennen, prüfst du:	
	■ Gibt es ein einleitendes Verb des Sprechens oder der sinnlichen und geistigen Wahrnehmung/Tätigkeit?	*vermuten*
	■ Antwortet der dass-Satz auf die Frage mit *Wer oder was ...?/ Wen oder was ...?*	*(Wen oder) Was vermute ich?* *..., dass du das Buch schon gelesen hast.*
das-Satz	Das **Relativpronomen *das*** leitet einen Relativsatz ein, der sich auf ein Bezugswort im Hauptsatz bezieht.	*Das Buch, **das du mir geliehen hast,** fand ich langweilig.*
	Um den das-Satz zu erkennen, prüfst du:	
	■ Lässt sich das *das* durch *welches* ersetzen?	*Das Buch, **welches** du mir geliehen hast, ...*
	■ Gibt es ein Bezugswort im Hauptsatz?	*Das **Buch, das** du mir geliehen hast, ...*
	■ Frageprobe mit der Frage *Was für ein ...?*	*Was für ein Buch?* *Das Buch, **das du mir geliehen hast,** ...*
Schachtelsätze vereinfachen	Bei Nebensätzen muss man sich vor zu vielen Unterordnungen hüten, sonst entstehen unübersichtliche **Schachtelsätze**. **TIPP** **Schachtelsätze** in mehrere Sätze **auflösen!**	*Ina ging, als sie das Buch, das auch schon ihr Bruder empfohlen hatte, weil er es in einem Zug verschlingen konnte, gelesen hatte, in die Bücherei, um von derselben Autorin ein zweites Buch zu suchen.* → *Inas Bruder hatte ihr das Buch empfohlen, weil er es in einem Zug verschlungen hatte. Als sie es nun selbst gelesen hatte, fand sie es auch sehr spannend. So ging sie in die Bücherei, um ein zweites Buch von derselben Autorin zu suchen.*
	Vor allem ist die ***dass-wenn*-Kopplung** zu vermeiden, da hierbei meistens Fehler entstehen und der Gedankengang für Leser zu kompliziert wird.	*Ina behauptet, dass, wenn man das Buch nicht gelesen hat, man wirklich etwas verpasst hat.* → *Ina behauptet, dass man wirklich etwas verpasst hat, wenn man das Buch nicht gelesen hat.*
Logik zeitliche Stimmigkeit	Wenn man beim Schreiben Nebensätze benutzt, sollte man kontrollieren, ob die gedankliche Verknüpfung auch **logisch** oder **zeitlich stimmig** ist.	*Inas Bruder kaufte die CD, weil er den Musiktitel zehnmal gehört hatte.* → *Inas Bruder kaufte die CD, nachdem er den Musiktitel zehnmal gehört hatte.*

4.7 Wort und Bedeutung

Umgang mit Begriffen

Begriffe dienen der Erfassung und Ordnung der Wirklichkeit. Sie stehen zueinander in einem Über- und Unterordnungsverhältnis.

Oberbegriff		**Möbel**		
unterteilt z. B. nach				
Aufgabe, Nutzen, Gebrauch	zum Sitzen (Stuhl)	zum Schlafen (Bett)	zum Aufbewahren von Dingen (Schrank)	
besonderen Eigenschaften, Merkmalen	Sessel	Klappstuhl	Bank	Sofa
Material, Machart	Ledersessel	Holzstuhl Polsterstuhl		Plüschsofa
Herkunft oder spezieller Funktion	Schreibtischsessel	Bürostuhl		Biedermeiersofa

	Die Hierarchie der Begriffe	
Oberbegriffe	**Oberbegriffe** dienen als Sammel- und Ordnungsbegriffe.	*Werkzeug – Tier ...*
Unterbegriffe	**Unterbegriffe** verhalten sich zu ihnen wie konkrete Beispiele.	*Hammer, Zange – Hund, Katze*
	Man kann Begriffe über ihre einzelnen Merkmale (äußere Merkmale, Funktionsmerkmale) gegeneinander abgrenzen.	Funktion: *Möbel zum Sitzen* Merkmal: *mit Lehne* / *ohne Lehne* *Stuhl* / *Hocker*
Begriffsumfang	Oberbegriffe haben einen größeren **Begriffsumfang,** d. h. weniger spezifizierende Merkmale.	*Nahrungsmittel – Brot*
Wortneuschöpfungen	Für neue Erfindungen werden oft **Wortneuschöpfungen** (Neologismen) geprägt. Dabei wird aber oft auf Wörter aus verwandten Wirklichkeitsbereichen zurückgegriffen, z. B. auf die Seemannssprache zur Bezeichnung von Dingen der Luftfahrt.	*Automobil, Fernseher, Flugzeug, Handy, Ozonloch* *Luftschiff, Höhenruder* usw.

Bedeutungsumfang von Wörtern

Will man über die Bedeutung von Wörtern sprechen, sollte man die folgenden Fachbegriffe kennen.

Synonyme	Wörter mit fast gleicher Bedeutung heißen **Synonyme.**	*trödeln – bummeln*
Wortfeld	Eine Gruppe von sinnverwandten Wörtern bildet ein **Wortfeld.**	*sagen – sprechen – rufen – meinen – behaupten – kommandieren …*
Homonyme	Gleich lautende Wörter, die aber doppelte oder auch dreifache Bedeutungen haben, nennt man **Homonyme.** (Mit solchen „Teekesselchen“ kann man spielen!)	*Ball, Absatz, Flügel …*
	Welche Bedeutung gemeint ist, wird nur im Sinnzusammenhang klar.	*Der **Hahn** tropft.* *Der **Hahn** kräht.* *Der **Hahn** wird gespannt.*
Denotation	Die im Wörterbuch aufgeführten Inhalte eines Worts sind seine **denotative Bedeutung.**	*Palmen: große, überwiegend in den Tropen weltweit verbreitete Familie holziger Blütenpflanzen*
Konnotation	Die mit dem Wort zugleich erinnerten Erfahrungen, Empfindungen, Assoziationen sind seine Mitbedeutungen oder die **konnotativen Bedeutungen.** Die konnotativen Bedeutungen können allen Sprechern/Sprecherinnen einer Sprache geläufig sein oder auch nur einzelnen Menschen.	*Palmen* → *Insel, weißer Sand, Sommer, Sonne, Ferien, baden …*

	Wird ein Sachverhalt oder Vorgang beschönigt, so spricht man von einem **Euphemismus.**	*entschlafen* für *sterben*, *freisetzen* für *entlassen*
	Begriffsbildungen, die in der Absicht, Sachverhalte zu beschönigen oder zu verschleiern, die Würde von Menschen verletzen, werden auch als **„Unwörter“** bezeichnet.	*Zecken* für Menschen, *ethnische Säuberung* für Vertreibung, *Wohlstandsmüll* für Menschen, die nicht willens oder in der Lage sind zu arbeiten

Bildlicher Sprachgebrauch

bildlicher Sprachgebrauch

Bildlicher Sprachgebrauch begegnet uns häufig in Gedichten, aber auch unsere Alltagssprache ist voll sprachlicher Bilder.

Man spricht von einer **übertragenen Bedeutung,** wenn die Bedeutung einer konkreten Sache auf menschliches Verhalten oder auf einen anderen Zusammenhang bezogen wird.	*stehen auf ...* → jemanden/etwas mögen *Nussschale* → kleines Boot

Vergleich

Bei einem **Vergleich** werden zwei verschiedene Vorstellungen durch *wie* miteinander verknüpft.	*Die Menschen sind wie grober bunter Sand.*

Metapher

Eine **Metapher** bringt zwei Vorstellungen aus zwei verschiedenen Bereichen ohne vergleichendes *wie* zusammen.

*Eine Blume **blüht auf.***	**Überlagerung** *neu, frisch erscheinen*	*Die Fußballmannschaft **blüht** in der zweiten Halbzeit **auf.***

Bereich: Natur
Die Blumen erblühen, die Blumen strahlen, frische Farben, Frühling und Sommer, neue Kraft, saftiges Grün, positive Gefühle für den Betrachter.

aufblühen

Bereich: Sport
Die Spieler erstarken, sind wieder frisch, voller Kraft, erscheinen neu, bringen neue Stimmung.

Assoziationen

Das Zusammenfügen der zwei Bereiche führt dazu, dass viele **Assoziationen** wachgerufen werden.

Bildspender
Bildempfänger

Beim metaphorischen Sprechen werden Vorstellungen aus einem Bereich – dem Bereich des Bildspenders – auf einen anderen Bereich – den Bereich des Bildempfängers – übertragen.
*Podolski **gab** in der 7. Minute **einen ersten Warnschuss** auf das gegnerische Tor **ab.***

Bildspender: Polizeisprache
wörtliche Bedeutung: mit der Pistole einen ungezielten Schuss abgeben, der einen gefährlicheren zweiten Schuss ankündigt

Übertragung
einen Warnschuss abgeben

Bildempfänger: Fußballsprache
übertragene Bedeutung: mit dem Ball einen ersten gefährlichen Schuss leisten, der schon fast ins Tor geht

Personifikation

Eine besondere Form der Metapher ist die **Personifikation.** Ein Gegenstand oder ein Begriff wird vermenschlicht.	*Die Stadt erwacht.*

4.8 Kommunikation und Sprachfunktionen

Kommunikationsmodell

Für die Abläufe der Kommunikation wurden verschiedene Modelle entwickelt, die jeweils bestimmte Faktoren im Kommunikationsprozess hervorheben: Die Medientheorie beobachtet vor allem den Einsatz der Medien und die Übermittlung der Signale (z. B. sprachliche Zeichen, Texte). Die Psychologie interessiert sich für die Beziehungen zwischen den Teilnehmerinnen und Teilnehmern an einer Kommunikationssituation, für ihre Absichten und Erwartungen. Da es bei Texten um menschliche Kommunikation geht, sind beide Ebenen zusammen zu sehen:

Kommunikationsmodell und Sprachfunktionen

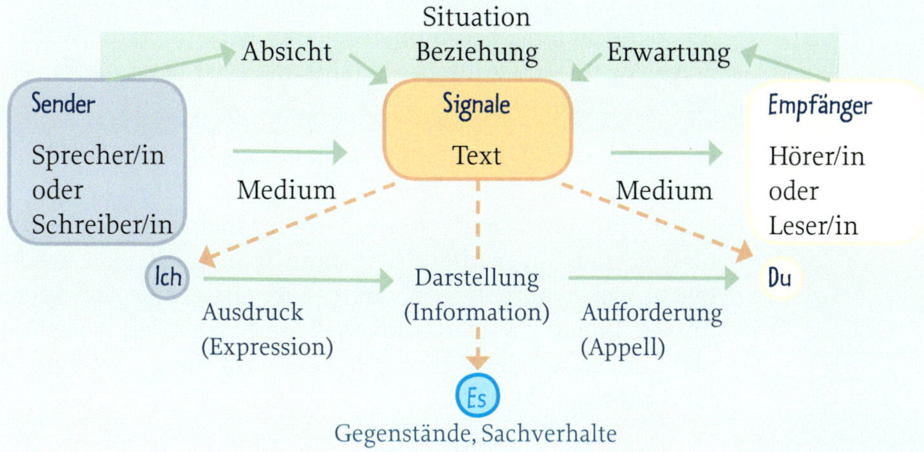

Sprachfunktionen

Sprachfunktion	Sprachliche Zeichen haben drei Sprachfunktionen: eine **darstellende** Funktion, eine **appellative** Funktion und eine **expressive** Funktion.
darstellende Funktion	**Information** (= darstellende Funktion): Gegenstände, Personen, Vorgänge, Sachverhalte werden dargestellt. Das kann z. B. durch Aussagesätze, Nomen, Adverbiale, Adjektive, Zahlen, Daten, Fakten, Beschreibungen, Fragen und Antworten usw. geschehen.
appellative Funktion	**Aufforderung** (= appellative Funktion): Es wird zum Handeln, Denken, Mitmachen aufgefordert. Das kann z. B. durch Imperative, Anredepronomen, Ausrufezeichen, elliptische (verkürzte) Sätze, Slogans, Sprüche, rhetorische Mittel usw. geschehen.
expressive Funktion	**Ausdruck** (= expressive Funktion): Gefühle, Hoffnungen, Proteste werden ausgedrückt. Das kann z. B. durch Ausrufe, Ich-Aussagen *(ich fühle),* Wertungswörter/Gradadjektive *(hervorragend, toll),* Einzelwörter und elliptische Sätze, Bekenntnisse usw. geschehen.

In komplexeren Texten gibt es meist eine vorherrschende Funktion, auch wenn sie noch andere Funktionen zugleich zeigen: Ein Bericht ist z. B. von der darstellenden Funktion geprägt, auch wenn Aufforderungen oder Expressionen vorkommen.

Inhalts- und Beziehungsseite der Kommunikation

Inhaltsseite

In Gesprächen werden **Inhalte** vermittelt: Sachverhalte, Fakten, Beobachtungen, Erlebnisse, Erinnerungen, Vorstellungen, Meinungen, Wünsche ...

Beziehungsseite

Über die Inhalte hinaus spielt bei der Kommunikation auch eine Rolle, welche **Beziehung** die Kommunikationspartner zueinander haben, welche Absichten sie verfolgen, welche Erwartungen sie aneinander haben und in welcher Situation das Gespräch stattfindet. Auf der sprachlichen Ebene kann die Beziehungsseite einer Aussage durch die Betonung und besonders durch die Wahl der Satzart (Aussage, Frage, Ausruf) sowie durch Modalpartikel (z. B. *doch, nur, ja, eben*) zum Ausdruck gebracht werden.

Die meisten Alltagsgespräche laufen nahezu automatisch ab. Wir sprechen und reagieren oftmals, ohne über das Gesagte nachzudenken. So hat man mitunter das Gefühl, nicht verstanden zu werden oder aneinander vorbeizureden. Missverständnisse, Verletzungen und Streit kann man vermeiden, wenn man sich bewusst macht, welche Intentionen, Interessen und Gefühle das Gesprächsverhalten beeinflussen. In manchen Situationen entspricht z. B. die Absicht der Kommunikation nicht unbedingt der Wirkung oder es wird sogar das Gegenteil von dem erreicht, was beabsichtigt war.

Kommunikationsanalyse

Kommunikationsanalyse

Um das sprachliche Verhalten von Dialogpartnern in Sprechsituationen (im Alltag wie in der Literatur) zu verstehen, muss man beobachten, wie ihre Kommunikation in größere Handlungszusammenhänge eingebettet ist, wie sprachliche Handlungen zur Verständigung, zur Kooperation oder zum Konkurrenzkampf eingesetzt werden und woran es liegt, dass Kommunikation gelingt oder misslingt. Dabei ist zu untersuchen, wie sich die spezifischen Umstände der Situation, die Handlungen und die Rede- oder Gesprächsbeiträge gegenseitig beeinflussen:

Situationsanalyse	
Leitfrage Welche Faktoren der Situation bestimmen vor allem die Art und das Zusammenspiel des Handelns und des Redens?	**Faktoren** *Äußere Einflüsse:* Ort, Raum, Zeit, Gegenstände, Umstände, Atmosphäre, Personenkonstellation, Rollenverteilung, persönliche Situation, Gefühle, gesellschaftliche Bedingungen und Normen, wirtschaftliche Lage usw.

Handlungsanalyse	
Leitfrage Welche Handlungen wirken vor allem auf die Situation und das Gespräch ein oder gehen aus ihnen hervor?	**Faktoren** *Konkrete Handlungen:* Fenster öffnen, Kaffee eingießen, Formular reichen ... *Handlungsträger:* Personen, Gruppen *Handlungsablauf:* Auslöser, Verlauf, Ergebnis, Folgen; Handlungsspielraum, Handlungsalternativen usw.
Rede-/Gesprächsanalyse	
Leitfrage Welche Bedeutung haben Gesprächs- oder Redeteile für die Situation und die konkreten Handlungen?	**Faktoren** *Sprachhandlungen:* Bitte, Empfehlung, Forderung, Herabsetzung, Information, Kompliment, Mutmaßung, Schmeichelei, Unterstellung, Widerspruch ... *Redemittel:* rhetorische Mittel, bildliche Mittel, Redewendungen ... *Redeorganisation:* Sprecherwechsel, Redeanteile, Dominanz (Vorherrschaft); Inhalts- und Beziehungsaspekt

4.9 Sprachvarianten/Sprachvarietäten

In einer Sprachgemeinschaft werden neben der Standard- oder Hochsprache unterschiedliche Sprachvarianten verwendet.

Hochsprache
Standardsprache
Umgangssprache

Die **Hochsprache** (auch: **Standardsprache**) ist die allgemein verbindliche Form einer Sprache, wie sie in der Öffentlichkeit – vor allem in den Medien – gebraucht wird. Der alltägliche mündliche Sprachgebrauch **(Umgangssprache)** orientiert sich an der Hochsprache, wendet deren Regeln und Normen aber nicht streng an. Typisch für die Umgangssprache sind kurze und einfache, aber auch unvollständige Sätze. Alterstypische **Gruppensprachen** und Szenejargons, Dialekte und Fachsprachen sowie die Standardsprache und Umgangssprache sind verschiedene **Sprachvarianten/Sprachvarietäten,** die sich beim aktuellen Sprechen je nach Sprecherin oder Sprecher überlagern und mischen. Oft verwenden Sprecherinnen und Sprecher auch geschlechtsspezifische Sprachvarianten (Männersprache/Frauensprache).

Dialekt

Dialekt

Regionale Sprachvarianten bezeichnet man als **Dialekt** oder **Mundart.**

Zu den deutschen Dialekten zählen u. a. das Kölsch, die hessisch-fränkischen Mundarten, das Bairische, das Sächsische sowie das Schwäbisch-Alemannische.

Kölsch	*Et kütt, wie et kütt. Wat fot is, is fot.*
Schwäbisch	*A bissle isch emmer no besser wia gar nix.*

Jugendsprache

Gruppensprache

Soziale Gruppen grenzen sich mitunter über **Gruppensprache** von anderen Gruppen ab.

Die Jugendkultur z. B. setzt sich aus einer Vielfalt von „Szenen" zusammen, d. h. sozialen Gruppierungen, in denen sich Jugendliche mit ähnlichen Interessen, Wertvorstellungen und Freizeitaktivitäten zusammenfinden. Es gibt eine lockere Zugehörigkeit, die sich an vergleichbaren Konsumgewohnheiten, Kleidermoden, Musikvorlieben, Kommunikationsformen usw. ablesen lässt, z. B. Skater, Techno-Freaks, Alternative, Body-Culture, Computer-Freaks, Surfer, Junge Christen, Gewerkschaftsjugend, Raver, Punks ...

Szenejargon

In der Regel benutzt man innerhalb der eigenen Szene einen **Szenejargon.** Beispiele aus der Sprache der Techno-Szene: *Flyer, Rave, DJ, Dancefloor, abgrooven, Sampler ...*

Bestimmte typische Beispiele lassen sich gruppieren:

Anglizismen sind Übernahmen aus dem Englischen/Amerikanischen.	*Connections, powern ...*
Metaphern werden oft aus dem Tier- oder Pflanzenreich gewählt.	*keinen Bock haben ...* *eingehen ...*
Vulgärsprache/sexistische Sprache umfasst Wörter mit sexuellen oder frauen-/männerfeindlichen Anspielungen sowie Ausdrücke der Fäkaliensprache, die normalerweise tabuisiert werden.	*fuck, Tussi, Schnecke, Macker, shit ...*
Gefühlsgeladene Verstärker, meist modisch wechselnde Adjektive, betonen die folgende Aussage.	*cool, geil, fett, krass ...*
Grammatische Veränderungen beziehen sich besonders auf Satzbau und Flexionsendungen, z. B. Einwortsätze/Ellipsen oder Infinitivstil.	*Runter!* *Abzischen!*

Fachsprache

Fachsprache

Fachsprachen sind typisch für eine bestimmte Wissenschaft, ein Schulfach oder ein berufliches Umfeld.

Sie haben oft fremdsprachliche Elemente und arbeiten mit Abkürzungen.

Elektronik	*Hauptplatine, Schaltkreis, PC, RAM ...*
Biologie	*Photosynthese, Ökosystem ...*
Literatur	*Alliteration, Exposition ...*
Medizin	*Diagnose, Anästhesie, EEG ...*
Werbung	*Eyecatcher, Aufreißer ...*

4.10 Sprachkritik

An der Verwendung von Sprache kann man Kritik üben. Sprachaufmerksamkeit ist eine wichtige Voraussetzung für Sprachkritik. Lohnend ist es z. B., den kritischen Blick darauf zu richten, wie die Wirklichkeit sprachlich vermittelt wird.

Wortwahl

Bei der Wahl der Wörter haben Sprecher/innen oder Schreiber/innen verschiedene Alternativen in einem Netz von Begriffen.

Man untersucht daher die Wortwahl z. B. unter folgenden Gesichtspunkten.

Synonyme (bedeutungsverwandte Wörter)	*Armut, Elend, Not ...*
Antonyme (Gegenwörter)	*Armut – Reichtum/Wohlstand ...*
Redewendungen	*arm, aber glücklich* *Geld allein macht nicht glücklich*
Konkreta/Abstrakta	*Haus/Behausung* *Kuss/Liebe* *der Freund/Freundschaft ...*
Fremdwörter/Lehnwörter	*Interface, Laptop, Hobby ...*
Neologismen (neu gebildete Wörter)	*faxen ...*

Modewörter	*sich outen, mega-in …*
politische Leitbegriffe z. T. ideologisch besetzte Begriffe	*soziale Gerechtigkeit* *freie Marktwirtschaft* *Ausbeutung …*
Phrasen – Stereotype – Klischees (festgelegte, schematische Wortgruppen und Bilder)	*nichts für ungut* *der kleine Mann* *der Mittelstand …*
Euphemismen (beschönigende oder verharmlosende Begriffe)	*dahinscheiden* für *sterben;* *Rentenreform* für *Rentenkürzung;* *Störfall* für *Unfall;* *Restrisiko* für *Sicherheitsproblem;* *Entsorgungspark* für *Müllhalde;* *Entsorgung* für *Müllbeseitigung* usw.

Weitere Untersuchungsgesichtspunkte sind z. B.:

Anglizismen

Sprachliche Trends: Anglizismen	
Oft wird das englische Wort importiert, weil es keine deutsche Bezeichnung für den betreffenden Sachverhalt gibt oder weil die Übersetzung zu umständlich klänge.	*Management* statt *Betriebsleitungstechnik*
Mitunter gehören die Wörter zu Bereichen, in denen Englisch die internationale Verkehrssprache oder Fachsprache ist.	*Ticket, Gate* *Computer* statt *Rechner*
Manche Anglizismen sind allerdings nur modische Protzereien. Das ist besonders häufig bei Beispielen aus Fernsehen und Werbeindustrie der Fall.	*City-Center*

Techniken der Diffamierung

Techniken der Abwertung und Diffamierung	
Verwendung herabsetzender Bezeichnungen für Männer, die auch die femininen Züge in sich akzeptieren und für die Zärtlichkeit, Kinderliebe, Beteiligung an den Aufgaben in Haushalt und Erziehung usw. wichtig sind	*Softi, Weichei*
Verwendung anderer abwertender Begriffe, die oft aus größeren Wortfeldern diffamierender Ausdrücke stammen	*Dienstmädchen* statt *Haushaltshilfe; Penner* oder *Schnorrer* statt *Arme*
Verwendung von Wortbildungsmustern, durch die das Wort in Beziehung gebracht wird zu anderen negativ besetzten Wörtern	*Asylanten* statt *Asyl Suchende* oder *Asylberechtigte* durch die Nähe zu *Simulant, Querulant, Intrigant, Sympathisant*

Political Correctness

Political Correctness	
Der öffentliche Meinungsdruck und die bewusstere Sprachverwendung bewirken eine vorsichtigere Begriffsnutzung bis hin zu sprachlichen Veränderungen und sprachlicher Kontrolle. Dies gilt insbesondere für das Bemühen um geschlechtsneutrale Formulierungen statt traditionell maskuliner Formen (siehe Männersprache, Frauensprache).	*Afroamerikaner* an Stelle von *Schwarzer* oder *Neger; StudentIn, Student/in, Studentin oder Student* statt nur *Student;* wahlweise die Amtsbezeichnung *Amtmännin* oder *Amtfrau* usw.

4.11 Sprachgeschichte/Sprachwandel

Die Sprache ist kein ewig feststehendes System aus Wörtern und Satzbaumustern. Was früher einmal als falsch angesehen wurde, setzt sich durch und wird als möglich angesehen: *Weil, es geht doch!* Dass *weil* inzwischen wie *denn* bereits von vielen als nebenordnende Konjunktion gebraucht wird, ist Ergebnis des ständig stattfindenden **Sprachwandels.** Der Sprachwandel kann die unterschiedlichen Ebenen des Sprachsystems erfassen:

- die phonetische Ebene **(Lautwandel),**
- die syntaktische Ebene (Wortstellung),
- die semantische Ebene **(Bedeutungswandel),**
- die pragmatische Ebene (Stil, Ausdrucksweise).

Lautwandel

1. Lautverschiebung

Der Ursprung der deutschen Sprache, das Germanische, hat sich im Laufe des 1. Jahrtausends v. Chr. herausgebildet. Entscheidend dafür war die Veränderung bestimmter Konsonanten. Man nennt sie **erste Lautverschiebung** (auch: **germanische Lautverschiebung**). Ihre Spuren kann man noch heute deutlich erkennen, z. B. beim Anlaut von *Vater* und *father* (engl.) gegenüber den nicht verschobenen *pater* (lat.), *padre* (it.), *père* (frz.).

germ.		hochdeutsch	engl. (germ.)	niederdeutsch	hochdeutsch
p	Anlaut	*pf*	*pipe*	*Pip*	*Pfeife*
	In- u. Auslaut	*f*	*to help*	*helpen*	*helfen*
t	Anlaut	*z (= ts)*	*ten*	*ten*	*zehn*
	In- u. Auslaut	*s (als s, ss, sz)*	*water*	*Water*	*Wasser*
k	Anlaut	*k bleibt*	*to come*		*kommen*
	In- u. Auslaut	*ch*	*to break*	*breken*	*brechen*
d	———	*t*	*day*	*Dag*	*Tag*
th	meist (8. Jh.)	*d*	*that*	*dat*	*dass* *das*

2. Lautverschiebung

Einige Jahrhunderte später, zwischen dem 4. und dem 6. Jh., kam es zur **zweiten Lautverschiebung (althochdeutsche Lautverschiebung),** durch die sich das Althochdeutsche (Ahd.) aus dem Germanischen heraus entwickelte. Ab ca. dem Jahr 600 n. Chr. gibt es also Deutsch als eigenständige Sprache. Man nimmt an, dass sich die zweite Lautverschiebung von Süden nach Norden ausgebreitet hat, etwa bis zu einer Linie Köln – Kassel – Berlin, sodass Teile Norddeutschlands nicht mehr von ihr erfasst wurden.

Trotz der Zersplitterung des deutschen Sprachgebiets in verschiedene deutsche Dialekte setzte sich in der ersten Hälfte des 16. Jh. das Neuhochdeutsche als Einheitssprache durch. Zu dieser Entwicklung trug v. a. die durch die Fortschritte des Buchdrucks ermöglichte weite Verbreitung von Luthers Bibelübersetzung bei.

Die Aussprache der Konsonanten nach der zweiten Lautverschiebung um 600 n. Chr.

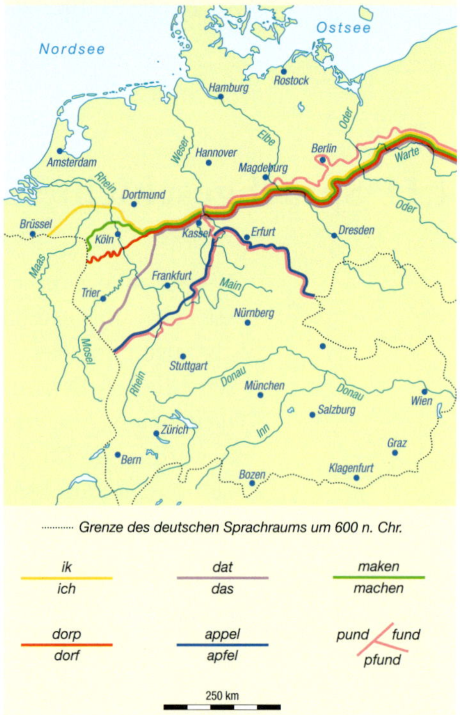

Bedeutungswandel

Bedeutungswandel

Sprachen entwickeln sich nicht nur durch **Lautwandel** weiter, sondern ebenso durch **Bedeutungswandel.**

Bedeutungserweiterung

Der Bedeutungswandel einzelner Wörter ist meist auch Spiegel einer kulturellen Entwicklung. Während z.B. neuhochdeutsch (nhd.) *Frau* eine allgemeine Geschlechterbezeichnung ist, hatte das mittelhochdeutsche (mhd.) *frouwe adlige Dame,* in der Regel verheiratet, *Herrin)* noch eine ganz bestimmte, gesellschaftlich festgelegte Bedeutung. Diese Veränderung nennt man **Bedeutungserweiterung.**

Bedeutungsverengung

Andere Wörter haben eine **Bedeutungsverengung** erfahren. So bezeichnete das Wort *Hochzeit (hôchgezît)* im Mittelhochdeutschen jedes hohe kirchliche oder weltliche Fest (auch höchste Freude), heute hingegen versteht man darunter nur noch die Feier bei einer Eheschließung.

Bedeutungsverschlechterung

Ein klassisches Beispiel für **Bedeutungsverschlechterung** ist *Dirne (junges Mädchen → dienendes junges Mädchen → Hure).* Hier handelt es sich um ein Zusammenspiel von Bedeutungsverschlechterung und Bedeutungsverengung. Im Norddeutschen ist auch heute noch *Deern* für *junges Mädchen* gebräuchlich.

Bedeutungsverbesserung

Eine **Bedeutungsverbesserung** kommt viel seltener vor als eine Bedeutungsverschlechterung. Das Wort *Marschall* z.B., heute eine Bezeichnung für einen hohen militärischen Rang, bedeutete ursprünglich *Pferdeknecht* (eine Zusammensetzung aus dem alten Wort *Mähre = Pferd* und *Schalk = Knecht*).

Erb-, Lehn- und Fremdwörter

Erbwörter

Neben **Erbwörtern,** also Wörtern, die dem heimischen Sprachbereich entstammen *(Vater, Bruder),* finden sich in jeder Sprache auch Lehnwörter und Fremdwörter. Sie wurden aus einer fremden Sprache übernommen.

Lehnwörter

Lehnwörter haben sich in Schreibung und Aussprache an die eigene Sprache angepasst (lat. *claustrum* → *Kloster,* afrz. *danser* → *tanzen*).

Fremdwörter

▶ Schreibung von Fremdwörtern S. 89

Fremdwörter bleiben im Gegensatz dazu durch ihre Lautung und Schreibung, oft auch durch ihre Flexion, als fremde Wörter erkennbar *(Kasus, Salon, Flirt).*

Eine klare Trennung zwischen Lehn- und Fremdwort ist oft nicht möglich, da alle Lehnwörter ursprünglich Fremdwörter waren.

5 Umgang mit Texten und Medien

5.1 Erzählende Texte

▶ Lyrik S. 159
▶ Drama S. 164
▶ Merkmale des Erzählens S. 155

Homer (um 700 v. Chr.)

Die erzählende Literatur **(Epik)** ist neben **Lyrik** und **Dramatik** eine der drei literarischen Großgattungen. Kennzeichnend für epische Texte ist es, dass den Leserinnen und Lesern eine Geschichte von einem fiktionalen (erfundenen) **Erzähler** präsentiert wird, der nicht mit der Autorin oder dem Autor verwechselt werden darf, sondern mehr oder weniger deutlich als Figur der Erzählwelt in Erscheinung tritt.

Es sind verschiedene Möglichkeiten denkbar, epische Texte zu unterscheiden: Es gibt ernste und komische Erzählungen, Erzählungen in Prosa oder in Versform. Am häufigsten unterscheidet man jedoch zwischen Groß- und Kurzepik. So gibt es neben den epischen Großformen Roman (z. B. Thomas Mann: *Buddenbrooks*) und Epos (Verserzählung, z. B. Homer: *Odyssee*) auch zahlreiche Formen kürzerer Prosa.

Textarten

	Textart	Autoren/Titel beispielhafter Beginn/Auszug
Anekdote	Eine Anekdote ist eine kurze, meist witzige Geschichte zur scharfen, blitzlichtartigen Charakterisierung einer bekannten Persönlichkeit. Gegenstand der Anekdote können aber auch gesellschaftliche Gruppen, Charaktertypen oder denkwürdige Ereignisse sein. Sie konzentriert sich auf das Wesentliche, ist knapp formuliert und oft auf eine Pointe hin ausgerichtet.	**Johann Peter Hebel:** Schatzkästlein des Rheinischen Hausfreundes (1811) **Heinrich von Kleist:** Anekdoten Sonderbarer Rechtsfall in England (1811) *Man weiß, dass in England jeder Beklagte zwölf Geschworene von seinem Stande zu Richtern hat.*
Erzählung	Erzählung ist ein Sammelbegriff für unterschiedliche Kurzformen des Erzählens, die nicht genauer durch bestimmte Textmerkmale gekennzeichnet sind. Im Unterschied zum Roman ist die Erzählung knapper und überschaubarer.	**Theodor Fontane:** Unterm Birnbaum (1885) *Vor dem in dem großen und reichen Oderbruchdorfe Tschechin und Michaeli 1820 eröffneten Gasthaus und Materialwarengeschäft ... wurden Säcke ... geladen.*

	Textart	Autoren/Titel beispielhafter Beginn/Auszug
Fabel	In der Fabel handeln und sprechen zumeist Tiere. Viele dieser Tierfiguren verkörpern menschliche Charaktereigenschaften und sind als feststehende Typen dargestellt. Der Fuchs gilt als schlau, der Esel als dumm, der Löwe als mächtig, der Wolf als gierig. Die Tiere sind häufig Gegner (Fuchs und Rabe, Wolf und Lamm, Löwe und Esel), der Stärkere oder der Listigere siegt. Aus Fabeln soll man Lehren für das eigene Verhalten gegenüber anderen Menschen ziehen. Fabeln können wie Gedichte in Versen oder aber in Prosa (als kurze Erzählung) geschrieben sein.	**Phädrus:** Der Hund und der Wolf (~40 n. Chr.) *Wie süß die Freiheit, will ich kurz erzählen.* *Dem feisten Hund begegnet einst der Wolf.* **Martin Luther:** Vom Löwen, Fuchs und Esel (1530) *Ein Löwe, Fuchs und Esel jagten miteinander ...* **Gottfried Ephraim Lessing:** Der Wolf und das Schaf (1759) **Helmut Arntzen:** Das Kaninchen und der Hase (1966)
Kalendergeschichten	Wie der Name schon sagt, wurden Kalendergeschichten ursprünglich für die Kalender geschrieben, die in früheren Jahrhunderten neben der Bibel häufig das einzige Druckerzeugnis in vielen Haushalten waren. Kalendergeschichten sind kurze, überschaubare Erzählungen, die unterhalten und belehren sollen. Meist geht es in ihnen um merkwürdige, witzige oder auch nachdenklich stimmende Begebenheiten, die der Autor irgendwo aufgeschnappt oder in einer Zeitschrift, einem Magazin oder einem Geschichtsbuch gelesen hat und die er nun für seinen Kalender ausgestaltet. Der bekannteste Kalendergeschichtenschreiber ist Johann Peter Hebel (1760–1826). In neuerer Zeit hat Bertolt Brecht (1898–1956) die Tradition der Kalendergeschichte wieder aufgegriffen; allerdings wurden seine Geschichten nicht mehr für einen Kalender geschrieben, sondern für eine Veröffentlichung in Buchform.	**Johann Peter Hebel:** Schatzkästlein des rheinischen Hausfreundes (1811), z. B. Der Husar in Neiße *Als im Anfang der Französischen Revolution die Preußen mit den Franzosen Krieg führten ...* **Bertolt Brecht:** Kalendergeschichten (1949), z. B. Der hilflose Knabe *Herr K. sprach über die Unart, erlittenes Unrecht stillschweigend in sich hineinzufressen, und erzählte die folgende Geschichte ...*

	Textart	Autoren/Titel beispielhafter Beginn/Auszug
Kurzgeschichte	Der Name „Kurzgeschichte“ ist eine Übersetzung des amerikanischen Begriffs „short story“. Die ersten deutschen Kurzgeschichten entstanden nach dem Zweiten Weltkrieg und behandeln Themen der Kriegs- und Nachkriegszeit. Meist geht es in Kurzgeschichten um entscheidende Situationen im menschlichen Leben. Obwohl die Kurzgeschichten in Form und Darstellungsweise beträchtlich variieren, kann man gewisse gemeinsame Tendenzen feststellen: Kürze, Konzentration auf einen Geschehensausschnitt, Wechsel zwischen Erzählerbericht und Figurenrede (direkter oder indirekter Rede), unvermittelter Anfang und offener Schluss, Nähe zur Alltagssprache, Mehrdeutigkeit.	**Wolfgang Borchert:** Das Brot (1946) *Plötzlich wachte sie auf. Es war halb drei. ...* **Gabriele Wohmann:** Ein netter Kerl (1978) *Ich habe ja so wahnsinnig gelacht, rief Nanni. Genau wie du ihn beschreiben hast, entsetzlich ...* **Julia Franck:** Streuselschnecke (2002)
Märchen	Märchen sind fantastisch-wunderbare, frei erfundene Geschichten, die keinen namentlich bekannten Autor haben. Sie sind lange vor der Zeit des Buchdrucks entstanden und von Generation zu Generation weitererzählt worden. Später haben Schriftsteller und Literaturwissenschaftler diese Märchen gesammelt und aufgeschrieben. Die berühmteste Märchensammlung stammt von den Brüdern Jacob (1785–1863) und Wilhelm Grimm (1786–1859). Die Figuren werden im Märchen nur in einigen für die Handlung wesentlichen Eigenschaften vorgestellt (Gut-Böse-Schema). Ort und Zeit sind nicht näher bestimmt. Das Handlungsschema ist oft so, dass die Heldin/der Held eine Reihe von Aufgaben bewältigen muss (häufig sind es drei) und am Ende eine Belohnung gewinnt. Übernatürliche	**Jacob und Wilhelm Grimm:** Kinder und Hausmärchen (1812–1815), z. B. Das tapfere Schneiderlein *An einem Sommermorgen saß ein Schneiderlein auf seinem Tisch am Fenster, war guter Dinge und nähte aus Leibeskräften ...* **aus Japan:** Der Brückenbauer und der Dämon **aus der Türkei:** Das Töpfchen

	Textart	Autoren/Titel beispielhafter Beginn/Auszug
	Mächte (Gott, Teufel, Hexen, Feen, mit magischen Kräften ausgestattete Tiere usw.) greifen wie selbstverständlich ins Alltagsleben ein. Zeitgenössische Autoren haben diese alten Märchenstoffe aufgegriffen und für ihre Zwecke umgeschrieben, daraus entstanden dann so genannte „moderne Märchen".	*moderne Märchen:* **James Thurber:** Das kleine Mädchen und der Wolf (1948) **Paul Maar:** Die Geschichte vom bösen Hänsel, der bösen Gretel und der Hexe (1979)
Novelle	Die Novelle (von ital. *novella* = Neuigkeit) ist eine kürzere Erzählung, die in straffer Form eine tatsächliche oder mögliche ungewöhnliche Begebenheit, oft den Wendepunkt im Leben eines Menschen, darstellt. Sie hat eine straffe, meist einsträngige Handlung, die auf einen deutlich hervorgehobenen Höhe- bzw. Wendepunkt zielt. Weitere Merkmale sind erzählerische **Vorausdeutungen** und die Verwendung der **Leitmotivtechnik**. Eine Besonderheit ist das leitmotivische Auftreten von **Dingsymbolen**, in denen sich die Handlung verdichtet, z. B. der „Judenbuche" als Ort der Schuld und Sühne Friedrich Mergels.	**Giovanni Boccaccio:** Il decamarone (1348–1353) **Heinrich v. Kleist:** Die Marquise von O. (1808) **Joseph v. Eichendorff:** Aus dem Leben eines Taugenichts (1826) *Das Rad an meines Vaters Mühle brauste und rauschte schon wieder recht lustig ...* **Theodor Storm:** Der Schimmelreiter (1888) **Gottfried Keller:** Die Leute von Seldwyla (1856), darin: Kleider machen Leute *An einem unfreundlichen Novembertage wanderte ein armes Schneiderlein ...* **Thomas Mann:** Tonio Kröger (1903); Der Tod in Venedig (1912) **Günter Grass:** Katz und Maus (1961); Im Krebsgang (2002) **Siegfried Lenz:** Schweigeminute (2008)
Parabel	Parabeln (von gr. *parabole* = Gleichnis) haben lehrhaften Charakter und enthalten meist eine allgemeine Erkenntnis oder Lebensweisheit, die durch Übertragung des dargestellten Ereignisses erschlossen werden kann: Das **Gesagte** (Bildteil), das eine beispielhafte, konkrete Handlung zeigt, verweist indirekt auf etwas **Gemeintes** (Sachteil),	**Franz Kafka:** Eine kaiserliche Botschaft (1919) *Der Kaiser – so heißt es – hat Dir, dem Einzelnen, dem jämmerlichen Untertanen ... von seinem Sterbebett aus eine Botschaft gesendet.* **Martin Buber:** Der Baalschem erzählte (1908) **Bertolt Brecht:** Herr Keuner und die Flut (1948)

	Textart	Autoren/Titel beispielhafter Beginn/Auszug
	die beabsichtigte Aussage des Textes. Ziel der Interpretation ist es, **Gesagtes** und **Gemeintes** deutend miteinander zu verknüpfen.	**Günter Kunert:** Mann über Bord (1972)
Parodie ▶ Satire S. 153	Unter einer Parodie versteht man die gezielte Umwandlung eines bestehenden Textes in satirischer Absicht. Die Parodie ahmt bestimmte Formmerkmale eines Textes nach, übertreibt sie oder füllt sie mit anderen Inhalten, wobei der Ursprungstext weiterhin erkennbar bleibt.	**RST:** Der wahre Tell (1993) **Erich Kästner:** Kennst du das Land, wo die Kanonen blühn? (1928) **Robert Neumann:** Mit fremden Federn (1927)
Roman	Romane sind Prosatexte größeren Umfangs, in denen meist vielschichtige Lebenszusammenhänge dargestellt werden. Um zahlreiche Figuren ranken sich Haupt- und Nebenhandlungen. Der Roman ist die heute vorherrschende literarische Gattung. Es gibt vielfältige Arten des Romans, die sowohl der Form nach (Briefroman, Collageroman ...) als auch dem Inhalt nach (Detektivroman, Großstadtroman ...) unterschieden werden.	**Sophie von La Roche:** Geschichte des Fräuleins von Sternheim (1771) **Johann Wolfgang Goethe:** Die Leiden des jungen Werthers (1774) **Gottfried Keller:** Der grüne Heinrich (1854/55) **Theodor Fontane:** Effi Briest (1894) **Thomas Mann:** Buddenbrooks (1901) **Franz Kafka:** Der Prozess (1915) *Jemand musste Josef K. verleumdet haben, denn ohne dass er etwas Böses getan hätte, wurde er eines Morgens verhaftet ...* **Max Frisch:** Homo faber (1957) **Günter Grass:** Die Blechtrommel (1959) **Christa Wolf** Kassandra (1983) **Patrick Süskind:** Das Parfum (1985) **Ulla Hahn:** Das verborgene Wort (2001) **Juli Zeh:** Spieltrieb (2004) **Daniel Kehlmann:** Die Vermessung der Welt (2005)

	Textart	Autoren/Titel beispielhafter Beginn/Auszug
Sage ▶ Märchen S. 150	Sagen sind ursprünglich auf mündlicher Überlieferung beruhende kurze Erzählungen fantastischer Ereignisse. Im Gegensatz zum Märchen knüpfen sie an wirkliche Gegebenheiten an und gestalten diese fantasievoll aus. **Lokal**- oder **Heimatsagen** sind meist an einen ganz bestimmten Ort gebunden und auch zeitlich festgelegt; **Heldensagen** handeln von überzeitlichen Fragen, z. B. von Kampf und Bewährung, Sieg und Niederlage und abenteuerlichen Reisen des Helden.	**Jacob und Wilhelm Grimm:** Deutsche Heldensagen (1829, Siegfried, Tannhäuser, Lohengrin) *Von seines Vaters Burg in Xanten zog Jung-Siegfried den Rhein herauf. Da, wo die sieben Berge aus der Ebene aufsteigen, fand er in einem Walde Mime, den berühmten Waffenschmied.* **Gustav Schwab:** Die schönsten Sagen des klassischen Altertums (1838–1840, Die Sagen Trojas, Herakles', Äneas' usw.)
Satire ▶ satirisches Schreiben S. 49 ▶ Parodie S. 152	Als Satire bezeichnet man eine Spottdichtung, die Kritik an menschlichen Schwächen und Lastern oder gesellschaftlichen Missständen übt. Sie bringt die Leser/innen dazu, das Dargestellte kritisch zu sehen. Dabei bedient sich die Satire besonderer Darstellungsverfahren wie der Verzerrung, des Rollenwechsels, der Sprachmusterverschiebung oder des „fremden Blicks". Häufig eingesetzt werden außerdem sprachliche Mittel wie die Über- oder Untertreibung, Ironie, Mehrdeutigkeit, Situationskomik, Metaphern, Vergleiche und ein auffälliger Satzbau. Die Satire ist keine spezielle Textart, sie ist in allen literarischen Gattungen möglich. Verwandt ist sie mit der **Karikatur,** in der zeichnerische Elemente einen satirischen Effekt erzielen, und mit der **Parodie.**	**Heinrich Heine:** Deutschland. Ein Wintermärchen (1844, politisch-satirisches Versepos) *Das war der Teutoburger Wald,* *Den Tacitus beschrieben,* *Das ist der klassische Morast,* *Wo Varus stecken geblieben.* **Heinrich Mann:** Der Untertan (1916, satirischer Roman) **Friedrich Dürrenmatt:** Der Besuch der alten Dame (1956, satirische Komödie) **Heinrich Böll:** Dr. Murkes gesammeltes Schweigen (1958) **Kurt Tucholsky, Erich Kästner:** Satirische Gedichte und Kurzprosa **Wladimir Kaminer:** Russendisko (2002) **Harald Martenstein:** Handwerker (2004)
Schwank/ Schelmengeschichten	Der Schwank ist eine kurze Erzählung von einem lustigen Einfall oder Ereignis oder von einem Streich, der jemandem gespielt wird.	Till Eulenspiegel (um 1510) **Erich Kästner:** Schildbürgerstreiche (1954), z. B. Die Schildbürger bauen ein Rathaus

Textart	Autoren/Titel beispielhafter Beginn/Auszug
Schwänke greifen häufig Alltagssituationen auf und stellen mit Übertreibung menschliche Schwächen dar, sodass sie erkannt werden können. Es gibt den Schwank sowohl in Form der einfachen Erzählung (Prosa) als auch in Versform.	*Der Plan, das neue Rathaus nicht viereckig, sondern dreieckig zu bauen, stammte vom Schweinehirten …*

Erzähltexte – Aspekte der Analyse

▶ Prosatext interpretieren S. 65

Wenn man sich (etwa für eine schriftliche Interpretation) intensiver mit Erzähltexten auseinandersetzen möchte, spielen die folgenden Aspekte eine zentrale Rolle:

Analyse

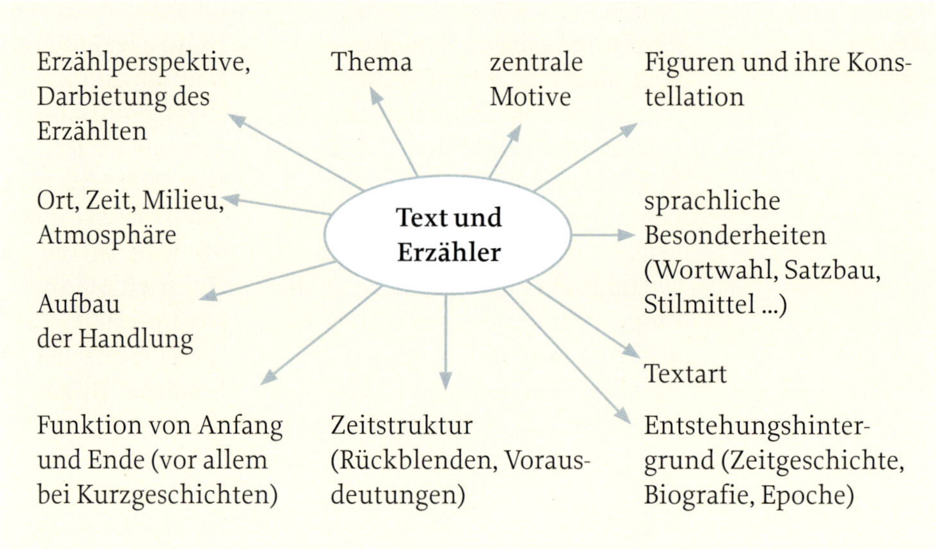

Erzählform und Erzählverhalten untersuchen

Das wesentliche Merkmal für einen epischen (erzählenden) Text ist der Erzähler/die Erzählerin, der/die nicht mit dem Autor/der Autorin gleichgesetzt werden darf. Ein erwachsener Autor kann zum Beispiel eine Geschichte von einem Kind, ein männlicher Autor von einer Frau erzählen lassen oder umgekehrt. Immer ist der Erzähler/die Erzählerin eine vom Autor/von der Autorin erfundene Figur und gehört zur Welt der erzählten Geschichte.

Um sich bei der Interpretation eines epischen Textes ein möglichst genaues Bild vom Erzähler zu machen, analysiert man **Erzählform, Erzählverhalten** und die **Form der Darbietung.**

	Erzählkategorien (Merkmale des Erzählens)	
Erzählform Er-/Sie-Form	Der Er-/Sie-Erzähler ▪ tritt als Person ganz in den Hintergrund, sodass die Leser und Leserinnen nichts oder kaum etwas über seinen Charakter und sein Leben erfahren, ▪ ist Vermittler der Geschichte und erscheint hauptsächlich in Kommentaren zum Erzählten.	**Friedrich Dürrenmatt:** Der Verdacht (1952) *Alphons Clenin, der Polizist von Twann, fand am Morgen des dritten November neunzehnhundertachtundvierzig dort, wo die Straße von Lamboing ... aus dem Walde der Twannbachschlucht hervortritt, einen blauen Mercedes, der am Straßenrande stand. Es herrschte Nebel, wie oft in diesem Spätherbst, und eigentlich war Clenin am Wagen schon vorbeigegangen, als er doch wieder zurückkehrte.*
Ich-Form	Der Ich-Erzähler/Die Ich-Erzählerin ▪ erscheint gleichzeitig als erlebende und erzählende Figur. ▪ Es kann zwischen dem erlebenden und dem erzählenden Ich ein großer oder kleiner Abstand bestehen, je nachdem, ob der Ich-Erzähler unmittelbar aus der dargestellten Situation heraus erzählt oder später mit zeitlichem Abstand auf die Situation zurückblickt.	**Julia Franck:** Streuselschnecke (2002) *Der Anruf kam, als ich vierzehn war. Ich wohnte seit einem Jahr nicht mehr bei meiner Mutter ...* **Ingrid Noll:** Der Hahn ist tot (1993) *In der Schule hatte ich zwei altjüngferliche Lehrerinnen, die behaupteten, ihre Vorlobten seien im Krieg gefallen. Wenn man wie ich nicht verheiratet, verwitwet, geschieden ist, keinen Lebensgefährten oder Freund hat ... dann kriegt man heute wie damals einen abwertenden Spitznamen angehängt.*
Erzählverhalten auktorial	Ein auktorialer Erzähler ▪ greift in den Erzählvorgang ein oder ▪ leitet den Leser mehr oder weniger sanft mit Hilfe von Kommentaren, Vorausdeutungen, Urteilen über die Figuren und kann den Leser dabei direkt ansprechen.	**Patrick Süskind:** Das Parfum (1985) *Da wir Madame Gaillard an dieser Stelle der Geschichte verlassen und ihr auch später nicht mehr begegnen werden, wollen wir in ein paar Sätzen das Ende ihrer Tage schildern. ...* *Gott sei Dank ahnte Madame Gaillard nichts von diesem ihr bevorstehenden Schicksal, als sie ...* **Thomas Mann:** Mario und der Zauberer (1930) *Die Hitze war unmäßig, soll ich das anführen? Sie war afrikanisch; die Schreckensherrschaft der Sonne ... Mögen Sie das?*

	Erzählkategorien (Merkmale des Erzählens)	
personal	Ein personaler Erzähler ■ erzählt aus der Sicht (Perspektive) einer Figur oder wechselnd aus der Sicht mehrerer Figuren, ■ tritt nicht unmittelbar auf, ■ kommentiert nicht, ■ bleibt in der Sichtweise einer Figur verhaftet.	**Mirjam Pressler:** Malka Mai (2001) *MALKA WAR MÜDE UND DURSTIG, als sie endlich in Kalne ankamen. Und sie war wütend, weil Minna sie gezwungen hatte, bei dieser Hitze den langen Weg zu gehen. Unterwegs hatte sie so lange gemault …*
neutral	Ein neutraler Erzähler ■ nimmt sich völlig zurück, ■ beschreibt bzw. berichtet Fakten und Vorgänge sachlich. Der Erzählvorgang kann darin bestehen, dass Gespräche ohne Zwischenbemerkungen, wie protokolliert, wiedergegeben werden (szenisches Erzählen).	**Theodor Fontane:** Unterm Birnbaum (1885) *Und so gingen sie hinaus. Draußen aber nahm sie seinen Arm, hing sich, wie zärtlich, an ihn und plauderte, während sie den Mittelsteig des Gartens auf und ab schritten. … Und nun wurden Ursels Augen immer größer, als er rasch und lebhaft alles, was geschehen müsse, herzuerzählen … begann. „Es geht nicht. Schlag es dir aus dem Sinn. Es ist nichts so fein gesponnen …“ Er aber ließ nicht ab, und endlich sah man, dass er ihren Widerstand besiegt hatte.*

	Formen der Darbietung	
Erzählbericht	Der Erzähler vermittelt den Erzählgegenstand. Er wendet sich der Handlung und den Figuren zu, streut als auktorialer Erzähler Kommentare, Überlegungen und Betrachtungen ein.	*(s. Beispiel zum auktorialen Erzählverhalten, S. 155)*
Figurenrede	Der Erzähler lässt die Figuren zu Wort kommen. Dazu hat er verschiedene Möglichkeiten:	die folgenden drei Beispiele aus **Mirjam Pressler:** Malka Mai (2001)
direkte Rede	■ Gespräche werden wie bei kleinen Dramenszenen in direkter Dialogform wiedergegeben und stehen meistens in Anführungszeichen „…“	*„Alle werden weggebracht“, sagte der Deutsche leise zu ihrer Mutter. „Alle Juden des Bezirks werden umgesiedelt.“ – „Auch diejenigen, die für die Deutschen arbeiten?“, fragte die Mutter.*
indirekte Rede	■ Wiedergabe im Konjunktiv bzw. durch redeeinleitende Sätze; hier kann der Erzähler wieder etwas stärker in den Vordergrund treten.	*„… außerdem war sie selbst vor Angst so gereizt, dass sie Minna anfuhr, sie solle sich gefälligst zusammenreißen.“*

Formen der Darbietung

innerer Monolog	■ Wie die erlebte Rede (s. u.) eine im modernen Erzählen häufig angewandte Technik der Wiedergabe von Gedanken, Gefühlen usw. in der 1. Person (Ich-Form).	*Auch sie hat falsche Schuhe an, dachte Hanna, sie und ich. Nur Minnas Schuhe sind einigermaßen vernünftig. Wie sollen wir das nur schaffen?*
erlebte Rede	■ Wiedergabe von Gedanken und Gefühlen in der 3. Person Präteritum (Er-/Sie-Form)	**Myron Levoy:** Der gelbe Vogel (1981) *Er winkte dem Mädchen, aber es verharrte unbeweglich. Ob es ihn gesehen hatte?*

Eine Inhaltsangabe verfassen

In einer Inhaltsangabe fasst man die wesentlichen Aussagen und Erzählschritte eines Textes mit eigenen Worten knapp und sachlich zusammen. Sie ist deshalb ein wichtiger Bestandteil von Aufsätzen über literarische Texte (z. B. Interpretationen).

▶ Interpretation S. 65

	Merkmal	
Einleitung	Angabe von Titel, Autor/in, Textart und Thema	Die Kurzgeschichte „Nachts schlafen die Ratten doch“ von Wolfgang Borchert verdeutlicht, wie trotz äußerer Zerstörungen und seelischer Verwüstungen durch den Krieg menschliche Anteilnahme neue Hoffnung und Lebensbejahung entstehen lassen.
Hauptteil	■ Nennung von Figuren, Ort und Zeit der Handlung ■ Zusammenfassen der wichtigsten Ereignisse bzw. Erzählschritte (keine Nacherzählung) ■ Tempus: Präsens (bei Vorzeitigkeit: Perfekt) ■ weitgehender Verzicht auf Zitate; wörtliche Rede wird indirekt wiedergegeben	Der neunjährige Jürgen beschützt am Ende des Zweiten Weltkrieges seinen in einer Ruine verschütteten toten Bruder vor den Ratten. Gegenüber der vorsichtigen Kontaktaufnahme durch einen älteren Mann verhält er sich anfangs zurückhaltend und misstrauisch. Dem alten Mann gelingt es jedoch, Jürgen mit einer Notlüge, nachts schliefen die Ratten doch!, aus seiner ausweglosen Situation zu befreien ...
Schluss	Nur bei erweiterter Inhaltsangabe: Fazit mit eigener Stellungnahme zum Text – entfällt, wenn die Inhaltsangabe Teil einer Interpretation oder Erörterung ist.	... Unter Rückgriff auf zahlreiche Leitmotive (z. B. die Farbsymbolik) zeigt die Kurzgeschichte, dass Menschlichkeit und Anteilnahme selbst in einer scheinbar ausweglosen Situation den Weg zum Leben öffnen können. Zugleich ist sie ein eindrucksvolles Plädoyer gegen die sinnlose Zerstörung des Krieges.

Eine literarische Figur charakterisieren

In einer Charakteristik (oder Charakterisierung) soll eine literarische Figur so dargestellt werden, wie sie aus Signalen des Textes für den Leser erfahrbar wird.

indirekte Charakterisierung

direkte Charakterisierung

Man geht dabei einerseits von Textstellen aus, in denen wichtige Eigenschaften der Figur durch ihr Verhalten oder eigene Äußerungen **indirekt** charakterisiert werden. Dabei sollte auch der Kontext der Handlungen der Figur berücksichtigt werden. Andererseits untersucht man Textstellen, an denen der Erzähler bzw. andere Figuren des Textes Aussagen über sie machen, d. h. sie **direkt** charakterisieren. Dabei muss beachtet werden, in welcher Beziehung die Figuren zueinander stehen (z. B. Sympathie oder Antipathie, Konkurrenz usw.). Bei der ausformulierten Charakteristik sollte man nur solche Eigenschaften benennen, die eine Figur vermutlich auf Dauer auszeichnen, nicht aber Verhaltensweisen, die durch eine besondere Situation bedingt sind.

Die Bewertung einer Äußerung, einer Verhaltensweise usw. erschließt sich dabei aus dem Kontext (des literarischen Werks, der Situation). Beispiel:

Text: *Jemand zählt sein Geld.*

Kontext A: *Die Szene spielt im Hause eines reichen Mannes.* → **Abgeleitete Eigenschaft:** *Die Figur ist habgierig/geizig.*

Kontext B: *Die Szene spielt im Hause eines bettelarmen Mannes.* → **Abgeleitete Eigenschaft:** *Die Figur ist sparsam/haushälterisch.*

Folgende Gesichtspunkte können bei einer Charakterisierung einbezogen werden:

Gestaltung einer literarischen Figur
Jürgen (aus: „Nachts schlafen die Ratten doch")

äußeres Erscheinungsbild/besondere Merkmale (z. B. Sprache, typische Tätigkeiten und Verhaltensweisen)
- mit einem großen Stock
- Haargestrüpp
- spricht wenig

Lebensumstände, Herkunft, Stand, Vorgeschichte usw.
- 9 Jahre alt
- lebt bei seinem Vater
- Tod des Bruders
- Nachkriegssituation: Zerstörung, Hunger, Tod

Verhältnis zu den Mitmenschen
- vordergründig misstrauisch
- eigentlich offen und neugierig

Vorlieben/Gedanken/Gefühle/Eigenschaften
- mutig
- verantwortungsbewusst
- vorzeitig erwachsen
- im Innern noch ein Kind

Einstellungen/Absichten/Motive
- will seinen Bruder „bewachen"
- will Verantwortung übernehmen

Tempus

Tempus der Charakteristik ist das Präsens.

Schluss

Die Charakterisierung kann in eine abschließende Bewertung der Person einmünden, in der auch ihre Bedeutung für den gesamten Text herausgearbeitet wird. Das ist vor allem meist dann der Fall, wenn z. B. eine Figur aus einem Drama oder einem Roman charakterisiert wird.
Beispiel:

> Jürgen repräsentiert das typische Schicksal vieler Jugendlicher der Nachkriegszeit, die durch die Kriegserlebnisse und Entbehrungen frühzeitig erwachsen geworden, aber mit dieser Rolle überfordert sind.

5.2 Gedichte

Das bestimmende Merkmal aller lyrischen Texte (Gedichte) ist die gebundene Sprache in Versen. Die Zeilenenden sind nicht durch Schriftgröße und Papierformat bestimmt, sondern vom Verfasser bewusst gesetzt. Lyrische Texte zeichnen sich im Gegensatz zur Alltagssprache außerdem dadurch aus, dass hier meist eine Vielzahl sprachlicher Gestaltungsmittel auf engstem Raum zusammentrifft.

Gedichte – Aspekte der Analyse

▶ Gedicht interpretieren S. 67 ff.

Analyse

Zur Vorbereitung einer Gedichtinterpretation kann es sinnvoll sein, nach mehrmaligem Lesen zunächst einen Verstehensentwurf zu formulieren. In einem zweiten Schritt wendet man sich der genauen Analyse des Gedichts zu. Folgende Gesichtspunkte helfen bei der Analyse eines lyrischen Textes:

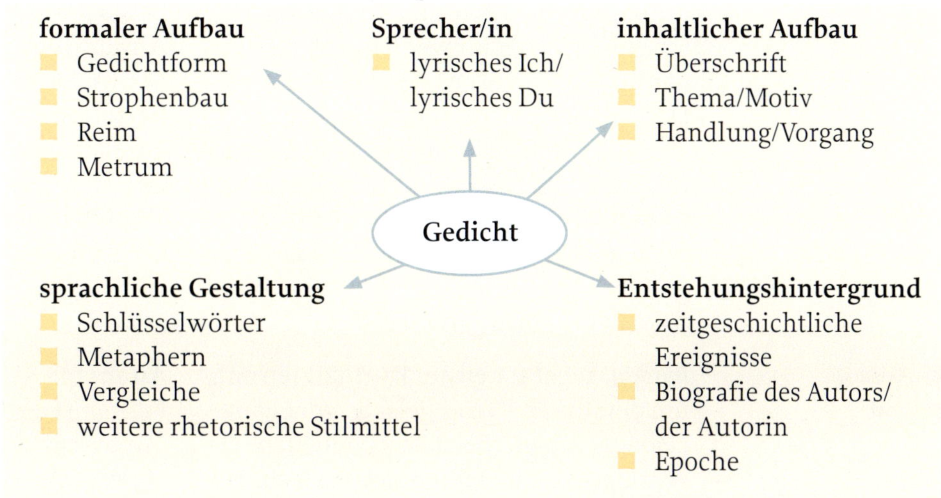

thematische Schwerpunkte

Im Laufe der Jahrhunderte haben sich unter anderem folgende **thematische Schwerpunkte** herauskristallisiert:

Naturlyrik
- In der Naturlyrik kommen die Natur selbst bzw. der Mensch in seinem Verhältnis zur Natur zur Sprache.

Großstadtlyrik
- Großstadtlyrik hat die moderne Großstadt mit ihren für den Menschen faszinierenden oder bedrohlichen Aspekten (Anonymität, Hektik, Naturzerstörung usw.) zum Gegenstand.

Erlebnislyrik
- Erlebnislyrik gestaltet ein persönliches Erlebnis des Dichters oder der Dichterin literarisch aus.

Liebeslyrik
- Liebeslyrik zielt oft auf den gefühlhaften, seelisch-geistigen Bereich eines Liebeserlebens.

Gedankenlyrik
- Gedankenlyrik stellt in philosophischer Weise allgemeine Sinnfragen in den Mittelpunkt.

politische Lyrik
- Politische Lyrik thematisiert politische Ideen oder Vorgänge, z. B. in verherrlichender oder gesellschaftskritischer Weise.

Gedichtformen

Neben den thematischen Schwerpunkten haben sich im Laufe der Zeit auch verschiedene Gedichtformen entwickelt.

Übersicht Gedichtformen

Ballade	Der Name **Ballade** kommt aus dem Französischen, von spätlateinisch: ballare = „tanzen“. Balladen sind längere Gedichte, deren Strophen meistens einem festen Metrum folgen. Es ist charakteristisch für die Ballade, dass in ihr handlungsreiche Geschichten erzählt werden, und dies häufig in dramatisch zugespitzter Form. Deshalb bezeichnet Goethe die Ballade als „Ur-Ei“ der Dichtung, in der Episches, Lyrisches und Dramatisches noch untrennbar verbunden sind. Zur Ballade kann man auch das moderne Erzählgedicht rechnen, das in freier, teilweise prosanaher Form gestaltet ist.	**Johann Wolfgang Goethe:** Erlkönig (1782) **Friedrich Schiller:** Die Bürgschaft (1798) **Heinrich Heine:** Belsazar (1827) **Annette von Droste-Hülshoff:** Der Knabe im Moor (1841/42) **Bertolt Brecht:** Legende von der Entstehung des Buches Taoteking (1938) **Wolf Biermann:** Die Ballade vom Briefträger William Moore aus Baltimore (1965)
Bänkelsang/ Moritat	Bänkelsänger traten auf Jahrmärkten auf, um dort durch Drehorgelspiel oder Laute begleitet schauerliche Begebenheiten vorzutragen. Sie stellten sich dazu auf eine kleine Bank **(Bänkel)** und wiesen mit	**Anonym:** Finster ist die Mitternacht *Wolken ziehen trüb und trüber* *Wilder Schauer saust vorüber* *Alles ruht, Verrat nur wacht.*

	Übersicht Gedichtformen	
	einem Zeigestock auf eine Tafel, auf der die Ereignisse bildlich dargestellt waren. Typisch für den Bänkelsang sind die Anrede an das Publikum, formelhafte Sprachwendungen und der Hinweis auf die verbürgte Wahrheit des Vorgetragenen. Bei der **Moritat** (zerdehntes Singen des Wortes ‚Mordtat') handelt es sich um eine Spielart des Bänkelsangs, wobei hier das belehrende Ende mit dem Sieg des Guten über das Böse im Vordergrund steht. Im 20. Jahrhundert nehmen Chanson, Kabarett, Folksong und Protestsong die Formen des Bänkelsangs wieder auf.	
Hymne	Die **Hymne** ist ein feierlicher Preis- und Lobgesang in begeistertem Ton. Dementsprechend kennt die Hymne oft keine formalen Regelmäßigkeiten, sie kann in freien Rhythmen verfasst und ohne Reim und ohne festen Strophenaufbau sein. Die Hymne ist der **Ode** verwandt.	**Johann Wolfgang Goethe:** Prometheus (1774) **Friedrich Hölderlin:** Die Eichbäume (1798)
konkrete Poesie	Die **konkrete Poesie** wird auch „konkrete Dichtung" oder „visuelle Poesie" genannt: Sprachliches Material (z. B. Buchstaben) wird hier visuell oder akustisch gestaltet.	**Ernst Jandl:** schtzngrmm (1966)
Lied	Das **Lied** ist ein einfach gebautes, in Strophen gegliedertes Gedicht mit relativ kurzen, gereimten Versen. Allerdings werden Reim und Metrum nicht unbedingt streng durchgehalten. Zuweilen ist ein **Refrain** zu finden, d. h. die regelmäßige Wiederholung eines Verses oder mehrerer Verse in jeder Strophe.	Volkslieder **Joseph v. Eichendorff:** Wem Gott will rechte Gunst erweisen (1837) **Matthias Claudius:** Der Mond ist aufgegangen (1771)
Ode	Die **Ode** ist eine reimlose, strophisch gegliederte, lange Gedichtform. Sie kann einem festen Metrum folgen, kann aber auch freirhythmisch sein. Typisch für die Ode ist der hohe, pathetische Sprachstil, der zur Größe und Würde der behandelten Themen passt.	**Friedrich Hölderlin:** Hyperions Schicksalslied (1797)

Übersicht Gedichtformen

Sonett	Beim **Sonett** handelt es sich um eine Gedichtform, die in Italien entstanden ist. In der Grundform besteht ein Sonett aus zwei Quartetten (vierzeiligen Strophen) und zwei Terzetten (dreizeiligen Strophen). Das Reimschema ist in der Regel abba abba cdc dcd. Dem strengen äußeren Aufbau entspricht auch die inhaltliche Gliederung. Häufig findet sich ein gedanklicher Einschnitt (Zäsur) nach den Quartetten.	**Francesco Petrarca:** Laura-Sonette (1327–1370) **William Shakespeare:** Sonette (1609) **Andreas Gryphius:** Menschliches Elende (1639) **Sibylla Schwarz:** Ist Lieb ein Feur (vor 1639) **Georg Heym:** Berlin I (1911) **Rainer Maria Rilke:** Sonette an Orpheus (1923)
Song	Eine oft politisch-aktuelle, zeitkritische bzw. lehrhafte Liedgattung ist der **Song,** im angloamerikanischen Sprachgebrauch gleichbedeutend mit „Lied" (Folksong, Protestsong usw.). Typisch sind der Aufbau aus Strophe und Refrain sowie die Aufnahme von Elementen aus Bänkelsang, Moritat, Schlager, Jazz usw.	**Herbert Grönemeyer:** Lache, wenn es nicht zum Weinen reicht (2002)

TIPP
Viele zeitgenössische Gedichte verzichten auf traditionelle Formmerkmale wie Reimbindung und strenges Metrum.

Formale Merkmale von Gedichten

Gedichte sind Sprachkunstwerke, die häufig bestimmte formale Merkmale aufweisen.

Vers

Als **Vers** bezeichnet man die Zeile eines Gedichts, deren Länge nicht wie in einem Prosatext von den Zufälligkeiten des Papierformats und der Schriftgröße abhängig ist, sondern deren Länge bewusst vom Autor bestimmt wird. Häufig – besonders in älteren Gedichten – haben alle Verse annähernd dieselbe Länge, d. h., die Anzahl der Silben bleibt in jeder Zeile nahezu gleich.

Strophe

Als **Strophe** bezeichnet man einen Gedichtabschnitt, der sich in der Regel aus mehreren Versen zusammensetzt und der durch einen Absatz von den folgenden Versen getrennt ist. Häufig bestehen Gedichte aus mehreren gleich langen Strophen.

Reim

In manchen Gedichten werden die einzelnen Verse durch einen **Endreim** miteinander verbunden. Zwei Wörter reimen sich, wenn sie vom letzten betonten Vokal an gleich klingen, z. B. *erhellend – schwellend.* Die regelmäßige Abfolge von Endreimen ergibt verschiedene Reimschemata: Paarreim (aabb), Kreuzreim (abab), umarmender oder umschließender Reim (abba).

Binnenreim

Vom Endreim zu unterscheiden ist der **Binnenreim,** bei dem sich zwei Wörter innerhalb ein und desselben Verses reimen: „*Wenn die Meise leise weint …*“ (James Krüss).

unreiner Reim

Als **unreinen Reim** bezeichnet man den annähernden Gleichklang von Lauten, besonders von Vokalen, z. B. *gerissen – küssen.*

Metrum
Rhythmus

Vom Sprechrhythmus her sind die Verse eines Gedichts häufig nach einem **Metrum,** auch Versmaß genannt, gegliedert: Die Abfolge der betonten und unbetonten Silben folgt einem bestimmten Schema. Wechseln betonte und unbetonte Silben einander unmittelbar ab, spricht man von einem **alternierenden** Metrum. In Anlehnung an die antike Metrik lassen sich verschiedene Versmaße erkennen:

Annette von Droste-Hülshoff
Der Weiher

Er liegt so still im Morgenlicht, — a — umarmender Reim
So friedlich, wie ein fromm Gewissen; — b
Wenn Weste seine Spiegel küssen, — b
Des Ufers Blume fühlt es nicht; — a
Libellen zittern über ihn, — c — Paarreim
Blaugoldne Stäbchen und Karmin, — c
Und auf des Sonnenbildes Glanz — d — Paarreim
Die Wasserspinne führt den Tanz; — d
Schwertlilienkranz am Ufer steht — e — Kreuzreim
Und horcht des Schilfes Schlummerliede; — f
Ein lindes Säuseln kommt und geht, — e
Als flüstre's: Friede! Friede! Friede! — f

Versmaß/ Metrum	Schema	Beispiele
■ Jambus	xx́	x x́ x x́ x x́ x x́ x *Es schlug mein Herz geschwind zu Pferde* **Johann Wolfgang Goethe**
■ Trochäus	x́x	x́ x x́ x x́ x x́ x x́ x x́ x x́ x x́ *Feuerwoge jeder Hügel/Grünes Feuer jeder Strauch* **Georg Britting**
■ Daktylus Eselsbrücke:	x́xx x́ x x Daktylus	x́ x x x́ x x x́ x x x́ x *Pfingsten, das liebliche Fest, war gekommen* **Johann Wolfgang Goethe**
■ Anapäst Eselsbrücke:	xxx́ x x x́ Anapäst	x x x́ x x x́ *Wie mein Glück ist mein Lied* **Friedrich Hölderlin**

Weitere Merkmale lyrischen Sprechens

lyrisches Ich

Wie zu jedem Erzähltext ein Erzähler/eine Erzählerin gehört, so gehört auch zu jedem Gedicht ein Sprecher/eine Sprecherin, der/die nicht mit dem Autor/der Autorin gleichzusetzen ist. Oft stellt sich dieser Sprecher als ein Ich – das so genannte **lyrische Ich** – vor, das seine Gefühle, Beobachtungen und Gedanken so mitteilt, dass die Leser und Leserinnen sie mitempfinden können.

Sprache des Gedichts

▶ rhetorische Figuren S. 182

In lyrischen Texten finden sich häufig entfaltete Bildfelder, die sich aus mehreren bildhaften Ausdrücken (Metaphern, Vergleichen) zusammensetzen. Sie sind besonders dazu geeignet, Gefühle und Stimmungen auszudrücken oder eine bestimmte Atmosphäre entstehen zu lassen. So werden zur Darstellung von Liebe, Freude, Angst oder Einsamkeit z. B. oft Bilder aus der Natur verwendet.

5.3 Drama – Theater

▶ erzählende Literatur S. 148
▶ Lyrik S. 159

Das **Drama** ist neben erzählender Literatur und Lyrik eine der drei Großformen der Dichtung. Dramentexte sind in **Dialogform** verfasst und in der Regel für eine Theateraufführung vorgesehen.
Die Wurzeln des europäischen Dramas reichen in das antike Griechenland zurück. Viele unserer im Zusammenhang mit dem Drama heute noch gebräuchlichen Begriffe haben dort ihren Ursprung (z. B. Szene, Dialog, Tragödie usw.).
Als Hauptformen dramatischer Texte lassen sich **Komödie** und **Tragödie** unterscheiden. Während die Komödie als komisches Bühnenstück oft nur scheinbare Konflikte behandelt, die dann auch einen glücklichen Ausgang finden, stellt die Tragödie einen ungelöst bleibenden tragischen Konflikt dar.
Die klassische Form des Dramas folgt einem strengen Aufbau in **Akte** und **Szenen:**

klassisches Drama: Aufbau

Peripetie
Wendepunkt

steigende Handlung
fallende Handlung

Exposition
Katastrophe

Handlungsschema und Spannungsverlauf bei der klassischen Form des Dramas (5-Akt-Schema)

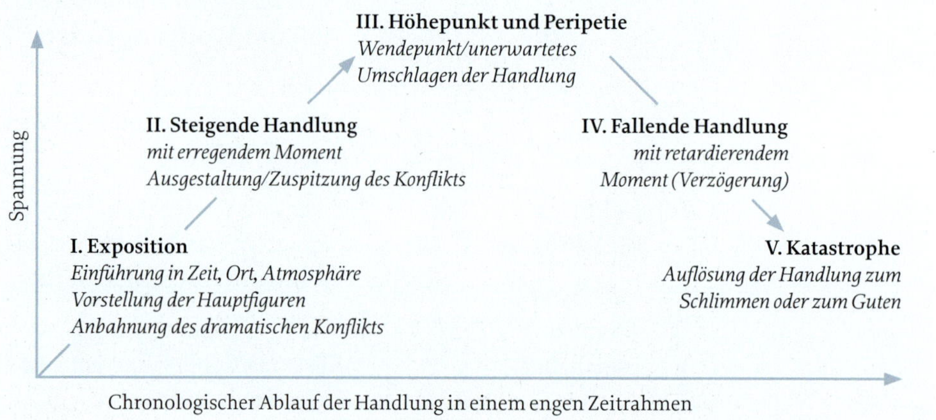

Klassisches und episches Theater

episches Theater

Im 20. Jahrhundert entwickelt Bertolt Brecht (1898–1956) sein episches Theater als Gegenentwurf zur klassischen Dramenform.

	Klassische Form des Dramas (nach Aristoteles)	**Epische Form** des Dramas (nach Brecht)
Beispiele	**Gotthold Ephraim Lessing:** Emilia Galotti, Nathan der Weise **Friedrich Schiller:** Wilhelm Tell, Maria Stuart	**Bertolt Brecht:** Mutter Courage, Die heilige Johanna der Schlachthöfe **Max Frisch:** Andorra
äußerer Aufbau	strenger Aufbau in Akte und Szenen	lockere Szenen- oder Bilderfolge; Unterbrechung durch Songs, Erzähler u. a.
Handlung/ Spannung	„Spannung auf den Ausgang" (Was-Spannung); abgeschlossene Handlung	„Spannung auf den Gang der Handlung" (Wie-Spannung); häufig offenes Ende
Ort und Zeit	Einheit von Ort, Zeit und Handlung (Ablauf der Handlung an einem Schauplatz innerhalb eines überschaubaren Zeitrahmens, z. B. eines Tages)	Verzicht auf die Einheit von Ort, Zeit und Handlung (verschiedene Schauplätze, Zeitsprünge, Rückblenden usw.)
Verhältnis Publikum und Bühnengeschehen	Identifikation und Mitfühlen mit dem Helden/der Heldin (Protagonisten)	kritische Distanz zu den Figuren durch Verfremdung (V-Effekte)
Wirkungsabsicht	moralische Reinigung durch Erregung von Furcht und Mitleid (Katharsis)	Veränderung der gesellschaftlichen Verhältnisse durch im Theater gewonnene Erkenntnis

„Aufstieg und Fall der Stadt Mahagonny" (Inszenierung von Günther Rennert am Stuttgarter Staatstheater, 1967)

Dramen(szenen) – Aspekte der Analyse

▶ Dramenszene interpretieren S. 69 ff.

Auch für die schriftliche Interpretation eines Dramas oder einer Dramenszene ist es sinnvoll, das erste vorläufige Textverständnis festzuhalten.

Analyse

Bei der sich anschließenden genauen Analyse der Szene oder des Dramas können folgende Aspekte eine Rolle spielen:

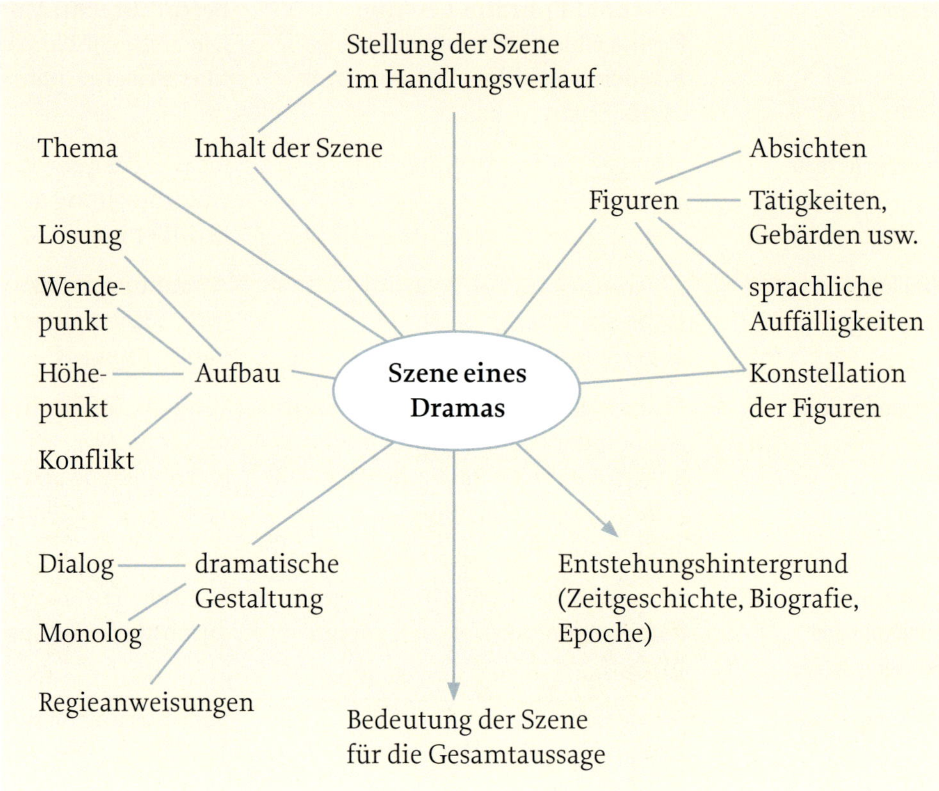

Inszenierung eines Dramas

Die Inszenierung eines Dramas ist immer auch eine Interpretation (Deutung) des dramatischen Textes, bei der verschiedene Gestaltungselemente ineinandergreifen.

Theaterlexikon	
Akt	*Aufzug; Hauptabschnitt eines Dramas, geschlossene Handlungseinheit, die meist aus mehreren Szenen besteht*
Dialog	*Zwiegespräch zweier oder mehrerer Personen*
Exposition	*Einführung in Zeit, Ort und Atmosphäre; Vorstellung der Protagonisten (Hauptfiguren) und Anbahnung des dramatischen Konflikts; umfasst im klassischen Drama meist den ersten Akt*
Gestik	*Haltung und Bewegung des Körpers*

Theaterlexikon	
Hörspiel	*Sonderform des Dramas, das durch die Erfindung des Rundfunks ermöglicht wurde. Das Hörspiel nutzt akustische Mittel wie Ein-, Aus-, Überblenden, Montage, Klangeffekte usw.*
Inszenierung	*Einrichtung und Einstudieren eines Bühnentextes während der Probenzeit und die daraus entstandene Spielfassung für eine bestimmte Bühne*
Katastrophe *(griech.)*	*„Auflösung", Wendung zum Schlimmen oder Guten*
Komödie	*Drama, bei dem die Protagonisten durch menschliche Schwächen in einen Konflikt geraten, der aber eine glückliche Auflösung findet*
Kulisse (auch Prospekt)	*flache Wand als Rück- oder Seitenwand des Bühnenbildes. Durch Bemalung kann die Illusion einer Landschaft, eines Zimmers usw. erzeugt werden.*

Mimik	*Gesichtsausdruck*
Monolog	*Selbstgespräch einer Person*

Theaterlexikon	
Pantomime	*Darstellung einer Handlung unter Verzicht auf gesprochene Worte, allein mittels Gestik, Mimik, Tanz*
Peripetie	*Wendepunkt; unerwarteter Umschlag der Handlung*
Protagonist/in	*Hauptfigur*
Regie	*die eigenverantwortliche Auswahl, Deutung und Einrichtung eines Dramentextes für die Bühne an einem bestimmten Aufführungsort für ein mehr oder weniger gut bekanntes Publikum. Die Hauptverantwortung dafür trägt der Regisseur/die Regisseurin.*
Regieanweisung	*vom Autor/von der Autorin im Dramentext zusätzlich zu den Rollentexten bereits mitgelieferte Anregungen, wie die Handlung auf einer Bühne eingerichtet werden sollte und welche Haltungen, manchmal auch Stimmlage die Schauspieler einnehmen sollten*
Requisiten *(lat. requisitum)*	*„erforderliches Ding". Requisiten können die Figuren charakterisieren oder wichtige Bedeutungen für den Ablauf der Handlung haben.*
retardierendes Moment	*Verzögerung der Auflösung der Handlung, um die Spannung zu erhöhen*
Souffleur/ Souffleuse *(franz.)*	*„Einflüsterer", der den Schauspielern während der Proben den Text zuflüstert und während der Aufführungen im Notfall den Text vorsagt*
Standbild	*besondere Form der Pantomime, bei der Gefühle und Beziehungen zwischen Figuren allein durch Gestik und Mimik zum Ausdruck gebracht werden. Beim Standbild sind die Figuren wie auf einem Foto erstarrt.*
Szene *(griech.)*	*ursprünglich „Bühne"; heute: kleine Einheit eines Dramas, meist äußerlich begrenzt durch Auf- oder Abgang einer Person*
Teichoskopie *(griech.)*	*„Mauerschau"; auf der Bühne agierende Figuren berichten über ein Geschehen, das sich außerhalb der Bühne ereignet.*
Tragödie	*Drama, bei dem die Protagonisten in einen dramatischen Konflikt geraten und am Ende scheitern/untergehen*
V-Effekt	*Verfremdung der dramatischen Handlung, z. B. durch Eingreifen eines kommentierenden Erzählers, Beiseitesprechen der Schauspieler/innen, Unterbrechen der Handlung durch Songs, Verzicht auf illusionsfördernde Bühnenrequisiten*

5.4 Produktiv-gestaltende Verfahrensweisen

▶ Erzählende Texte S. 148
▶ Gedichte S. 159
▶ Drama – Theater S. 164
▶ kreatives Schreiben S. 48

Produktiv-gestaltende Verfahren dienen dazu, ein Textverständnis anzubahnen, ohne sich dem Text dabei zunächst analytisch zu nähern. Auf der Grundlage eines ersten Textverständnisses, das durch genaue Lektüre abgesichert ist, wird bei diesem Verfahren in den Text eingegriffen: Man kann ihn verändern, ergänzen, um- oder weiterschreiben und vieles mehr. Anders als beim kreativen Schreiben ist beim produktiven Verfahren das Produkt (der Text) selbst nicht das eigentliche Ziel. Vielmehr geht es darum, die entstandenen (Text-)Produkte in Bezug zum Originaltext zu setzen und auf diesem Weg ein tieferes Textverständnis zu erreichen.

Beispiele für produktiv-gestaltende Verfahrensweisen

	Drama	Erzählende Literatur	Lyrik
Perspektivwechsel		Veränderung der Erzählperspektive, z. B. Ich-Erzähler → auktorialer Erzähler	Einfügen oder Weglassen des lyrischen Ichs Modernisierung alter Texte
Leerstellen/ Lücken	Monolog, Dialog oder Selbstgespräch entwerfen Parallelszenen schreiben Regieanweisungen ausgestalten Rollenprofil entwerfen Gedanken einer Nebenfigur schreiben Tagebucheintrag Brief von einer oder an eine Figur Lebenslauf, Steckbrief von Figuren Interviews		erklärendes Parallelgedicht lyrischer Text → Prosatext Fortsetzung schreiben
Gegentexte	einen anderen Schluss schreiben Figuren einfügen, die den Handlungsverlauf ändern		andere Überschriften formulieren Frühlingsgedicht → Wintergedicht
Visualisierung	Standbild		Collage, bildliche Darstellung eines Gedichts
Bewertung	← ← Rezension → → Gerichtsverhandlung		

5.5 Literaturgeschichte

- **um 1200 v. Chr.** Eroberung Trojas
- **776 v. Chr.** Olympische Spiele
- **753 v. Chr.** sagenhafte Gründung Roms
- **490–479 v. Chr.** Perserkriege
- **444–431 v. Chr.** Blütezeit Athens unter Perikles
- **27 v. Chr.** Alleinherrschaft des Augustus
- **33 n. Chr.** Kreuzigung von Jesus Christus in Jerusalem
- **375–568** Völkerwanderungszeit
- **800** Kaiserkrönung Karls des Großen
- **1096** 1. Kreuzzug
- **1152–1190** Friedrich Barbarossa Blütezeit der Staufer

Homer: *Ilias* (um 700 v. Chr.)

Aischylos: *Die Perser* (472 v. Chr.)

Sophokles: *Antigone* (442 v. Chr.), *König Ödipus* (vor 425 v. Chr.)

Euripides: *Medea* (431 v. Chr.), *Iphigenie* (412/407 v. Chr.)

Aristoteles: *Poetik* (um 335 v. Chr.)

Hildegard von Bingen (1098–1179): Lieder

Hartmann von Aue (um 1160 bis um 1210): *Iwein*, *Erec* (um 1200 n. Chr.)

Wolfram von Eschenbach (um 1170 bis nach 1220): *Parzival* (1200/1210)

Walther von der Vogelweide (um 1170 bis um 1230): Liebeslyrik, Spruchdichtung

Die Anfänge der europäischen und deutschen Literatur

Als die Menschen ihre Sprache noch nicht aufschreiben konnten, gab es dennoch bereits Dichtung. Sie wurde erzählt oder gesungen. Ihr Gegenstand waren Geschichten vom Anfang der Welt, von Göttern, Helden und deren Taten. Später wurden die mündlich überlieferten Lieder aufgeschrieben und überarbeitet. Es entstand geschriebene Literatur. Die beiden ältesten literarischen Werke Europas sind die *Ilias* und die *Odyssee* des blinden Dichters **Homer** (um 700 v. Chr.). Während die *Ilias* über den Kampf der Griechen und Trojaner um die Stadt Troja erzählt, berichtet die *Odyssee* von den Abenteuern des griechischen Helden Odysseus, der bei seiner Rückkehr nach Ithaka zehn Jahre auf dem Meer umherirrt und zahlreiche Abenteuer bestehen muss. Von der Frühzeit Griechenlands und dem heldenhaften Kampf gegen die Perser handeln auch die Tragödien von **Aischylos**, **Sophokles** und **Euripides.**

Am Anfang der deutschen Literatur stehen ebenfalls Götter- und Heldensagen. Sie erzählen, wie Mut, Tapferkeit, Ehrgefühl, Gerechtigkeitssinn nicht immer zum Sieg führen. Denn ein ungünstiges Schicksal, falsche Freunde, aber auch die eigene Blindheit bringen es mit sich, dass die Heldinnen und Helden oft scheitern.

Ein berühmtes Beispiel ist das *Nibelungenlied*, das im 5. Jahrhundert n. Chr. spielt und um das Jahr 1200 aufgeschrieben worden ist. Es erzählt von Siegfrieds Tod durch die Hand seiner Freunde und von der Rache, die seine Frau Kriemhild dafür an ihren Brüdern nimmt.

Ein häufiges Motiv mittelalterlicher Sagen ist der Kampf des Helden mit dem Drachen. Auch Tristan, der Held des mittelalterlichen Romans *Tristan und Isolde*, muss einen Drachenkampf bestehen. **Gottfried von Straßburg** schrieb seinen Roman zur Zeit der Kreuzzüge um 1210. Die Kreuzzüge und die damit verbundene Vorstellung eines gottbezogenen Rittertums bilden den zeitgeschichtlichen Hintergrund der Ritterromane von **Hartmann von Aue** und von **Wolfram von Eschenbach.** Immer wieder geht es um die Bewährung im ritterlichen Kampf, um die Erringung von Ansehen und Ehre und die Bestätigung ritterlicher Tugenden (Tapferkeit, Zucht und Maß, Beständigkeit, Treue).

Ritterlicher Herkunft war auch **Walther von der Vogelweide.** Seine Minnelieder und seine Spruchdichtung bereiteten der Liebeslyrik und der politischen Lyrik in Deutschland den Weg.

- **1452** Johannes Gutenberg druckt die Bibel
- **1492** Christoph Kolumbus betritt Amerika
- **1514** Nikolaus Kopernikus behauptet, die Sonne sei Mittelpunkt des Alls
- **1517** 95 Thesen Martin Luthers Beginn der Reformation
- **1524–1525** Bauernkrieg
- **um 1530** Lucas Cranachs *Drei Grazien*
- **1618–1648** Dreißigjähriger Krieg
- **1633** Inquisitionsprozess gegen Galileo Galilei (heliozentrisches Weltbild)
- **1642** Rembrandts *Nachtwache*
- **1643** Ludwig XIV. franz. König: absolutistische Herrschaft
- **1650** erste deutsche Tageszeitung (Leipzig)
- **1667** Isaac Newton: Differenzial- und Integralrechnung

Frühneuhochdeutsche Literatur und Barockdichtung

Mit der Entdeckung Amerikas (1492) und der Reformation in Deutschland (ab 1517) beginnt ein neues Zeitalter in Europa. Das Mittelalter ist zu Ende. Ein neues Lebensgefühl durchdringt die Menschen. Man will sich nicht länger politisch und geistig, z. B. durch die Kirche, bevormunden lassen. Wissenschaft und Künste sind Ausdruck dieses neuen Denkens. Die Antike wird zum Vorbild, man fordert die „Wiedergeburt (Renaissance) aus dem Geist der Antike". Der Mensch mit seinen Bedürfnissen tritt ganz in den Mittelpunkt des Interesses.
Kaiser und Papst als höchste Autoritäten halten jedoch an den alten Vorstellungen fest; vor allem die Kirche bekämpft das neue Weltbild des **Nikolaus Kopernikus,** das die Sonne als Mittelpunkt annimmt, sowie **Johannes Gutenbergs** Buchdruck mit beweglichen Buchstaben, weil dieser es vielen Gebildeten ermöglichte, Bücher, v. a. die Bibel, zu lesen und sich eine eigene Meinung zu bilden.
Martin Luther, ein junger Mönch in Wittenberg, klagt u. a. in seiner Schrift *Von der Freiheit eines Christenmenschen* über die Missstände in der Kirche und den Machtanspruch des Papstes. Als er 1521 auf dem Reichstag in Worms von Kaiser Karl V. gebannt und für vogelfrei erklärt wird, flieht er auf die Wartburg, wo er mit der vollständigen Übersetzung der Bibel in die deutsche Sprache erstmals eine deutsche „Gemeinsprache" niederschreibt. Mit seinen Kirchenliedern und Fabeln verbreitet Luther seine Vorstellung von einem neuen Christentum.
Die im Zuge der Reformation sich vertiefenden konfessionellen Gegensätze werden im Dreißigjährigen Krieg (1618–1648) mit unvorstellbarer Härte ausgetragen und bedeuten für die Menschen in Mitteleuropa Verwüstungen und Missernten, Seuchen, Hunger und Tod. **Hans Jakob Christoffel von Grimmelshausen** stellt die Schrecken des Krieges in seinem Roman *Die Abenteuer des Simplizissimus Teutsch* als genauer Beobachter der Lebenswirklichkeit dar. Auch für **Andreas Gryphius** ist der Dreißigjährige Krieg die bestimmende Erfahrung, die seine Dichtung prägt: Seine Sonette handeln von der Spannung zwischen Diesseitswahn und Jenseitstrost. Das **Barockzeitalter (etwa 1600–1720)** trägt aber auch andere Züge: Die allgegenwärtige Todeserfahrung führt zu einer Lebensgier, die ihren Ausdruck u. a. in Prachtbauten, aufwändigen Theateraufführungen und prächtiger Mode findet.

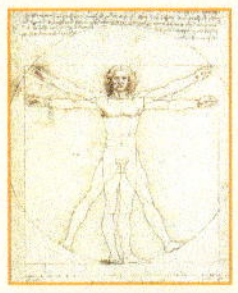

Leonardo da Vinci (1452–1519): *Der Mensch* (1492)

Sebastian Brant (1457–1521): *Das Narrenschiff* (1494)

Erasmus von Rotterdam (1465 oder 1469–1536): *Vom freien Willen* (1524)

Martin Luther (1483–1546): *Bibelübersetzung* (1522–1534), *Von der Freiheit eines Christenmenschen* (1520), Fabeln (1530)

Hans Sachs (1494–1576): *Fastnachtsspiele* *Volksbuch Doktor Faustus* (1587)

Martin Opitz (1597–1639): *Buch von der Deutschen Poeterey* (1624)

Andreas Gryphius (1616–1664): Sonette

Hans Jakob Christoffel von Grimmelshausen (1621–1676): *Die Abenteuer des Simplizissimus Teutsch* (1669)

Sibylla Schwarz (1621–1638): Sonette

1718 Quecksilberthermometer (Fahrenheit)
1725 Katharina die Große wird Zarin von Russland
1738 Spinnmaschine
Friedrich der Große (1740–1786)
um 1745 Johann Sebastian Bachs *Kunst der Fuge*
1754 Eisenwalzwerk
1756–1763 Siebenjähriger Krieg

Voltaire eigentlich **François Marie Arouet** (1694–1778): *Candide* (1759)

Jean-Jacques Rousseau (1712–1778): *Emile oder über die Erziehung* (1762)

Friedrich Gottlieb Klopstock (1724–1803): *Der Messias* (1748–73)

Immanuel Kant (1724–1804): *Kritik der reinen Vernunft* (1781), *Was ist Aufklärung?* (1784)

Gotthold Ephraim Lessing (1729–1781): *Miss Sara Sampson* (1755), *Emilia Galotti* (1772), *Nathan der Weise* (1779)

Sophie von La Roche (1730–1807): *Geschichte des Fräuleins von Sternheim* (1771)

Christoph Martin Wieland (1733–1813): *Geschichte des Agathon* (1773/1794)

Karl Philipp Moritz (1756–1793): *Anton Reiser* (1785/1790)

Literatur der Aufklärung und Empfindsamkeit

Im **Zeitalter der Aufklärung (etwa 1720–1800)** weicht der Vanitas-Gedanke des Barock (Vergänglichkeit und Nichtigkeit alles Irdischen) dem Vertrauen in den Fortschritt des Menschengeschlechts. Der deutsche Philosoph **Immanuel Kant** stellt die Forderung auf: „Habe Mut, dich deines eigenen Verstandes zu bedienen!" Der Kampf gilt der Bevormundung durch die Kirche und durch absolutistische Herrscher, er wendet sich gegen die mittelalterliche Ständeordnung, die Adel und hohe Geistlichkeit an die Spitze der Gesellschaft stellt, er macht Front gegen Aber- und Hexenglauben und bekämpft Vorurteile gegenüber Individuen und Gruppen.

Vernunft und kritisches Denken, das sich auf die eigenen Erfahrungen und Sinneswahrnehmungen stützt, Toleranz gegenüber Andersdenkenden sowie tugendhaftes, d. h. vernünftiges Handeln sind einige der Prinzipien, die nach Auffassung der Zeit jeder Mensch erlernen kann. Der Philosoph und Pädagoge **Jean-Jacques Rousseau** geht davon aus, dass Menschen von Natur aus gut sind und ihre Anlage zur Menschlichkeit am besten entwickeln, wenn sie ihrer „Natur" gemäß handeln. Auch die Dichter der Aufklärung wollen ihre Leserinnen und Leser nicht nur erfreuen (delectare), sondern auch belehren und ihnen nützen (prodesse). Nach Auffassung der Aufklärung wird der Mensch erst durch Erziehung zu einem vernünftigen und moralisch handelnden Wesen. Pädagogische und literarische Schriften thematisieren im 18. Jahrhundert die Kindererziehung als wichtige Aufgabe der Familie.

Gotthold Ephraim Lessing hebt in seinen bürgerlichen Trauerspielen die Ständeklausel (Tragödie = Personen hohen Standes, Komödie = Personen niederen Standes) auf. Die Zuschauer sollen sich mit den Figuren identifizieren, um durch die Empfindung von Furcht und Mitleid zu einem menschlichen, tugendhaften Verhalten zu gelangen. Neben Gedichten, Satiren und Romanen ist die Fabel (Gellert, Hagedorn, Lessing) wegen ihres belehrenden Charakters in der Aufklärung sehr beliebt.

Doch nicht nur mit den Kräften der Vernunft bekämpft die Aufklärung geistige Bevormundung und politische Unterdrückung, sondern auch mit denen des Gefühls. In der **Zeit der Empfindsamkeit (etwa 1740–1780)** tritt zur rein vernünftigen Betrachtung der Welt eine aus tiefer Religiosität stammende, vom Gefühl getragene, oft schwärmerische Weltsicht. **Friedrich Gottlieb Klopstock** schildert z. B. in seiner Lyrik eine bis dahin nicht gekannte, ganz persönliche Begegnung mit der Natur. In Autobiografien und Robinsonaden geht es um Fragen des richtigen menschlichen Verhaltens gegenüber anderen (Humanität).

Joseph II. von Harbsburg-Lothringen (1765–1790)

1804 Kaiserkrönung Napoleons I.

1813/1815 Befreiungskriege gegen Napoleon

1768 James Watt: Dampfmaschine

1775 letzte Hexenverbrennung auf deutschem Boden

1776 Unabhängigkeitserklärung der Vereinigten Staaten

1790 Galvani: Berührungselektrizität

1791 Mozarts *Zauberflöte*

1793 Hinrichtung Ludwigs XVI.; Johann Heinrich Voß beendet Homer-Übersetzung

1794 Sturz und Hinrichtung Robespierres

1796 Erfindung der Lithografie

1806 Niederlage Preußens bei Jena und Auerstädt; Ende des Heiligen Römischen Reichs Deutscher Nation

1807 erste Straßenbeleuchtung (London)

1808 Konversationslexikon von Brockhaus

1810 Universität Berlin

1814/1815 Wiener Kongress

Sturm und Drang/Weimarer Klassik

Die Autoren des **Sturm und Drang (1765–1785)** lehnen nüchterne Rationalität ab, sie greifen Tendenzen der Empfindsamkeit auf, steigern sie und betrachten sich oftmals sogar als Gegenbewegung zur Aufklärung. Herz und Gefühl, Individualität und Genie, Originalität und Schöpfertum, Natur und Ursprung zählen mehr als Verstand, Regeln, Konvention und Normen. Die Stürmer und Dränger verehren Homer, Pindar, Klopstock und vor allem Shakespeare. Sie wollen an die unverbildete Sprache der Volkslieder anknüpfen, sie bewundern den jungen Goethe, der mit seinem Briefroman „Die Leiden des jungen Werthers" (1774) den Zeitgeist trifft und geradezu ein Werther-Fieber auslöst. Die Dramen von **Johann Wolfgang Goethe** und **Friedrich Schiller** stellen den Konflikt des Einzelnen mit der gesellschaftlichen Wirklichkeit dar. In den Natur- und Liebesgedichten des Sturm und Drang drückt sich persönliches Erleben aus (Erlebnislyrik).

Die Freundschaft zwischen Goethe und Schiller gilt als Kern der **Weimarer Klassik (1788–1805).** Darunter versteht man in der deutschen Literaturgeschichte die kurze Zeit der Freundschaft und Zusammenarbeit Goethes und Schillers am Weimarer Hofe des Herzogs Karl August nach Goethes Rückkehr aus Italien (1788) und Schillers Anstellung in Jena/Weimar bis zu seinem Tod (1805).

Die Enttäuschung über den Ausgang der Französischen Revolution, der von Gewalt, Terror und Krieg gekennzeichnet ist, trägt wesentlich dazu bei, dass sich Goethe und Schiller vom Geniekult und von der Protesthaltung des Sturm und Drang abwenden. Harmonie und Humanität, Ausgleich und Maß, Menschlichkeit und Toleranz, Einheit von Mensch und Natur, aber auch von Individuum und Gesellschaft sind die neuen Leitideen der Klassik. Die Werke der griechischen Antike gelten als Vorbild. Hier findet man die nach strengen Naturgesetzen durchgeformte Sprache und die metrisch regelmäßig gebauten Verse, denen es nachzueifern gilt. Goethes Schauspiel *Iphigenie auf Tauris* verkörpert in Inhalt und Form die Ideale der „Weimarer Klassik" mustergültig. Goethe selbst nennt die Iphigenie „ganz verteufelt human". Neben vielen klassischen Dramen (wie Schillers *Wilhelm Tell* und *Wallenstein*) entstehen in Weimar auch zahlreiche Balladen (Goethe: *Erlkönig, Der Zauberlehrling;* Schiller: *Die Bürgschaft, Die Kraniche des Ibykus*). Drei Jahre nach Schillers Tod erscheint Goethes *Faust I* (1808).

literarisches Vorbild: **William Shakespeare** (1564–1616): *Hamlet* (um 1601)

Johann Gottfried Herder (1744–1803): Volkslieder (1778/1779)

Johann Wolfgang Goethe (1749–1832): *Sesenheimer Lieder* (1771), *Götz von Berlichingen* (1773), *Die Leiden des jungen Werthers* (1774), *Iphigenie auf Tauris* (1787), *Egmont* (1791), *Faust I* (1808), *Wilhelm Meisters Lehr- und Wanderjahre* (1795/1821), *Faust II* (1832)

Jakob Michael Reinhold Lenz (1751–1792): *Der Hofmeister* (1774), *Die Soldaten* (1776)

Friedrich Schiller (1759–1805): *Die Räuber* (1781), *Kabale und Liebe* (1784), *Wallenstein* (1798/99), *Maria Stuart* (1800), *Die Jungfrau von Orleans* (1801), *Wilhelm Tell* (1804)

1815
Wiener Kongress: Restauration der vorrevolutionären Zustände

1817
Wartburgfest der deutschen Burschenschaften

1827
Ohm'sches Gesetz entdeckt

1830
Julirevolution in Paris

1832
Hambacher Fest

1844
Weberaufstand in Schlesien

1818
C. D. Friedrichs *Kreidefelsen auf Rügen*

1819
Karlsbader Beschlüsse: Pressezensur, Auflösung der Burschenschaften, Demagogenverfolgung

1821
Faraday: Elektromotor

1823
Beethovens *9. Sinfonie*

1835
Erfindung der Fotografie

1837
elektromagnetischer Schreibtelegraf (Morseapparat)

Friedrich Hölderlin
(1770–1843):
Hyperion (1797/1799)

Novalis
(1772–1801):
Heinrich von Ofterdingen (1802)

E. T. A. Hoffmann
(1776–1822):
Die Elixiere des Teufels (1815/16),
Der Sandmann (1817)

Heinrich von Kleist
(1777–1811):
Der zerbrochene Krug (1808/11), *Michael Kohlhaas* (1811), *Prinz von Homburg* (1811/21)

Jacob Grimm
(1785–1863) und
Wilhelm Grimm
(1786–1859): *Kinder- und Hausmärchen* (1812/15)

Bettina von Arnim
(1785–1859):
Dies Buch gehört dem König (1843), *Die Günderode* (1840)

Joseph von Eichendorff
(1788–1857)
Aus dem Leben eines Taugenichts (1826), Gedichte

Annette von Droste-Hülshoff
(1797–1848):
Die Judenbuche (1842)

Literarische Strömungen im 19. Jahrhundert

In der Literatur des 19. Jahrhunderts sind mehrere, teilweise parallel verlaufende Strömungen zu beobachten.
Die Werke einiger Schriftsteller, wie die Satiren Jean Pauls, die Hymnen und Oden Friedrich Hölderlins oder die Dramen und Prosawerke Heinrich von Kleists, lassen sich weder der vergehenden Klassik noch der romantischen Dichtung zuordnen.
Die **romantische Dichtung (1795–1840)** greift Tendenzen der Klassik auf, knüpft aber auch an die Kultur des Gefühls im Sturm und Drang an. Dem realen Alltag wird die Fantasie entgegengestellt, er wird ins Wunderbare verwandelt und „romantisiert". Die Enttäuschungen nach dem Scheitern der Französischen Revolution und der Wiederherstellung des Absolutismus in Europa, die zerstörten Hoffnungen auf einen freiheitlichen deutschen Nationalstaat durch die Napoleonischen Kriege führen die Romantiker zu einer Flucht aus Gesellschaft und Alltagswelt. Bestimmendes Gefühl ist die Sehnsucht: Sehnsucht nach der Ferne (Italien) oder nach einer Wiederholung des Mittelalters. Den scharfen Umrissen des Tages werden die verschwommenen Konturen der Nacht gegenübergestellt. Fantasie und Traum, das Gespenstische der Natur, das Rauschen der Wälder, das Wandern durch ferne Gebirge und tiefe Täler sind typische Motive romantischer Dichtung. Sie stehen für den Wunsch, die Grenzen des Irdischen zu überschreiten.
Die **realistische Dichtung** des 19. Jahrhunderts lässt sich demgegenüber auf die Nachahmung und Verarbeitung der Wirklichkeit ein und bildet sie entweder harmonisch oder kritisch ab. Die Dichterinnen und Dichter des **Biedermeier (1820–1859)** kennzeichnet die genügsame Selbstbescheidung, die Flucht in das stille Glück und die idyllische Natur angesichts einer im Zeichen der Frühindustrialisierung als bedrohlich empfundenen Außenwelt. Die Schriftsteller/innen des **Vormärz (1830–1848)** kritisieren die politischen und gesellschaftlichen Zustände im Vorfeld der Revolution von 1848. Die Forderungen nach Einheit und Freiheit, nach Emanzipation und Beseitigung krasser sozialer Ungleichheit werden von den Mächtigen der Zeit bekämpft. Bedeutende Vertreter des Vormärz werden verhaftet, des Landes verwiesen oder sie fliehen wie Heinrich Heine ins liberalere Frankreich.

Otto von Bismarck Reichskanzler bis 1890

1848 Karl Marx: *Kommunistisches Manifest*

1848 Revolution in Deutschland, Nationalversammlung in der Paulskirche

1856 Entdeckung der Neandertaler-Fossilien

1859 Charles Darwin: *Die Entstehung der Arten*

1861–1865 US-amerikanischer Bürgerkrieg

1867 Dynamit

1870/1871 Deutsch-Französischer Krieg: Gründung des Deutschen Reiches

1876 Wagners *Ring der Nibelungen* in Bayreuth

1878 Glühlampe

Die Novellen und Romane des **bürgerlichen Realismus (1848–1890)** richten ihre Sichtweise nach außen, auf Mensch und Gesellschaft. Realistische Autorinnen und Autoren beobachten, zeichnen auf, was sie sehen und hören, jedoch nicht im Sinne einer präzisen Abbildung der den Menschen umgebenden Wirklichkeit, wie z. B. in der damals aufkommenden Fotografie. Ihr Ziel ist es vielmehr, auf der Grundlage einer unparteiischen Beobachtung ein wahres Bild des Lebens zu entwerfen.
Für die Dichter des **poetischen Realismus** ist es Aufgabe der Literatur, die Wirklichkeit poetisch zu gestalten und dabei „das nächste Wiedergeben alltäglichen Lebens, [...] seines Elends und seiner Schattenseiten", so Theodor Fontane, zu vermeiden. Durch das Mittel des Humors gelingt es in den Romanen und Erzählungen des poetischen Realismus, allzu extreme Seiten der Wirklichkeit in eine abschwächende und besänftigende Distanz zu rücken.
Im Gegensatz dazu lehnt der **Naturalismus (etwa 1880–1890)** eine solche verklärende Wirklichkeitsdarstellung radikal ab. Ausgehend von einem positivistischen Weltbild, das nur anerkennt, was man mit naturwissenschaftlichen Methoden unzweifelhaft feststellen kann, wollen die naturalistischen Autoren die gesamte fassbare Wirklichkeit schonungslos darstellen. Zu ihren Themen gehören deshalb gerade auch die Schattenseiten der Industrialisierung und Technisierung, z. B. das wirtschaftliche Elend des entstehenden Proletariats in den Elendsvierteln der Großstädte oder die entwürdigenden Arbeitsbedingungen in den Fabriken.
Die Kunstauffassung des Naturalismus brachte Arno Holz auf die mathematische Formel Kunst = Natur – x: Je mehr sich ein Kunstwerk der Natur annähert, desto höher ist sein Wert. Eine absolute Annäherung ist nicht möglich, das soll durch „– x" ausgedrückt werden.

Heinrich Heine (1797–1856): *Buch der Lieder* (1827), *Deutschland. Ein Wintermärchen* (1844)

Eduard Mörike (1804–1875): *Maler Nolten* (1832)

Georg Büchner (1813–1837): *Der hessische Landbote* (1834), *Dantons Tod* (1835), *Woyzeck* (1836)

Theodor Storm (1817–1888): *Der Schimmelreiter* (1888)

Gottfried Keller (1819–1890): *Romeo und Julia auf dem Dorfe* (1856)

Theodor Fontane (1819–1898): *Unterm Birnbaum* (1885), *Effi Briest* (1895)

Gerhart Hauptmann (1862–1946): *Die Weber* (1892)

1889 van Goghs *Sternennacht*

1890 Abtritt Bismarcks

1891 Ostafrika wird deutsche Kolonie

1893 Munchs *Der Schrei*

1896 Entdeckung der Radioaktivität durch Becquerel

1900 Freuds Psychoanalyse

1900 Inkrafttreten des BGB (Bürgerliches Gesetzbuch)

1901 orthografische Konferenz (Duden)

1905 Gründung der Künstlergruppe *Die Brücke*

1908 Autos vom Fließband (Ford)

1909 Arnold Schönberg: Zwölftonmusik

Arthur Schnitzler (1862–1931): *Reigen* (1900), *Leutnant Gustl* (1924)

Else Lasker-Schüler (1869–1945): Gedichte

Heinrich Mann (1871–1950): *Der Untertan* (1918)

Hugo von Hofmannsthal (1874–1929): *Brief des Lord Chandos* (1902)

Rainer Maria Rilke (1875–1926): *Das Stundenbuch* (1905), *Die Aufzeichnungen des Malte Laurids Brigge* (1910)

Thomas Mann (1875–1955): *Buddenbrooks* (1901), *Der Tod in Venedig* (1911), *Der Zauberberg* (1924)

Georg Kaiser (1878–1945): *Gas* (1918)

Alfred Döblin (1878–1957): *Berlin Alexanderplatz* (1929)

Literarische Strömungen 1890–1933

Als Gegenbewegung zum Naturalismus entwickeln sich um die Jahrhundertwende in **Symbolismus, Jugendstil, Fin de Siècle** und **Dekadenz** literarische Strömungen, die im Bewusstsein des Untergangs das Geheimnisvoll-Rätselhafte thematisieren, wobei die Dinge häufig mystische Symbolkraft erlangen. Im **Impressionismus** tritt die Wirklichkeit hinter die subjektive Wahrnehmung und deren Schilderung zurück. Typisch ist eine assoziative, von Detail zu Detail springende (pointillistische) Folge subjektiver Eindrücke (Altenberg, Schnitzler).
Der **Expressionismus (1905–1925)** stellt einen radikalen Bruch mit den traditionellen literarischen Formen und Themen dar, vor allem in Lyrik und Drama. Die gefühlsbetonte Schreibweise, das Aufbrechen grammatischer Strukturen, Wortneuschöpfungen und ausgeprägte Farbsymbolik sind Kennzeichen dieser Texte, die häufig – ähnlich wie in der Malerei – den Menschen in einer Sinn- und Orientierungskrise darstellen. Zu den vorrangigen Themen zählen das Leben im Moloch Großstadt, die Faszination der Technik, z. B. des Automobils, aber auch die Erfahrungen des Krieges und Visionen vom „neuen Menschen". Der Expressionismus gilt als die einzige literarische Strömung des 20. Jahrhunderts, die sich noch deutlich durch Stilmerkmale abgrenzen lässt.
Manche Autoren dieser Zeit entziehen sich jedoch völlig einer literaturgeschichtlichen Einordnung, z. B. der aus Prag stammende Franz Kafka.
Die ideologische Zersplitterung der Gesellschaft der **Weimarer Republik (1919–1933)** spiegelt sich auch in einer Polarität der literarischen Strömungen. Die politische Rechte, die das demokratisch-parlamentarische System ablehnt und sich am Kaiserreich orientiert, knüpft – literarisch gesehen – an die irrationalen und romantischen Bewegungen des 19. Jahrhunderts an. Die politische Linke hingegen ist am Rationalismus und an der Aufklärung orientiert. Sie artikuliert sich in neuen literarischen Zeitschriften und Zeitungen, aber auch im neu entstandenen Funk und Film. Auch das politisch-gesellschaftskritische Kabarett feiert in den Zwanzigern große Erfolge. Der aufklärerische Anspruch kommt vor allem in den großen Gesellschaftsromanen zum Tragen, z. B. in Alfred Döblins *Berlin Alexanderplatz* und Heinrich Manns *Der Untertan*, die auf eine neue Weise das Individuum in Bezug zur Gesellschaft setzen und dabei die Lebensumstände der Moderne kritisieren.

1914 Beginn des Ersten Weltkriegs

1915 Albert Einstein: Allgemeine Relativitätstheorie

1917 Oktoberrevolution in Russland

1918 Ende des Ersten Weltkriegs

1918 allgemeines Wahlrecht für Frauen (in Deutschland)

1919 Versailler Vertrag

1923 Putschversuch Adolf Hitlers scheitert

1929 Börsencrash („Schwarzer Freitag"): Weltwirtschaftskrise

ab 1929 Tonfilme

Als Reaktion auf den Expressionismus entwickelt sich in bewusster Nüchternheit der Schreibstile, z. B. in den publizistischen Reportagen Egon Erwin Kischs oder der Gebrauchslyrik Erich Kästners und Bertolt Brechts, die **Neue Sachlichkeit.** Andere Autoren steigern den Expressionismus im **Dadaismus** mit Sprach- und Wortspielen sowie experimentellen Texten.

Tagespolitische und gesellschaftliche Themen finden sich häufig in der Literatur der Weimarer Republik, vor allem auch das Kriegserlebnis des Ersten Weltkriegs, wie in Erich Maria Remarques *Im Westen nichts Neues*, einem Antikriegsroman, der Weltruhm erlangt.

Das Drama erfährt in den 1920er-Jahren entscheidende Impulse vor allem durch Bertolt Brecht und Erwin Piscator. Brecht leistet durch seine Konzeption des **epischen Theaters** eine theoretische Neubestimmung der Gattung, die sich vom klassischen Drama absetzt. Im epischen Theater soll der Zuschauer nicht mehr der Illusion szenischer Wirklichkeitsnachahmung überlassen werden, sondern kritische Distanz zum Bühnengeschehen einnehmen. So genannte „Verfremdungseffekte" oder „V-Effekte", z. B. Songs und Chöre, Projektionen von Bild- und Filmelementen, erzählende Kommentare der Schauspieler, die „aus der Rolle fallen", sollen bewirken, dass der Zuschauer Vertrautes in einem neuen Licht wahrnimmt und so die Widersprüche der Realität erkennt.

Das Theater Brechts ist politisches Zeittheater und hat stark lehrhafte Absichten.

In der erzählenden Literatur entwickelt sich der moderne Roman in vielfältigen Variationen. Die Autoren experimentieren mit verschiedenen Ausdrucksformen, wie z. B. personalem Erzählen, innerem Monolog, mehrperspektivischem Erzählen, Montagetechnik, Verwendung von Leitmotiven und Symbolen, essayistischem Stil usw.

Robert Musil (1880–1942): *Die Verwirrungen des Zöglings Törleß* (1906)

Franz Kafka (1883–1924): *Der Prozess* (1914/1915)

Georg Heym (1887–1912): *Die Menschen stehen vorwärts in den Straßen* (1911)

Jakob van Hoddis (1887–1942): *Weltende* (1911)

Kurt Tucholsky (1890–1935): *Deutschland, Deutschland über alles* (1929), Satiren

Erich Maria Remarque (1898–1970): *Im Westen nichts Neues* (1929, Verfilmung 1930)

Erich Kästner (1899–1974): *Herz auf Taille* (1928), *Fabian* (1931)

30.1.1933 Machtantritt Hitlers
1935 „Rassengesetze"; Radio („Volksempfänger"); VW Käfer
1938 Urankernspaltung
1939 Beginn des Zweiten Weltkriegs
1942 Wannseekonferenz: Beschluss der staatlichen Judenvernichtung
1945 **Mai:** Kriegsende in Europa; Teilung Deutschlands in Besatzungszonen **August:** Atombombenabwürfe auf Japan
1948 UNO-Menschenrechte
1949 Gründung von BRD und DDR
ab 1952 regelmäßige TV-Sendungen
1952 Struktur des Erbmaterials
1958 Europäische Wirtschaftsgemeinschaft (EWG)
1961 Mauerbau

Bertolt Brecht (1898–1956): *Mutter Courage und ihre Kinder* (1941), *Leben des Galilei* (1943), Gedichte

Anna Seghers (1900–1983): *Das siebte Kreuz* (1942)

Klaus Mann (1906–1949): *Mephisto* (1936)

Wolfgang Koeppen (1906–1996): *Tauben im Gras* (1951),

Max Frisch (1911–1991): *Stiller* (1954), *Biedermann und die Brandstifter* (1958), *Andorra* (1961)

Stefan Heym (1913–2001): *5 Tage im Juni* (1974)

Alfred Andersch (1914–1980): *Sansibar oder der letzte Grund* (1957)

Heinrich Böll (1917–1985): *Ansichten eines Clowns* (1963)

Paul Celan (1920–1970): *Todesfuge* (1948), *Espenbaum* (1952)

Wolfgang Borchert (1921–1947): *Draußen vor der Tür* (1947)

Friedrich Dürrenmatt (1921–1990): *Der Richter und sein Henker* (1952), *Der Besuch der alten Dame* (1956)

Franz Fühmann (1922–1984): *Drei Kameraden* (1955), *Das Judenauto* (1962)

Ingeborg Bachmann (1926–1973): *Malina* (1971), Gedichte

Siegfried Lenz (*1926): *Deutschstunde* (1968)

Günter Grass (*1927): *Die Blechtrommel* (1959), (Foto: bei der Verleihung des Literaturnobelpreises 1999), *Im Krebsgang* (2002)

Martin Walser (*1927): *Ein springender Brunnen* (1998)

Christa Wolf (*1929): *Der geteilte Himmel* (1963), *Kassandra* (1983)

Heiner Müller (1929–1995): *Der Lohndrücker* (1957)

Literarische Strömungen 1933 bis zur Gegenwart

Mit dem Machtantritt der Nationalsozialisten im Januar 1933 ändert sich die literarische Landschaft in Deutschland schlagartig. Die Gleichschaltung umfasst schnell auch die Künste und Medien, die Meinungsfreiheit wird beseitigt, die Bücher jüdischer oder regimekritischer Autoren werden verboten und verbrannt, die Autoren selbst teilweise verfolgt, sodass sich viele zur Flucht ins Ausland entschließen und manche sogar aus Verzweiflung Selbstmord begehen (Kurt Tucholsky, Stefan Zweig). Einige Autoren wollen ihren heimatlichen Sprachraum nicht verlassen und gehen in die „innere Emigration" (wie Erich Kästner), weichen auf unpolitischere Themen aus oder üben nur sehr versteckt Kritik. Hunderte von Autoren verlassen Deutschland; auf der Flucht und im Ausland entsteht die **Exilliteratur,** die – bei aller Verschiedenheit – in ihrer Ablehnung des Nationalsozialismus ihren gemeinsamen Kern hat.
Mit dem Kriegsende 1945 beginnt auch literarisch eine neue Zeit, wenngleich man nicht von einer „Stunde Null" reden kann, da viele Autoren auf ihre Zeit im Exil, andere auf die Traditionen der Weimarer Zeit zurückgreifen. Themen der **„Trümmerliteratur"** sind die konkrete Nachkriegssituation im zerstörten Deutschland (Hunger, Wohnungsnot und Flucht) sowie die deutsche Schuld an Völkermord und Weltkrieg, die v.a. in Gedichten (Günter Eich, Paul Celan) und Kurzprosa (Heinrich Böll, Wolfgang Borchert u.a.) ihren Niederschlag finden. Anfangs bemüht sich die **Gruppe 47,** ein Zusammenschluss deutschsprachiger Autorinnen und Autoren unter Leitung von Hans Werner Richter, um eine gesamtdeutsche Literatur, doch mit der staatlichen Teilung Deutschlands entwickeln sich je eigene literarische Trends auf beiden Seiten des „Eisernen Vorhangs".

1968 Studentenunruhen in Europa
1969 Mondlandung
1970 Willy Brandt: Ostpolitik
1976 Ausbürgerung Wolf Biermanns aus der DDR
1977 erster PC
ab 1984 Kabelfernsehen
1985 Perestroika in der Sowjetunion
1989 Friedliche Revolution in der DDR
1990 Deutsche Einheit
1993 Einrichtung des Internets (www)
1996 Digitalfernsehen
1999 Europäische Währungsunion
1999 Klonen menschlicher Zellen

BRD

Ende der **1950er-Jahre** erregen die Romane *Die Blechtrommel* von Günter Grass und *Billard um halb zehn* von Heinrich Böll internationales Aufsehen und überwinden die damals vorherrschende Tendenz zu unpolitischer Literatur (z.B. Gottfried Benn). Auch die Autoren aus der Schweiz, Max Frisch (Roman: *Homo faber*) und Friedrich Dürrenmatt (Drama: *Die Physiker*), zeigen eine kritische Distanz zur Entwicklung der modernen Gesellschaft. Für die **1960er-Jahre** lässt sich insgesamt eine zunehmende Politisierung des literarischen Lebens feststellen, die sich in einem Aufblühen der politischen Lyrik (Erich Fried) und des Essays (Hans Magnus Enzensberger) sowie im politischen Dokumentartheater (Heinar Kipphardt, Rolf Hochhuth) besonders deutlich zeigt. Der Trend der **1970er-Jahre** zur neuen Subjektivität findet sich in Prosatexten (Peter Handke, Martin Walser) ebenso wie in der Lyrik (Rolf Dieter Brinkmann, Karin Kiwus). Die **1980er-Jahre** gelten – wie in ganz Europa – als Zeit der Postmoderne, die mit traditionellen Erzählmustern und Motiven spielt und sie variantenreich kombiniert, wie z.B. Patrick Süskind im Roman *Das Parfum.*

DDR

Literatur in der DDR steht im Zeichen der politischen Aufgaben, die sie zu erfüllen hat. Die **Aufbauliteratur der 1950er-Jahre** will und soll die Errungenschaften des Sozialismus und den Sieg über den Faschismus darstellen. **Sozialistischer Realismus** meint den Anspruch, über die gesellschaftlichen Realitäten allgemein verständlich zu schreiben. Auf der 1. Bitterfelder Kulturkonferenz 1959 werden die Arbeiter zum Schreiben ermutigt (**Bitterfelder Weg:** „Greif zur Feder, Kumpel") und Autoren gehen in die Betriebe, um die Arbeitswelt in den Mittelpunkt ihrer Werke rücken zu können. In der **Ankunftsliteratur** seit etwa 1964 finden sich dann schon eher kritische Töne, Literaten messen die gesellschaftliche Realität an den Parolen der Staatspartei (Brigitte Reimann, Christa Wolf, Uwe Johnson). Die mit Honecker einsetzende Liberalisierung endet 1976 mit der (Zwangs-) Ausbürgerung Wolf Biermanns, gegen die viele Autoren weltweit protestieren. Wegen der verschärften Bedingungen verlassen über 100 Autoren und Künstler die DDR, darunter Reiner Kunze, Günter Kunert, Jurek Becker, Monika Maron, Sarah Kirsch.

In der Zeit nach 1989/90 beschäftigen sich viele Autorinnen/Autoren mit der Vereinigung der beiden deutschen Staaten, z. T. im Rückgriff auf historische Ereignisse, wie Grass in seinem Roman *Ein weites Feld.* Stilistisch gesehen setzt sich in den **1990er-Jahren** die Postmoderne fort.

Erik Neutsch (*1931): *Spur der Steine* (1964)

Gabriele Wohmann (*1932): Kurzgeschichten

Ulrich Plenzdorf (1934–2007): *Die neuen Leiden des jungen W.* (1972)

Sarah Kirsch (*1935): Gedichte

Wolf Biermann (*1936): Songs und Balladen

Peter Handke (*1942): *Die Angst des Tormanns beim Elfmeter* (1970), *Mein Jahr in der Niemandsbucht* (1994)

Günter Wallraff (*1942): Reportagen

Bernhard Schlink (*1944): *Der Vorleser* (1995)

Robert Schneider (*1961): *Schlafes Bruder* (1985)

2000 vollständige Entschlüsselung des menschlichen Erbguts (DNA)

11.09.2001 Anschlag auf das WTC in New York

2002 Einführung des Euro

2005 Kyoto-Protokoll (verbindliche Reduzierung von Treibhausgasen)

2008 Olympische Spiele in China

ab 2008 Finanz- und Wirtschaftskrise

Ausblick

Welche Autorinnen und Autoren der Gegenwart in 20, 50 oder 100 Jahren in den Literaturgeschichten stehen werden, lässt sich heute noch nicht vorhersagen.

Den literarischen Markt zu verfolgen, viel diskutierte Neuerscheinungen zu lesen und anderen zu empfehlen, ist aber auf jeden Fall eine spannende Angelegenheit, bei der man als Leser oder Leserin ein kleines Stück weit an der Literaturgeschichte mitschreiben kann.

Literaturempfehlungen und Leseanregungen findet man in **Zeitungen** und **Zeitschriften** oder im **Internet,** z. B. http://www.perlentaucher.de, http://www.literaturkritik.de, http://www.swr.de/bestenliste.

Auch im **Fernsehen** gibt es regelmäßig Literaturmagazine und Buchsendungen, die einen Überblick über die aktuellen Erscheinungen auf dem deutschen und auf dem internationalen Buchmarkt geben. Neben Buchvorstellungen in Filmbeiträgen oder durch die Moderatoren der Sendung sind oft Wissenschaftler, Literaturkritiker und die Schriftsteller und Dichter selbst als Studiogäste eingeladen, um neue Buchtitel zu präsentieren und zu diskutieren. Oft finden hier außer Gesprächen kleinere Lesungen statt, die einen direkten Einblick in das Werk der Autoren bieten.

Während **Bestsellerlisten,** z. B. in Nachrichtenmagazinen oder Literaturzeitschriften, lediglich über den Verkaufserfolg von Neuerscheinungen Auskunft geben, machen **Literaturpreise** Aussagen über den künstlerischen Wert und die Bedeutung eines Werkes.

Der berühmteste internationale Literaturpreis ist der Nobelpreis für Literatur. Zu den wichtigsten Literaturpreisen im deutschsprachigen Raum zählen der Georg-Büchner-Preis, der Friedenspreis des Deutschen Buchhandels und der Ingeborg-Bachmann-Preis, in Baden-Württemberg der Alemannische Literaturpreis.

Eine umfassende Übersicht und weiterführende Informationen bietet das Literaturportal http://www.ausgezeichnetes.de/.

Ulla Hahn (*1946): *Das verborgene Wort* (2001)

Hans Josef Ortheil (*1951): *Faustinas Küsse* (1998)

Birgit Vanderbeke (*1956): *Das Muschelessen* (1990), *Geld oder Leben* (2003)

Peter Stamm (*1963): *Blitzeis* (1999)

Marcel Beyer (*1965): *Flughunde* (1995)

Thomas Brussig (*1965): *Sonnenallee* (1999)

Julia Franck (*1970): *Die Mittagsfrau* (2007)

Juli Zeh (*1974): *Spieltrieb* (2004)

Daniel Kehlmann (*1975): *Die Vermessung der Welt* (2005)

5.6 Sachtexte

Sachtexte unterscheiden sich von literarischen Texten dadurch, dass sie vorwiegend informierenden (z. B. Zeitungstexte) oder appellierenden Charakter (z. B. Reden) haben.

Textsorten und Sprachfunktionen

Sachtext

expressiv
- Tagebuch
- persönlicher Brief

informativ
- Bericht
- Gebrauchsanweisung
- Sachbuch

appellativ
- Plakat, Werbung
- Rede
- Flugblatt

Analyse von Reden

Horst Köhler bei seiner Ansprache an die Bundesversammlung nach seiner Wiederwahl zum Bundespräsidenten am 23.05.2009

▶ Redeanalyse S. 70

Reden sind appellative Texte, die die Zuhörer/innen auf vielfältige Weise zu beeinflussen suchen. Bei der Analyse solcher Texte sollte man unter anderem auf folgende Punkte achten:

Intention der Rede

Redesituation

Argumentation
rhetorische Figuren

Inhalt der Rede

Folgende Leitfragen helfen bei der Analyse rhetorischer Texte.

Leitfragen zur Erschließung rhetorischer Texte	
Redesituation	■ Gibt es einen besonderen Anlass für die Rede? ■ An welchem Ort wird die Rede gehalten? ■ In welcher Beziehung steht der Redner/die Rednerin zum Publikum? ■ In welcher Weise ist die Situation der Rede für eine mediale Übertragung (z. B. im TV) inszeniert?
Inhalt	■ Was ist das Thema der Rede? ■ Was sind die Hauptaussagen der Rede?
Intention der Rede	■ Welche Wirkung soll die Rede erzielen? ■ Welche Positionen oder Personen werden auf- oder abgewertet? ■ Will der Redner/die Rednerin das Publikum beispielsweise beschwichtigen oder vereinnahmen?
Argumentation	■ Welche Thesen enthält die Rede? ■ Wie werden die Thesen gestützt? ■ Durch welche Beispiele, Belege, Zitate werden die Argumente untermauert? ■ Liegt eine Scheinargumentation vor, die logische Zusammenhänge nur vortäuscht und mit Vorurteilen arbeitet?
Rhetorische Figuren	■ Welche rhetorischen Figuren werden eingesetzt? ■ Welche Funktion haben die verwendeten rhetorischen Figuren?

▶ Thesen S. 51
▶ Argumente S. 51

Rhetorische Figuren helfen, eine Rede wirkungsvoll zu gestalten. Manche dieser Figuren beziehen sich auf den Satzbau/die **Syntax** (z. B. *Parataxe/Hypotaxe, Ellipse* ...), andere auf die Wortwahl/die **Semantik** (z. B. *Euphemismus, Metapher, Symbol* ...) wiederum andere auf den Klang (z. B. *Alliteration, Onomatopoesie* ...).
Die gebräuchlichsten rhetorischen Figuren sind in der folgenden Tabelle zusammengestellt.

	Rhetorische Figuren	
Akkumulation	Unter einer Akkumulation versteht man eine Reihung von Begriffen zu einem – genannten oder nicht genannten – Oberbegriff.	*Nenn's Glück! Herz! Liebe! Gott!*
Allegorie	Die konkrete Darstellung abstrakter Begriffe, oft durch Personifikation, bezeichnet man als eine Allegorie.	*Gott Amor* für Liebe
Alliteration	Wiederholt sich der Anfangsbuchstabe bei Wörtern, liegt eine Alliteration vor.	*Milch macht müde Männer munter.*

	Rhetorische Figuren	
Anapher	Die Wiederholung eines oder mehrerer Wörter an Satz- oder Versanfängen heißt Anapher.	*Er schaut nicht die Felsenriffe/Er schaut nur hinauf …*
Antithese	Die Entgegenstellung von Gedanken oder Begriffen wird Antithese genannt.	*Nicht du um der Liebe willen, sondern um deinetwillen die Liebe*
Apostrophe	Die Apostrophe bezeichnet eine feierliche oder betonte Anrede oder einen Anruf.	*Du schönste Wunderblume süßer Frauen!*
Chiasmus	Die symmetrische Überkreuzstellung von semantisch oder syntaktisch einander entsprechenden Satzgliedern ist ein Chiasmus.	*Ich schlafe am Tag, in der Nacht wache ich.*
Chiffre	Die Chiffre ist eine Form des Symbols, eine Art Geheimzeichen mit verschlüsselter Bedeutung, die nur aus dem Kontext abzuleiten ist.	*Ich bin die Heiserschreie der Elster*
Ellipse	Unter einer Ellipse versteht man die Auslassung eines Satzgliedes/Wortes in einem Satz, das leicht ergänzbar ist.	*Je früher der Abschied, desto kürzer die Qual.*
Euphemismus	Ein Euphemismus beschönigt einen Sachverhalt.	*vollschlank* statt *dick*
Hyperbel	Die Hyperbel ist eine starke Übertreibung.	*ein Meer von Tränen*
Hypotaxe	Sind Sätze als Haupt- und Nebensätze miteinander verknüpft („ineinander verschachtelt"), nennt man das Hypotaxe oder hypotaktischen Stil.	*Aber schön ist sie gelegen, mitten in den grünen Bergen, die nach der Mittagsseite zu offen sind, sodass wohl die Sonne …*
Inversion	Die Umkehrung der geläufigen Wortstellung im Satz heißt Inversion.	*Der Schultern warmer Schnee wird werden kalter Sand.*
Ironie	Eine Aussage, die erkennen lässt, dass sie anders gemeint als gesagt ist, wird als Ironie bezeichnet.	*Das hast du ja wieder toll hinbekommen!*
Klimax	Werden Begriffe steigernd aneinandergereiht, spricht man von einer Klimax. Ist die Reihung dreigliedrig, nennt man sie Trikolon.	*Veni, vidi, vici (Ich kam, sah und siegte.)*
Metapher	Bei einer Metapher wird eine bestimmte Vorstellung aus einem Bedeutungsbereich ohne Vergleichswort (z. B. „wie") in einen anderen Bedeutungsbereich übertragen.	*Der Verstand ist ein Messer in uns.*

	Rhetorische Figuren	
Metonymie	In einer Metonymie wird ein gebräuchliches Wort durch ein anderes, das zu ihm in unmittelbarer Beziehung steht, ersetzt, z. B. Autor für Werk, Gefäß für Inhalt, Ort für Person. Metonymien finden sich häufig in der politischen Berichterstattung.	*Das Weiße Haus macht wieder einmal Schlagzeilen.*
Neologismus	Ein Neologismus ist eine Wortneuschöpfung.	*Berufsjugendlicher, Nebelspinne*
Onomatopoesie	Der Begriff Onomatopoesie bezeichnet Lautmalerei.	*schnattattattattattat-tattattern*
Paradoxon	Unter einem Paradoxon versteht man eine auf den ersten Blick widersprüchliche Aussage, die meist eine höhere Wahrheit enthält.	*Vor lauter Individualismus tragen sie Uniform.*
Parallelismus	Werden gleiche (parallele) syntaktische Fügungen wiederholt, nennt man das Parallelismus.	*Das Schiffchen fliegt, der Webstuhl kracht.*
Parataxe	Werden ganze Sätze oder Teile von Sätzen gleichgeordnet aneinandergereiht, spricht man von einer Parataxe oder parataktischem Stil.	*Das Rad ... brauste und rauschte ..., der Schnee tröpfelte ..., die Sperlinge zwitscherten ...*
Personifikation	Es liegt eine Personifikation vor, wenn ein Gegenstand oder ein Begriff vermenschlicht wird. Die Personifikation ist eine Sonderform der Metapher.	*Vater Staat, Mutter Natur*
rhetorische Frage	Eine rhetorische Frage ist eine Scheinfrage, bei der jeder schon die Antwort kennt.	*Wer ist schon perfekt?*
Symbol	Bei einem Symbol handelt es sich um ein Sinnbild, das über sich hinaus auf etwas Allgemeines verweist, meist um einen konkreten Gegenstand, in dem ein allgemeiner Sinnzusammenhang deutlich wird.	*Taube als Symbol des Friedens, Ring als Symbol der Treue und Ewigkeit*
Tautologie	Die Wiederholung eines Begriffs bzw. Ersetzung durch ein sinnverwandtes Wort („Zwillingsformeln“) wird Tautologie genannt.	*Es ist, was es ist; nie und nimmer; in Reih und Glied*
Vergleich	Die Verknüpfung zweier Bedeutungsbereiche durch Hervorheben des Gemeinsamen heißt Vergleich.	*Achill ist stark wie ein Löwe.*

TIPP

Das Gelingen des Vortrags einer Rede (oder eines Referates) hängt zu einem nicht unerheblichen Teil von der Redetechnik ab. Besonders zu beachten sind die Bereiche Stimmführung, Blickkontakt, Körperhaltung, Gestik und Mimik.

Zeitung

Die Zeitung (von mittelhochdeutsch *tiding* = Nachricht, Botschaft) ist durch folgende Merkmale gekennzeichnet:

- Zeitnähe (Aktualität),
- regelmäßiges Erscheinen (Periodizität),
- öffentliche Zugänglichkeit (Publizität) und
- inhaltliche Vielfalt (Universalität).

Zeitungstexte vermitteln **Information** (z. B. Nachricht) und **Meinung** (z. B. Kommentar).

	Man unterscheidet zwischen:	
Erscheinen	Tageszeitung	*erscheint täglich*
	Wochenzeitung	*erscheint wöchentlich*
Vertrieb	regionale Zeitung	*wird nur in einer bestimmten Gegend vertrieben*
	überregionale Zeitung	*wird in der ganzen Bundesrepublik vertrieben*
	Boulevardzeitung	*ist nur am Kiosk oder im Straßenverkauf erhältlich*
	Abonnementzeitung	*kann man sich nach Hause zustellen lassen*

Textsorten in einer Zeitung

Meldung

Beim Redigieren ihrer Artikel greifen Journalistinnen und Journalisten meist auf **Meldungen** zurück, die ihnen von **Nachrichtenagenturen** zur Verfügung gestellt werden. In der Redaktion entscheidet sich, ob aus einer Meldung ein Leitartikel, ein Kommentar oder ein „normaler" Zeitungsartikel, also eine Nachricht, wird.

Informationsmodule

Eine Neuerung in der aktuellen Presse ist die Art der Aufteilung von Themen. Die Leser/innen werden nicht mehr mit langen Berichten konfrontiert, bei denen sie Zeit und Mühe aufwenden müssten, um sich einzulesen. Vielmehr wird ein komplexer Sachverhalt auf verschiedene Texte, Grafiken und Bilder aufgeteilt, auf Informationsbausteine oder -module. So kann man an einer Stelle einsteigen und – bei Interesse – an anderer Stelle weiterlesen. Leser/innen werden dadurch zur Eigenaktivität beim Lesen angeregt; Visualisierungen sind Anreiz und Merkhilfe zugleich.

Bericht

Unter einem **Bericht** versteht man eine umfangreichere Nachricht.

Essay

Im Französischen heißt *essayer* versuchen. Dem Essay kommt es nicht auf wissenschaftlich genaue Analysen oder strenge Systematik der Gedankenführung an, er will zum Denken anregen, oft provozieren. Die manchmal sprunghafte Reihung subjektiver Assoziationen und das Spiel mit der Sprache charakterisieren den Essay. Dabei werden verschiedene argumentative Strategien und **rhetorische Mittel** genutzt, sprachlich und stilistisch werden alle Möglichkeiten ausgeschöpft. Man kann den Essay als eine freie Form des **Erörterns** betrachten.

▶ rhetorische Mittel S. 182

Textsorten in einer Zeitung

Glosse

In einer **Glosse** werden Sachverhalte in knapper, witziger, oft auch polemischer Form kommentiert.

Kommentar

Kommentare sind subjektive, wertende Texte, die aus einer bestimmten Perspektive geschrieben sind. Fakten werden bewertet, Vorgänge problematisiert, manchmal Hintergründe und Zusammenhänge erläutert.

Leserbrief

Leserbriefe nehmen in der Regel auf vorangegangene Presseartikel Bezug. Sie sind meist wertend und geben die subjektive Sicht der Schreibenden wieder.

TIPP

Verfassen von Leserbriefen: klarer Bezug, korrektes Zitieren, klares Ziel, klarer Standpunkt, gute Argumente, kurzer Text, Überarbeitung

Nachricht

Lead-Stil

Der Nachrichtenstil ist geprägt durch die Beschränkung auf Fakten und Vorgänge sowie das Bemühen um Objektivität, mit dem man den Tatsachen unvoreingenommen und unparteiisch gerecht werden will. **Nachrichten** sind meist im **Lead-Stil** (engl. *lead* = Spitzenstellung) aufgebaut: Die wichtigsten Informationen stehen am Textanfang, eine zusammenhängende Darstellung mit Details folgt.

Reportage

Reportagen informieren in besonders lebendiger und anschaulicher Weise über Ereignisse; dabei kann auch das persönliche Erleben der Reporterin/des Reporters deutlich werden. Reportagen versuchen, Atmosphäre einzufangen, und führen mitten in ein Geschehen. Leserinnen und Leser sollen gedanklich und emotional in das Geschilderte hineingezogen werden. Jede Reportage bietet

- die **Darstellung eines Erlebnisses,** z. B. den Besuch einer Veranstaltung,
- **Hintergrundinformationen,** in denen der Reporter sein Hintergrundwissen leserfreundlich darstellt, und
- einen **Kommentar,** das heißt, der Reporter äußert seine Einschätzung der Veranstaltung.

Diese drei Bereiche sind bei längeren Reportagen häufig vermischt. Eine spezielle Form der Reportage ist die **Sozialreportage,** die über wichtige soziale Zustände informiert, diese kommentiert und kritisiert. Die kritische Sicht geht oft bis zur Parteilichkeit, mit der Interessen der Benachteiligten, Minderheiten oder Unterdrückten herausgestellt und Unmenschlichkeit entlarvt werden. Doch auch das Schöne oder einfach nur Alltägliche eines gesellschaftlichen Bereichs kann vermittelt werden.

Aufbau einer Zeitung

Ressorts/Sparten

Schon auf der Titelseite einer Zeitung begegnen der Leserschaft die wichtigsten Ressorts oder Sparten: Politik, Wirtschaft, Kultur, Sport, Lokales, vermischte Meldungen, „Aus aller Welt“, Fernsehen, Anzeigen, Wetter und besondere, täglich wechselnde Rubriken (wie Verkehr, Mode, Hochschule u. a.). Die einzelnen Ressorts haben meist feste Plätze/Seitenzahlen im Innenteil der Zeitung, sodass man den Bereich, für den man sich interessiert, schnell finden kann.

Kölner Stadt-Anzeiger

KÖLNISCHE ZEITUNG
UNABHÄNGIG – SEIT 1802 – ÜBERPARTEILICH
Mittwoch, 5. November 2008 · Nr. 259 · SK · D: 1,00

1. Zeitungskopf

Stein auf Stein
Modellbahnen und Lego-Welt locken Familien KÖLN, SEITE 23

Alles, was er anfasst, stirbt
„Ein Quantum Trost" – der neue Bond-Film mit Daniel Craig KULTUR, SEITE 22

8. Querverweise

Die Welt hofft auf Obama

3. Aufmacher

Obama beim Wahlkampf-Endspurt in North Carolina.
BILD: AFP

2. Blickfang

■ Auf jeden Fall eine historische Wahl: Obama, der erste schwarze Kandidat, tritt gegen McCain, den bislang ältesten Kandidaten, an.

■ Wahlforscher erwarten die Rekordbeteiligung von 130 Millionen Amerikanern an der Präsidentschaftswahl.

■ Der Republikaner McCain fährt nach seiner Stimmabgabe in Phoenix, Arizona, zu seinem letzten Wahlkampfauftritt in New Mexico.

Rekordbeteiligung an einer historischen Wahl: Mit einem nie erlebten Ansturm auf die Wahllokale haben die US- Bürger am Dienstag über ihren neuen Präsidenten entschieden. Als Favorit ging der 47-jährige Demokrat Barack Obama in die historische Abstimmung: Er kann als erster Schwarzer in das Weiße Haus einziehen. Trotz seines Rückstandes in Meinungsumfragen zeigte sich der Republikaner John McCain (72) aber zuversichtlich, am Ende doch den Wahlsieg zu erringen.

Vielerorts bildeten sich bereits kurz nach Öffnung der Wahllokale Warteschlangen – so in den Bundesstaaten Pennsylvania, Ohio und Virginia. Erwartet wurde eine Rekordbeteiligung von bis zu 130 Millionen Wählern – zehn Millionen mehr als bei der Wahl im Jahr 2004. Die Wahl endet heute Morgen europäischer Zeit auf den Aleuten, einer Inselkette zwischen Alaska und Asien. Da aber die Ergebnisse bekannt gegeben werden, wenn sie vorliegen, könnte der Sieger schon in der Nacht feststehen.

McCain gab in Phoenix im US-Bundesstaat Arizona seine Stimme für die US-Präsidentschaftswahl ab – und fuhr anschließend zu einem letzten Wahlkampfauftritt in New Mexico. Er wurde dabei von seiner Frau Cindy begleitet. Obama ging am Morgen zusammen mit seiner Frau Michelle in Chicago (Illinois) wählen. Er zeigte sich zuversichtlich, aber zugleich auch gedämpft: Am Montag war seine Großmutter Madelyn Dunham nach langer Krebserkrankung gestorben. Kurz vor ihrem Tod hatte sie per Briefwahl abgestimmt. Obamas Wahlkampfteam versicherte, dass ihre Stimme gültig sei: „Wenn man per Briefwahl gewählt hat, dann zählt die Stimme auch", sagte Mitarbeiterin Linda Douglass am Dienstag. Einen historischen Teilsieg konnte Obama bereits früh verbuchen. Im Dorf Dixville Notch (Bundesstaat New Hampshire), wo die Bürger traditionell gleich nach Mitternacht wählen gehen, erhielt er 15 Stimmen, McCain nur sechs. In dem Ort nahe der kanadischen Grenze brach Obama somit eine 40-jährige Vorherrschaft der Republikaner. Nur 1968 war es den Demokraten gelungen, hier zu siegen. (dpa, rtr)

Blick **Seite 3**

Aktuelle Infos zur US-Wahl auf ksta.de

20 Tote bei Busunglück auf A 2

Reisebus brennt völlig aus –

4. Tagesthema

Hannover - Bei einem der schwersten Busunglücke der vergangenen Jahre sind bei Hannover 20 Menschen ums Leben gekommen. Ein Reisebus ging am Dienstagabend auf der Autobahn 2 in Flammen auf, viele ältere Fahrgäste konnten sich nicht mehr rechtzeitig aus den Flammen retten, obwohl der Fahrer sein Fahrzeug noch auf dem Standstreifen zum Stehen brachte. 13 Menschen wurden nach ersten Angaben verletzt, wie die Polizei mitteilte. Sie wurden mit teils schwersten Brandverletzungen in umliegende Krankenhäuser gebracht. Die Gruppe war auf der Rückfahrt [...] im Münsterland. Der Innenraum des Busses brannte vollständig aus. Das Unglück ist eines der schwersten Busunglücke, das sich jemals in Deutschland ereignet hat.

Der Reisebus eines Unternehmens aus Hannover war gegen 20.45 Uhr bei der Ausfahrt Garbsen in Fahrtrichtung Berlin in Brand geraten. Aus dem ausgebrannten Wrack wurden Rollatoren (Gehhilfen) geborgen. Den Rettern bot sich ein Bild des Grauens. An dem Unglück sei kein an[...]ligt gewesen, sagte die Polizeisprecherin. Der genaue Hergang sei aber noch unklar.

Bundesverkehrsminister Wolfgang Tiefensee (SPD) hat sich tief erschüttert über das Busunglück bei Hannover geäußert. „Es muss jetzt sehr sorgfältig untersucht werden, wie es zu diesem Unglück kommen konnte", sagte der Minister laut einer Mitteilung am Dienstagabend. (dpa)

Panorama **Seite 14**

www.ksta.de/bilder

Walter gibt Amt auf

In Hessen mehren sich die Stimmen, die Neuwahlen fordern.

Berlin - Der Kritiker der hessischen SPD-Chefin Andrea Ypsilanti, Jürgen Walter, hat sein Amt als Vize-Vorsitzender der hessischen SPD niedergelegt. Walter habe seinen Rücktritt in einem Fax an die Partei mitgeteilt, sagte der Sprecher der hessischen SPD-Fraktion, Frank Steibli. Als Grund habe Walter angegeben, er sei aus der Partei aufgefordert worden. Derweil mehrten sich die Stimmen, die Neuwahlen forderten. „Ich unterstütze die hessischen Grünen, die auf dem Landesparteirat sich für Neuwahlen einsetzen", sagte die Bundesvorsitzende der Grünen, Claudia Roth, dem „Kölner Stadt-Anzeiger" in Berlin. Auch die stellvertretende Fraktionsvorsitzende der Grünen im Bundestag, Bärbel Höhn, betonte: „Neuwahlen sind der richtige Weg. In seiner nächsten Sitzung am 18. November könnte sich das Parlament selbst auflösen. Spätester Termin für Neuwahlen wäre dann der 11. Januar 2009. Die Bundes-SPD rechnet ebenfalls mit vorgezogenen Wahlen in Hessen. (que, sts)

Kommentar **Seite 4,** *Politik* **S. 6**

7. Hinweis auf Kommentar

www.ksta.de

KÖLN

Bewährungsstrafe für Kriminalbeamten

Weil er Po[...] zeitung we[...] vatcomput[...] gefunden v[...] amter per [...] Haftstrafe [...]

SEK jagt [...] nerin einen [...] ben wollte [...] war nur ei[...]

6. Kurzmeldungen zu lokalen und regionalen Ereignissen

SPORT

Rückschlag für Bremen

Der SV Werder unterliegt am vierten Spieltag der Champions League im Weserstadion dem griechischen Vertreter Panathinaikos Athen 0:3. **Seite 15**

TAGESTHEMA

Virtuelle Meisterschaft

In Köln treffen sich 800 Computerspieler aus 78 Nationen, um bei den „World Cyber Games" gegeneinander zu spielen und die Champions zu ermitteln. **Seite 2**

PANORA[...]

Boris [...]

Ex-Tennis[...] ne Verlob[...] haben sich [...] sie sich üb[...]

5. Kurzmeldungen mit Querverweisen zu verschiedenen Ressorts

WETTE[...]

Regen
Anfangs fällt Regen, später kommt örtlich die Sonne durch. 10 bis 12 Grad.
Tag Nacht

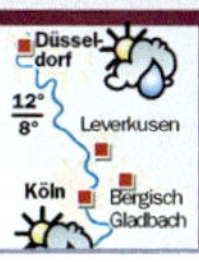

germa[...]

9. Hinweise auf den Serviceteil

Abonnenten-Service: 01802/30 32 33
Telefonische Anzeigenannahme: 01804/02 04 00
E-Mail: Redaktion-KSTA@mds.de

Kontakt: Amsterdamer Str. 192, 50735 Köln, Telefon: 0221 224-0; Fax 0221 224-2524

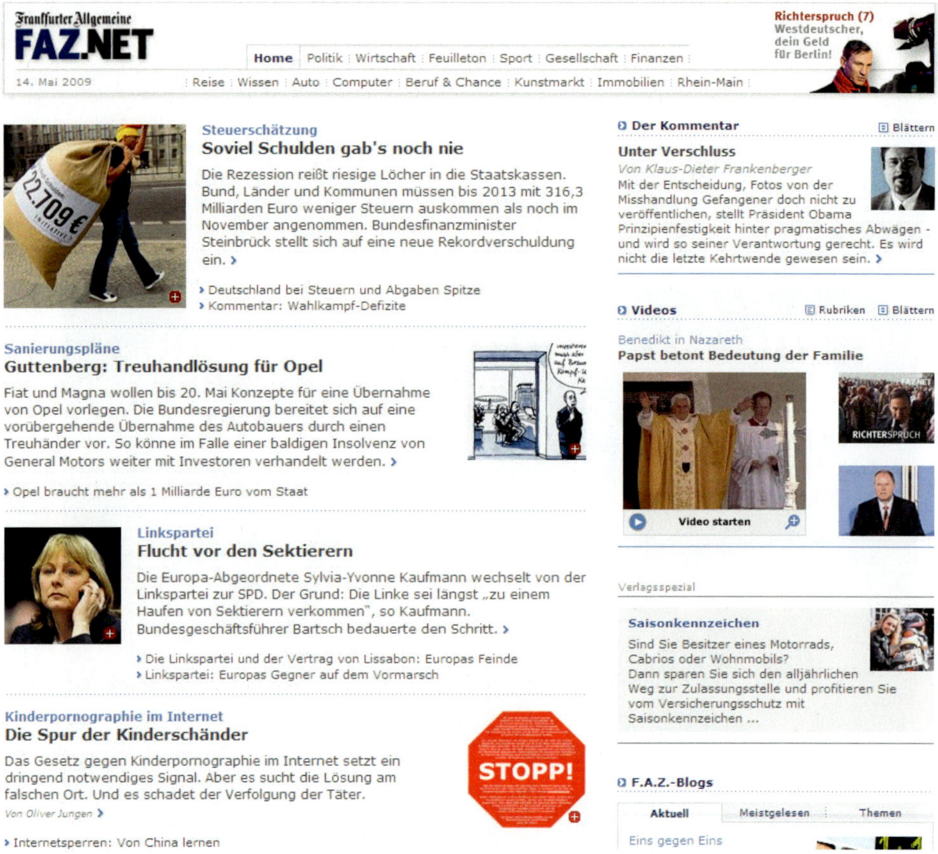
Frankfurter Allgemeine
FAZ.NET
14. Mai 2009
Home | Politik | Wirtschaft | Feuilleton | Sport | Gesellschaft | Finanzen
Reise | Wissen | Auto | Computer | Beruf & Chance | Kunstmarkt | Immobilien | Rhein-Main
Richterspruch (7)
Westdeutscher, dein Geld für Berlin!

Steuerschätzung
Soviel Schulden gab's noch nie
Die Rezession reißt riesige Löcher in die Staatskassen. Bund, Länder und Kommunen müssen bis 2013 mit 316,3 Milliarden Euro weniger Steuern auskommen als noch im November angenommen. Bundesfinanzminister Steinbrück stellt sich auf eine neue Rekordverschuldung ein. ›
› Deutschland bei Steuern und Abgaben Spitze
› Kommentar: Wahlkampf-Defizite

Sanierungspläne
Guttenberg: Treuhandlösung für Opel
Fiat und Magna wollen bis 20. Mai Konzepte für eine Übernahme von Opel vorlegen. Die Bundesregierung bereitet sich auf eine vorübergehende Übernahme des Autobauers durch einen Treuhänder vor. So könne im Falle einer baldigen Insolvenz von General Motors weiter mit Investoren verhandelt werden. ›
› Opel braucht mehr als 1 Milliarde Euro vom Staat

Linkspartei
Flucht vor den Sektierern
Die Europa-Abgeordnete Sylvia-Yvonne Kaufmann wechselt von der Linkspartei zur SPD. Der Grund: Die Linke sei längst „zu einem Haufen von Sektierern verkommen", so Kaufmann. Bundesgeschäftsführer Bartsch bedauerte den Schritt. ›
› Die Linkspartei und der Vertrag von Lissabon: Europas Feinde
› Linkspartei: Europas Gegner auf dem Vormarsch

Kinderpornographie im Internet
Die Spur der Kinderschänder
Das Gesetz gegen Kinderpornographie im Internet setzt ein dringend notwendiges Signal. Aber es sucht die Lösung am falschen Ort. Und es schadet der Verfolgung der Täter.
Von Oliver Jungen ›
STOPP!
› Internetsperren: Von China lernen

Der Kommentar | Blättern
Unter Verschluss
Von Klaus-Dieter Frankenberger
Mit der Entscheidung, Fotos von der Misshandlung Gefangener doch nicht zu veröffentlichen, stellt Präsident Obama Prinzipienfestigkeit hinter pragmatisches Abwägen - und wird so seiner Verantwortung gerecht. Es wird nicht die letzte Kehrtwende gewesen sein. ›

Videos | Rubriken | Blättern
Benedikt in Nazareth
Papst betont Bedeutung der Familie
Video starten
RICHTERSPRUCH

Verlagsspezial
Saisonkennzeichen
Sind Sie Besitzer eines Motorrads, Cabrios oder Wohnmobils? Dann sparen Sie sich den alljährlichen Weg zur Zulassungsstelle und profitieren Sie vom Versicherungsschutz mit Saisonkennzeichen ...

F.A.Z.-Blogs
Aktuell | Meistgelesen | Themen
Eins gegen Eins

Online-Zeitung

Im Zeitalter elektronischer Medien existieren Zeitungen nicht mehr nur als Print-Versionen. Große Verlage bieten auch **Online-Zeitungen,** die ständig aktualisiert werden und so immer die neuesten Nachrichten verbreiten.

Diese Online-Angebote sind meist kostenfrei und finanzieren sich über entsprechende Werbung (Pop-ups); für besondere Angebote werden teilweise auch Gebühren erhoben, dann ist ein Passwort erforderlich.

Eine Übersicht über Onlinezeitungen aus aller Welt findet man nach Ländern geordnet unter: http://www.zeitung.de.

5.7 Medien – Werbung, Fernsehen, Film

Typen
Print-Medien
audiovisuelle Medien

Medien (Einzahl: das Medium) sind Mittel zur Weitergabe von Informationen. Man unterscheidet **Print-Medien** (z. B. Bücher, Zeitungen, Zeitschriften) und **audiovisuelle Medien** (z. B. Hörfunk, Film, Fernsehen). Das Internet ist ein interaktiver Verbund aller Arten von Medien miteinander, an dem jeder, der zu einem entsprechend ausgestatteten Rechner (Computer) Zugang hat, selbst mitarbeiten kann.

Werbung

▶ Medien S. 188

Werbung ist in unserem Alltag allgegenwärtig. In allen Medien werden Produkte oder Dienstleistungen beworben. Aber auch die Politik kann sich der Werbung bedienen.

Kommunikationsmodell

Werbung im Kommunikationsmodell

Sender →	**Werbemedium** →	**Werbebotschaft** →	**Empfänger**
Auftraggeber/ Firma, Hersteller, Werbeagentur, Grafiker/ Texter/ Designer	*Inserat, Plakat, Werbespot, Flugblatt*	*Produktinformation, Image einer Firma, Erfüllung eines Bedarfs oder anderer Sehnsüchte (z. B. ein bestimmter Lebensstil), Kaufappell*	*Käufer, Konsumenten, Passanten, TV-Zuschauer, Wähler, „Zielgruppe“*

Aufbau

In Werbeanzeigen finden sich in der Regel die folgenden Elemente:

- Blickfang (Eyecatcher)
- Überschrift (Headline)
- Fließtext (Copy)
- Slogan

Sprache

▶ rhetorische Mittel S. 182

Die **Sprache** der Werbung bevorzugt auffällige Formulierungen wie Wortschöpfungen, rhetorische Mittel, grammatische Varianten der Sprachhandlung „Auffordern“.

Konnotation

Im Mittelpunkt steht die Lenkung der Konsumenten durch erwartete **Konnotationen.**

Denotation

Das **Denotat** ist die sachliche, allgemeine, lexikalische Bedeutung eines Wortes; als Konnotate sind all die Vorstellungen anzusehen, die die Menschen mit einem Wort spontan oder auf Grund der gesellschaftlichen Konvention und Tradition verbinden.

„Palmolive“

Denotat	**Konnotat**
Seife, produziert mit Pflanzenfett	Palmen = Strand, Karibik, Sonne, Urlaub Olive = südländisches Flair

Über die Konnotation wird also mit der genannten Seife neben der Reinigungskraft die Lust an Wasser, Freizeit, Reisen, Ferne, Liebe, Träumen angesprochen. Die Produkte werden durch optische oder verbale Reize mit geheimen Wünschen, Leitbildern, positiven Vorstellungen belegt.

Mythen

Die Werbung suggeriert, dass mit dem Kauf des Produktes auch die konnotierten Wünsche und Bedürfnisse in Erfüllung gehen. Konnotativ ausgelöst werden auch neue „Warenmythen", z. B. der Cowboy-Mythos (das Reiten durch die Wildnis Nordamerikas in Verbindung mit Zigaretten) oder der Casanova-Mythos (die unwiderstehliche Wirkung verschiedener Markenjeans auf das andere Geschlecht).

Wirkung

Der Wirkmechanismus von Werbung wird durch die AIDA-Formel beschrieben.

AIDA-Formel

A	I	D	A
Attention →	**Interest** →	**Desire** →	**Action**
Aufmerksamkeit beim Konsumenten erregen, z. B. durch einen Blickfang	*vorhandene Interessen ansprechen, z. B. in einem Slogan*	*Begierde, Kaufwunsch auslösen*	*Handeln (z. B. Kauf) bewirken*

Fernsehen

Free-TV
Pay-TV

Zuschauer/innen können heute zwischen dem **Free-TV** und dem **Pay-TV** wählen. Beim Pay-TV muss jeweils für einzelne Programme, Pakete von Sendungen (z. B. Fußballspiele, Filme) oder einzelne Sendungen bezahlt werden. Der Zugang zu diesen Angeboten erfolgt über einen Decoder.

öffentlich-rechtliche Sendeanstalten
kommerzielle Sender

Der Bereich des Free-TV setzt sich aus den **öffentlich-rechtlichen** Sendeanstalten und den **kommerziellen** Sendern, den so genannten „Privaten", zusammen. Die öffentlich-rechtlichen Anstalten finanzieren sich zum größten Teil über Gebühren und zu einem geringeren Teil über Werbeeinnahmen; die kommerziellen Sender sind vollständig von Werbeeinnahmen abhängig. Über die Fernsehgebühren, die staatlich festgesetzt werden, finanziert der Staat die öffentlich-rechtlichen Fernsehsender, aber auch andere Leistungen in der Mediengesellschaft (z. B. das öffentlich-rechtliche Rundfunkangebot).

Sponsoren

Schleichwerbung

Die Anbieter von Fernsehprogrammen arbeiten zunehmend mit Sponsoren zusammen, die Teile von Sendungen oder ganze Sendungen finanzieren und die bei der Ausstrahlung von Filmen, Fußballspielen usw. erwähnt werden. Durch Sponsorenfinanzierung und Schleichwerbung (Werbung, die als solche nicht klar markiert ist) werden die Grenzen zwischen Programmverantwortlichen und Finanziers fließend.

Einschaltquote

Fernsehsender haben vielerlei Verfahren entwickelt, Zuschauer/innen an sich zu binden, damit diese möglichst nicht zu anderen Programmen wechseln. Der Hintergrund ist, dass die Sendeanstalten, und zwar insbesondere die kommerziellen, das Ziel verfolgen, eine hohe Einschaltquote zu erzielen; denn über den Tausenderkontaktpreis (den Preis, den Werbekunden für jeweils 1000 Zuschauer/innen bezahlen) berechnen sich die Werbeeinnahmen der Sender. Für die Zuschauer/innen bedeutet dies, dass sie mit sensationell aufgemachten Angeboten, dramatisierenden Präsentationsformen, populären Zugaben aus dem Medienverbund (Earcatching mit aktuellen Musiktiteln usw.), aber auch mit einer Vielzahl von Trailern in die Programme gelockt und dort festgehalten werden sollen.

Film

Dokumentarfilm
Spielfilm
dramaturgischer Aufbau
Szenen
Sequenzen

Beim Film lassen sich **Dokumentarfilm** und **Spielfilm** unterscheiden. Ein Spielfilm hat eine (meist fiktive) Handlung und einen ähnlichen dramaturgischen Aufbau wie ein Drama: In der **Exposition** werden wesentliche Motive und alle wichtigen Figuren vorgestellt. Die Szenen setzen sich zu einzelnen Handlungseinheiten **(Sequenzen)** zusammen; diese sind in sich geschlossene Einheiten mit eigener Spannungskurve. Ähnlich wie beim Drama finden sich beim Spielfilm **Wendepunkte,** die die äußere oder innere Handlung einen unerwarteten Verlauf nehmen lassen. Meist existiert ein solcher Wendepunkt unmittelbar nach der Exposition sowie ein weiterer gegen Ende des Films. Von einem **Happy End** spricht man, wenn sich die Handlung aus Sicht der Hauptfigur(en) am Ende zum Guten wendet.

Dramaturgischer Aufbau eines Spielfilms

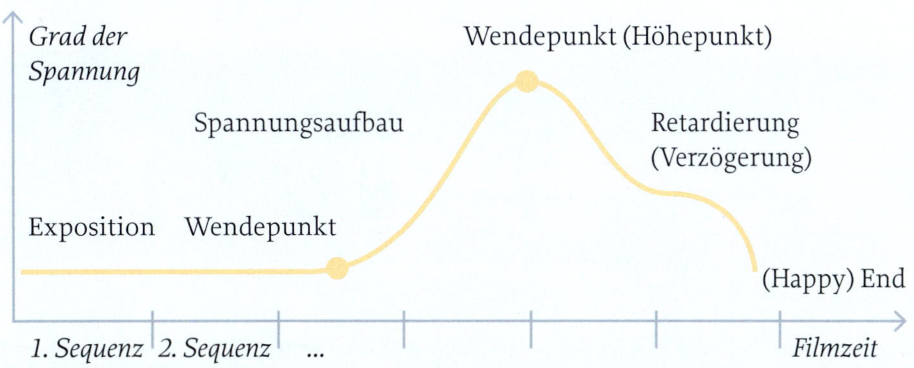

Drehbuch

Textgrundlage jeder Fernsehserie und jedes Films ist das **Drehbuch.** Es enthält eine genaue Einteilung der Szenen und ist die eigentliche Arbeitsgrundlage bei den Aufnahmen. Handlungsabläufe und Dialoge sind hier (oft in zwei Parallelspalten) festgelegt. Das Drehbuch enthält außerdem Angaben über Handlungsort (innen/außen) und -zeitpunkt (Tag/Nacht). Dies ist vor allem für die Ausleuchtung und die Ausstattung der Szene wichtig.

Kameraführung

In der Kombination von Einstellungsgröße, Kameraperspektive und Kamerabewegung lassen sich filmische Effekte erzielen, insbesondere wenn von den üblichen Kameraeinstellungen abgewichen wird.

Übersicht: Einstellungsgrößen

	Detail	Groß	Nah	Amerikanisch
	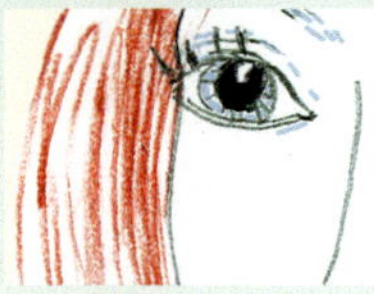			
umfasst:	*nur Teile eines Gesichts*	*wie ein Ausweisfoto; der Kopf kann aber angeschnitten sein*	*Brustbild*	*Person bis zum Gürtel oder „bis zum Colt"*
betont:	*Blicke*	*Blicke*	*Blicke*	*Gestik*
		Mimik	*Mimik*	

	Halbnah	Halbtotale	Totale	Weit/Panorama

umfasst:	*Person bildfüllend oder unten leicht angeschnitten*	*Person in geringer Raumtiefe*	*Person mit Großteil des Handlungsraumes*	*Landschaft*
betont:	*Gestik*			

Übersicht: Kamerabewegungen

Schwenk

Fahrt

Neigen

Der Schwenk ist die üblichste dieser drei Grundbewegungen. Durch das Neigen entstehen die **Vogelperspektive** (Überlegenheit), **Normalsicht** und **Froschperspektive** (Bedrohlichkeit).

Nach den Drehaufnahmen folgt die eigentliche Arbeit mit dem Filmmaterial. Heute wird diese Bearbeitung meistens mit Hilfe digitaler Bildbearbeitungs- und Schnittprogramme vorgenommen.

Schnitt

Ein **Schnitt** (engl. cut) bezeichnet die Verknüpfung von zwei Einstellungen.
Es gibt verschiedene Schnittarten:

- Beim **harten Schnitt** folgen die zwei Einstellungen ohne Übergang aufeinander.
- Beim **weichen Schnitt** werden im Gegensatz dazu die Übergänge durch Überblendungen geschaffen.

Montage

Unter **Montage** versteht man das Zusammenfügen von Bild- und Tonelementen und das Zusammenfügen von einzelnen Einstellungen zu Szenen, zu größeren Einheiten (Sequenzen) und schließlich zum ganzen Film.

- Häufig findet sich bei Kino- oder TV-Filmen die **erzählende Montage,** d. h., die Abfolge der einzelnen Einstellungen ist so gestaltet, dass sie inhaltlich verbunden sind, also kontinuierlich erzählt wird.
- Bei der **Parallelmontage** werden getrennt verlaufende Handlungen abwechselnd zusammengeschnitten. Dies kann Spannung erzeugen.
- Es gibt noch weitere Montageformen, z. B. **Kontrast**- und **Assoziationsmontage.**

Ton

Die auditive Ebene eines Films (Ton) ist neben der visuellen Ebene (Bild) entscheidend für seine Wirkung: Hier können **Geräusche** und **Musik** die visuelle Ebene unterstützen; ein Erzähler, der nicht sichtbar (also im Off) ist, kann das Geschehen kommentieren oder die Gedanken von Figuren können aus dem Off gesprochen werden und vieles andere mehr.

Mise-en-scène

Mit dem Begriff **Mise-en-scène** bezeichnet man die Bildkomposition. Figuren und Gegenstände werden in einem Filmbild wie auf einem Gemälde oder Foto inszeniert, wobei die Kamera meist relativ statisch bleibt. Beim Analysieren der Mise-en-scène lassen sich die Wirkungen der folgenden Aspekte betrachten:

- Kamera (Ausschnitt, Perspektive)
- Location (Schauplatz, Stimmung)
- Bildaufbau/Komposition (Anordnung der Gegenstände und Figuren)
- Beleuchtung (Licht und Schatten)
- Farbe (dominante Farben, symbolische Farben)

Computer und Internet

Computertechnologie und Internet prägen das Freizeitverhalten vieler Jugendlicher (Computerspiele, Chats, Foren, E-Mails), aber sie haben auch das Lernen radikal verändert. Dabei bieten die verschiedenen Funktionen der modernen Technologie vielfältige Möglichkeiten, aber auch Gefahren.

Schreiben am Computer: Textverarbeitung und Präsentation

Textverarbeitung

In der Schule wird der Computer meist als Schreibgerät genutzt.
Textverarbeitungsprogramme wie z. B. „Word“ oder „Staroffice“ bieten dem Nutzer vielfältige Funktionen, Textdokumente zu erstellen, zu überarbeiten und zu gestalten. Folienprogramme wie z. B. PowerPoint unterstützen die Präsentation beim Vortrag und beim Referat.

Präsentation

Das Internet: Kommunikation und Recherche

Kommunikation

E-Mail, Chat, Foren und Weblogs sind die bekanntesten Möglichkeiten, das Internet als weltweites Kommunikationsmedium zu nutzen.

Recherche

▶ S. 24

Für die Informationsrecherche bieten Suchmaschinen in Sekundenschnelle Tausende von Informationen. Die eigentliche Aufgabe besteht in der Auswahl geeigneter und seriöser Quellen. Digitale Bibliotheken, z. B. das Projekt Gutenberg, http://gutenberg.spiegel.de/ stellen eine große Auswahl literarischer Texte nach Schlagworten, Schlüsselbegriffen, Themen und Motiven verortet zur Verfügung.

Möglichkeiten und Gefahren des Internets

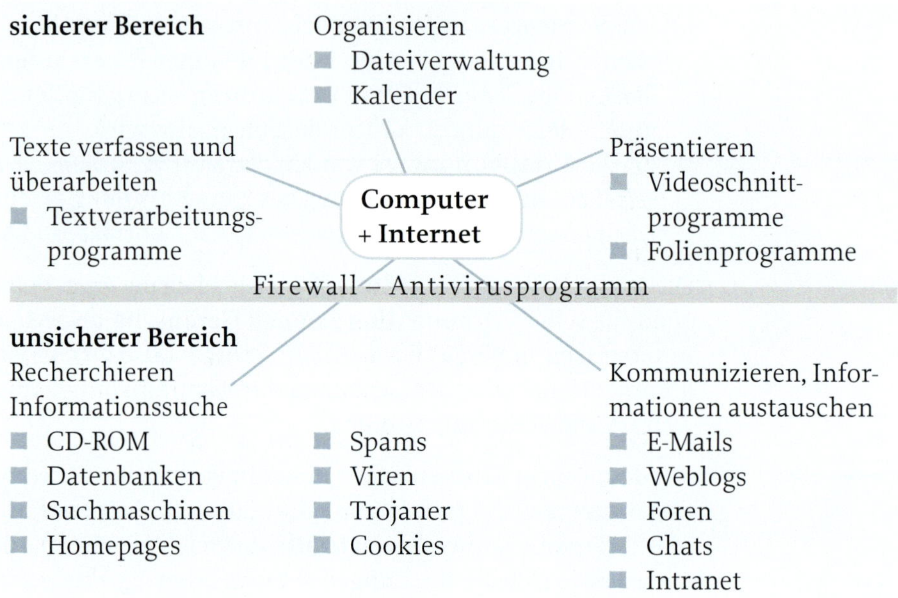

Computerlexikon

Chat oder „Webchat" (engl. für *„plaudern"*)	*elektronische Kommunikation in Echtzeit. Auch mit Ton- oder Videospur möglich, man spricht dann von „Audio-" bzw. „Videochat". In virtuellen „Chaträumen" können sich unbegrenzt viele Personen aufhalten.*
Nickname (engl. für *„Spitzname"*)	*Tarnname in Chaträumen*
Chatiquette	*regelt die Umgangsformen im Chat. Die Sprache im Chat ist nicht an die korrekte Orthografie gebunden, sie folgt vielmehr dem Prinzip der Ökonomie*
Emoticons	*Zeichenfolge aus normalen Satzzeichen, die meist eine Gefühlslage ausdrücken, z. B.: ☹ oder :-o*
Akronyme	*Anfangsbuchstaben von Wörtern stehen für ganze Sätze, z. B.: 2f4u (too fast for you), BR (best regards)*

Computerlexikon	
Cookies (engl. für „*Kekse*")	*kleine Textdateien, die dem Austausch von Informationen zwischen Computerprogrammen oder der zeitlich beschränkten Archivierung von Informationen dienen. Webseiten hinterlegen mitunter Cookies, um die Nutzer bei erneutem Einloggen zu erkennen.*
Firewall (engl. für „*Brandmauer*")	*Schutz vor unerlaubten Zugriffen durch eine kontrollierte Verbindung zwischen Computer und Internet. Die Firewall überwacht den Datenverkehr und entscheidet anhand festgelegter Regeln darüber, ob bestimmte Netzwerkpakete durchgelassen werden oder nicht.*
Forum oder Internetforum (lat. für „*Marktplatz*")	*Hier kann man sich zu bestimmten Themen äußern bzw. die Meinungen anderer nachlesen, z. B. Verbraucherforen zu Produkten oder Dienstleistungen.*
Intranet	*internes Netzwerk, das einem Unternehmen oder einer Organisation als Informations-, Kommunikations- und Anwendungsplattform zur Verfügung steht. Schulen haben oft ein eigenes Intranet, weil sich so ein relativ sicherer Austausch von Daten usw. organisieren lässt.*
Server (eng. für „*Diener*")	*Programme, die einen Dienst (Service) anbieten. Da in der Praxis diese Server meist gesammelt auf bestimmten Computern laufen, werden auch Großrechner als Server bezeichnet. Es gibt Mail-Server, Datenbank-Server, Bildungsserver.*
Spam (engl. für „*Abfall*")	*unerwünschte Werbebotschaften jeder Art, die als Massen-E-Mails versandt werden*
Trojaner oder „trojanische Pferde"	*Computerprogramme, die sich als nützliche Anwendung tarnen, zugleich aber eine andere unerwünschte bzw. schädliche Funktion erfüllen. Sie zählen zur Malware, sind aber keine Viren, da sie sich nicht selbstständig verbreiten.*
Virus (engl. für „*Gift*", „*Schleim*")	*Computerviren rufen vom Anwender nicht mehr kontrollierbare Veränderungen an der Hardware, am Betriebssystem oder an der Software hervor. Wird ein Dateivirus aufgerufen, so reproduziert er sich, indem er sich in fremde Dateien einschleust.*
Weblog (aus engl. „*World Wide Web*" und „*Log*" für Logbuch)	*meist abgekürzt als „Blog". Weblogs sind auf einer Website geführte und damit öffentlich einsehbare Tagebücher oder Journale. Meistens besteht ein Blog aus einer endlos langen, chronologisch geordneten Liste von Einträgen. Der „Blogger" nutzt den Blog, um das eigene Leben darzustellen oder seine Meinung zu verbreiten.*

Textquellenverzeichnis

S. 36: Sydney, aus: http://www.spiegel.de/auto/aktuell/0,1518,474890,000.html
S. 41: Bahnwaggon rollt einsam über Land, ddp
S. 49: Martin Dühning: I'm dreaming of a white Easter, aus: http://phoenix.mogsoft.de/index.php?option=com_content&task=view&id=98 1&Itemid=2
S. 67: Conrad Ferdinand Meyer: Zwei Segel. Aus: Sämtliche Gedichte. Hg. Von Sjaak Onderlinden. Philipp Reclam Verlag, Stuttgart 1978, S. 119 f.
S. 98: Peter Braun: Von Taugenichts bis Steppenwolf. Eine etwas andere Literaturgeschichte. Bloomsbury, Berlin 2006, S. 9–11
S. 106: Jacob und Wilhelm Grimm: Die zertanzten Schuhe. Aus: Kinder- und Hausmärchen, Bd. 1. Hg. v. Heinz Rölleke. Reclam, Stuttgart 1993
S. 148: Theodor Fontane: Unterm Birnbaum. Aus: Romane und Erzählungen. Bd. 1. Hg. v. Helmut Nürnberger. Carl Hanser Verlag, München 1985.
S. 149: Johann Peter Hebel: Der Husar in Neiße. Aus: Schatzkästlein des rheinischen Hausfreundes. Hg. v. Winfried Theise. Verlag Philipp Reclam jun., Stuttgart 1981
S. 149: Bertolt Brecht: Der hilflose Knabe. Aus: Gesammelte Werke. Bd. 12. Prosa 2. Suhrkamp Verlag, Frankfurt a. M. 1967
S. 150: Gabriele Wohmann: Ein netter Kerl. Aus: Habgier. Erzählungen. Rowohlt Verlag, Reinbek 1978
S. 150: Jacob und Wilhelm Grimm: Das tapfere Schneiderlein. Aus: Kinder- und Hausmärchen, Bd. 1. Hg. v. Heinz Rölleke. Reclam, Stuttgart 1993
S. 151: Joseph von Eichendorff: Aus dem Leben eines Taugenichts, Aus: Ausgewählte Werke. Bd. 2. Hg. v. Paul Stapf. Verlag Vollmer, Wiesbaden o. J.
S. 151: Franz Kafka: Eine kaiserliche Botschaft. Aus: Sämtliche Erzählungen. Hg. v. Paul Raabe. Fischer Verlag, Frankfurt a. M. 1975
S. 152: Franz Kafka: Der Prozess. Aus: Sämtliche Erzählungen. Hg. v. Paul Raabe. Fischer Verlag, Frankfurt a. M. 1975
S. 155: Friedrich Dürrenmatt: Der Verdacht. Diogenes Verlag, Zürich 1985

S. 155: Julia Franck: Streuselschnecke. Aus: Bauchlandung. Geschichten zum Anfassen. DuMont Verlag, Köln 2000
S. 155: Ingrid Noll: Der Hahn ist tot. Diogenes Verlag, Zürich 1993
S. 155: Patrick Süskind: Das Parfum. Diogenes Verlag, Zürich 1985
S. 155: Thomas Mann: Mario und der Zauberer. S. Fischer Verlag, Frankfurt a. M. 1930
S. 156: Theodor Fontane, a. a. O
S. 156: Mirjam Pressler: Malka Mai. Verlag Beltz & Gelberg, Weinheim 2001
S. 157: Myron Levoy: Der gelbe Vogel. Benziger Edition im Arena Verlag, Würzburg 1981
S. 163: Annette von Drost-Hülshoff: Der Weiher. Aus: Sämtliche Werke. Hg. v. Heselhaus. Carl Hanser Verlag, München 1952
S. 178: Kölner Stadt-Anzeiger vom 05. 11. 2008
S. 188: FAZ.Net vom 14. 05. 2009

Bildquellenverzeichnis

S. 10: Fotofinder – Vario Images;
S. 12: fotolia.com/yecam;
S. 32, 73, 187: Thomas Schulz, Teupitz;
S. 38: aus: e. o. plauen „Vater und Sohn" in Gesamtausgabe Erich Ohser © Südverlag GmbH, Konstanz 2000;
S. 45: Ulrich Campe, Troisdorf;
S. 46: © Ludwig Meidner-Archiv, Jüdisches Museum der Stadt Frankfurt am Main;
S. 50: akg-images, Berlin;
S. 67: akg-images, Berlin;
S. 122 links: © mit freundlicher genehmigung von universal music domestic rock/urban, a division of universal music GmbH;
S. 122 rechts: Starkult Promotion, Düsseldorf;
S. 145, 147: akg-images, Berlin;
S. 146: Carlos Borell, Berlin;
S. 148: bpk, Berlin;
S. 149: bpk/Elke Walford, Berlin;
S. 165: Werner Schloske/Staatstheater Stuttgart;
S. 170: (Homer): bpk, Berlin; (Aischylos), (Sophokles), (Euripides), (Aristoteles), (Hildegard von Bingen), (Hartmann von Aue), (Walther von der Vogelweide): akg-images, Berlin; (Wolfram von Eschenbach) : The Dean and Chapter Library, the College of Durham, Großbritannien;
S. 171: (Leonardo da Vinci), (Sebastian Brant), (Martin Luther), (Hans Sachs), (Martin Opitz): akg-images, Berlin; (Erasmus von Rotterdam): Öffentliche Kunstsammlung/Kunstmuseum Basel; (Andreas Gryphius), (Hans Jakob Christoffel von Grimmelshausen): bpk, Berlin; (Sibylle Schwarz): Deutsche Dichterinnen vom 16. Jahrhundert bis zur Gegenwart. Fischer Taschenbuch Verlag, Frankfurt/M. 1978;
S. 172: (Voltair), (Jean-Jacques Rousseau), (Friedrich Gottlieb Klopstock), (Christoph Martin Wieland), (Karl Philipp Moritz): akg-images, Berlin; (Immanuel Kant): bpk, Berlin; (Gotthold Ephraim Lessing): ullstein bild, Berlin;
S. 173: (William Shakespeare), (Johann Wolfgang Goethe): ullstein bild; (Johann Gottfried Herder): bpk, Berlin; (Jakob Michael Reinhold), (Friedrich Schiller) : akg-images, Berlin;
S. 174: (Friedrich Hölderlin), (E.T.A. Hoffmann), (Jacob Grimm und Wilhelm Grimm), (Bettina von Arnim), (Joseph von Eichendorff): akg-images, Berlin; (Novalis), (Heinrich von Kleist), (Annette von Droste-Hülshoff): bpk, Berlin;
S. 175: (Heinrich Heine): Interfoto, München; (Eduard Mörike): akg-images, Berlin; (Georg Büchner): bpk, Berlin; (Theodor Storm), (Gerhart Hauptmann): ullstein bild, Berlin; (Gottfried Keller): Grafische Sammlung der Zentralbibliothek Zürich; (Theodor Fontane): Deutsches Literatur Archiv, Marbach/© 2007 VG Bild Kunst, Bonn;
S. 176: (Arthur Schnitzler), (Else Lasker-Schüler), (Rainer Maria Rilke), (Georg Kaiser), (Alfred Döblin): akg-images, Berlin; (Heinrich Mann): Interfoto, München; (Hugo von Hofmannsthal): Lowy/S. Fischer Verlag, Frankfurt/M.; (Thomas Mann): bpk, Berlin;
S. 177: (Robert Musil), (Kurt Tucholsky): akg-images, Berlin; (Franz Kafka): bpk, Berlin; (Georg Heym), (Erich Maria Remarque): ullstein bild, Berlin; (Jakob von Hoddis): © Ludwig Meidner Archiv, Jüdisches Museum der Stadt Frankfurt/M.; (Erich Kästner): Süddeutscher Verlag Bilderdienst, München;
S. 178: (Bertolt Brecht), (Günter Grass), (Heiner Müller): picture-alliance/dpa; (Anna Seghers), (Alfred Andersch): akg-images, Berlin; (Klaus Mann), (Wolfgang Borchert), (Ingeborg Bachmann): bpk, Berlin; (Wolfgang Koeppen), (Paul Celan), (Friedrich Dürrenmatt), (Franz Fühmann), (Siegfried Lenz): ullstein bild, Berlin; (Max Frisch): Suhrkamp Verlag, Frankfurt/M.; (Stefan Heym): picture-alliance/ZB, © ZB-Fotoreport; (Heinrich Böll), (Martin Walser): © Peter Peitsch, Hamburg/peitschphoto.com; (Christa Wolf): © Isolde Ohlbaum, München;
S. 179: (Erik Neutsch): picture-alliance/ZB, © ZB-Fotoreport; (Gabriele Wohmann), (Wolf Biermann), (Bernhard Schlink), (Robert Schneider): picture-alliance/dpa; (Ulrich Plenzdorf): picture-alliance/akg-images/Binder; (Sarah Kirsch): © Isolde Ohlbaum, München; (Peter Handke): ullstein bild, Berlin; (Günter Wallraff): picture-alliance/© KPA;
S. 180: (Marcel Beyer): picture-alliance/ZB, © ZB-Fotoreport; (Ulla Hahn): picture-alliance/ © Sven Simon; (Hans Josef Ortheil), (Birgit Vanderbeke), (Peter Stamm), (Thomas Brussig), (Juli Zeh): © Peter Peitsch, Hamburg/peitschphoto.com; (Julia Franck): picture-alliance/ dpa; (Daniel Kehlmann): ullstein bild, Berlin;
S. 181: picture-alliance/dpa;
S. 187: Kölner Stadt-Anzeiger, Köln;
S. 188: FAZ-NET, Frankfurter Allgemeine Zeitung GmbH, Frankfurt/Main;
S. 190: picture-alliance/dpa

Zu diesem Orientierungswissen gibt es passende Arbeitshefte (auch mit Übungs-CD), Klassenarbeitstrainer und eine Lernsoftware für zu Hause.

Redaktion: Birgit Wernz
Bildrecherche: Eireen Junge
Illustrationen: Jutta Melsheimer und Kai Hofmann
Umschlaggestaltung: Katrin Nehm (Illustration: Maja Bohn, Berlin)
Layout und technische Umsetzung: werkstatt für gebrauchsgrafik, Berlin

www.cornelsen.de

1. Auflage, 8. Druck 2017

Druck und Bindung: Livonia Print, Riga

ISBN 978-3-464-68116-9

PEFC zertifiziert
Dieses Produkt stammt aus nachhaltig bewirtschafteten Wäldern und kontrollierten Quellen.
www.pefc.de